전자무역 창업과 실무

Establishment of Electronic Trading and The Actual

최경주 지음

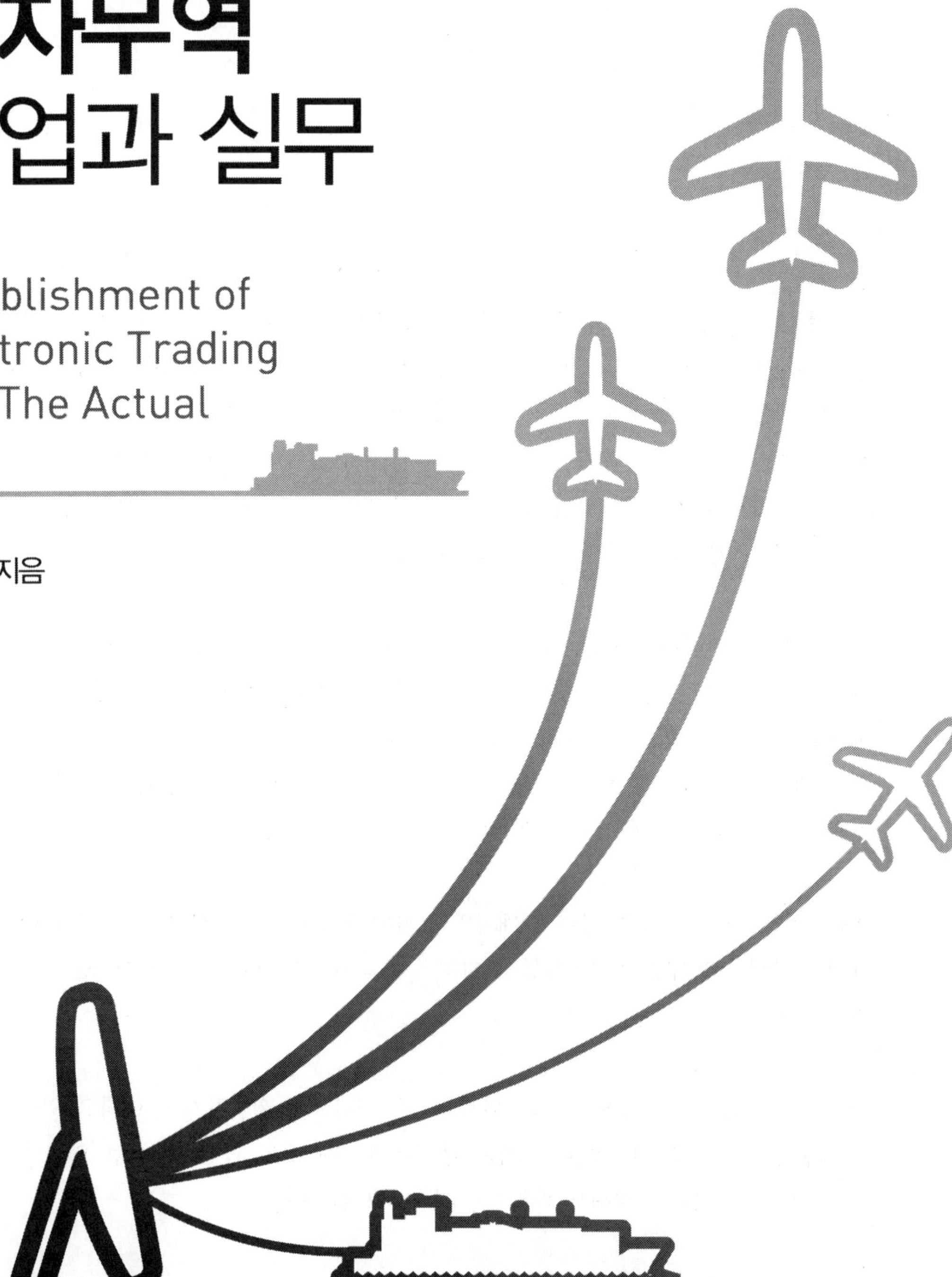

계명대학교 출판부

머리말

무역업체들에 있어서 전자무역의 이용률이 급속히 증가하고 있고, 인터넷을 이용한 전자무역창업이 증가하고 있다. 따라서 시장의 요구에 맞는 전자무역창업과 전자무역 활용실무 교재개발이 시급 하여 집필하게 되었다. 전자무역창업 과목은 산학협력 친화형 교과목으로 운영하여 무역업체 등 산업체에서 필요로 하는 현장 실무형 인력양성과 취업 및 창업 경쟁력 강화를 위한 교과목이다. 전자무역 창업은 무역업무를 기본적으로 이해하고 있어야 한다.

전자무역의 일반적인 절차는 시장이나 제품 바이어에 대한 정보를 수집하는 작업을 수행하는 자사 기업과 제품을 알리는 마케팅 활동을 진행하고, 조사 발굴된 바이어와 거래 조건 협의와 각종 절차를 밟기 위한 상호간의 의견을 교환하고 계약을 체결 마지막 단계를 거래가 성사된 제품을 수입업자에게 보내는 과정을 거치는 공급망 관리체계가 이루어지는 것이다.

또한, 전자무역 플랫폼은 물리적 재화의 수출입에 관련된 전통적인 무역처리과정에서 발생하는 막대한 무역정보를 전자적으로 교환함으로써 무역프로세스를 획기적으로 전환할 수 있다.

전자무역에 대한 학문적인 연구가 학계와 연구기관에서 활발하게 진행되고 있다. 그러나 무엇보다 중요한 것은 학생들에게 실무를 바탕으로 졸업 후 창업 또는 업계에 진출하여 바로 현장에서 활용되는 것이라고 할 수 있다.

본서는 업계에서의 무역 실무 경험을 바탕으로 집필 되었으며, 학생들이 이 책을 통하여 전자무역을 연구하는 학도들에게 조금이나마 도움이 되는 지침서가 되기를 바라고, 전자무역창업에 많은 도움이 되었으면 하며, 그밖에 연구기관 및 업계에서 전자무역에 관심 있는 사람들에게 전자무역의 미래와 과제를 제시하는 참고서가 되기를 바란다.

끝으로, 존경하옵는 계명대학교 신일희 총장님을 비롯 사회대학 류건우 학장님, 동료 교수님들 그리고 사랑하는 나의 가족, 친지, 친구들과 계명대학교 출판부 관계자 여러분들께 진심으로 감사드린다.

2013년 8월

저자 **최 경 주**

목차

Chapter 1 전자무역업 창업

Chapter 2 사업계획서 작성

Chapter 3 해외시장조사와 거래선 발굴

Chapter 4 전자무역 이론과 실무

부록

참고문헌

Chapter 1
전자무역업 창업

1. 무역업의 설립
2. 무역업의 유형
3. 무역실무 기초 개념
4. 무역거래의 형태
5. 정부의 창업지원 정책
6. 창업 마케팅
7. e-Trade 창업 성공전략

1. 무역업의 설립

(1) 무역업고유번호 신청

1) 무역업고유번호 신청 및 부여의 의의

무역업에 대한 관리는 원래 허가제에서 등록제로 다시 1997년 3월 1일부터 무역업신고제로 전환하여 누구든지 간단한 신고만 거친 후 무역업을 영위할 수 있도록 하였다. 그 후 2000년 1월 1일부터는 무역업이 완전자유화 됨에 따라 사업자등록을 한 개인이나 법인이면 모두 무역업의 신청 및 고유번호 발급이 가능하게 되었다. 다만 각종 무역통계 등의 관리를 위하여 한국무역협회를 통하여 무역업고유번호를 부여받아 무역거래자가 수출입신고 시 이를 기재하도록 하고 있다.

무역업고유번호 부여 권한은 현행 대외무역법상 지식경제부장관에게 있으나 한국무역협회장에게 위임되어 있다. 따라서 무역업을 하기 위해서는 지식경제부장관에 의해 위임된 무역협회에 신청하여야 한다.

2) 무역업고유번호 신청절차

대외무역법 규정에 의한 무역을 업으로 하고자 하는 자는 무역업고유번호를 한국무역협회장에게 신청하여야 하며, 한국무역협회장은 접수 즉시 신청자에게 고유번호를 부여하여야 한다(대외무역관리규정 제3-5-1조 3).

무역업고유번호 신청 시 구비해야 할 서류는 무역업고유번호신청서(대외무역관리규정 별지 제1-1호), 사업자등록증 사본 1부를 첨부하여 한국무역협회장에게 제출하여야 한다. 무역업고유번호 신청은 우편 · 팩스 · 전자메일 · 전자문서교환(EDI)에 의해서도 할 수 있다.

과거에는 한국무역협회 회원가입이 의무사항이었기 때문에 회원가입과 함께 소정의 회원가입비와 회비를 부담하여야 했으나 이제는 임의선택사항으로 변경되어 무역협회 회원가입과 무역업고유번호 부여는 별개의 행정절차로 인정된다. 따라서 무역업고유번호를 부여받는 데는 전혀 비용이 필요 없으며, 무역협회 회원가입 여부는 무역협회가 제공하는 회원 서비스의 필요성을 검토해본 후 업체가 자율적으로 결정하면 된다.

<table>
<tr><td colspan="2">무역업고유번호부여증
CERTIFICATE OF TRADE BUSINESS NUMBER</td></tr>
<tr><td>① 무역업고유번호
(Trade Business Code)</td><td></td></tr>
<tr><td>② 상호
(Name of Firm)</td><td></td></tr>
<tr><td>③ 주소
(Address)</td><td></td></tr>
<tr><td>④ 대표자 성명
(Name of Rep.)</td><td></td></tr>
<tr><td>⑤ 주민등록번호
(Passport Number)</td><td></td></tr>
<tr><td colspan="2">대외무역법 시행령 제30조 제1항 및 대외무역관리규정 제3-5-1의 규정에 의하여 무역업고유번호를 위와 같이 부여합니다.

We hereby acknowledge the above-mentioned trade business code in accordance with Article 3-5-1 of the Foreign Trade Management Regulation.

2004년 5월 10일
Year /Month /Day

사단법인 한 국 무 역 협 회 장
Chairman of Korea International Trade Association</td></tr>
<tr><td colspan="2">*무역업고유번호는 종전의 무역업 허가, 등록, 신고번호를 승계하였습니다.
210㎜×297㎜ 일반용지 100g/m</td></tr>
</table>

2. 무역업의 유형

(1) 일반무역업

1) 일반무역업의 의의

무역경영의 주체는 무역을 업으로 영위하는 무역업자이다. 여기서 무역업이란 무역업자가 자기명의로 자기책임 하에 물품의 수출과 수입을 업으로 영위하는 것을 말한다. 무역은 수출상과 수입상 사이에 소유권 이전을 전제로 한다. 따라서 일반무역업은 수출업과 수입업 그리고 수출과 수입을 동시에 영위하는 수출입업 등 다양한 형태로 운영될 수 있다.

2) 일반무역업의 유형

1 _ 수출업

수출업(export merchant)은 수출을 전업으로 하여 생산설비를 갖추고 제품을 생산하여 수출하거나 또는 그 밖의 공급자로부터 상품을 구입하여 해외로 매각하는 것을 말한다. 따라서 수출업은 자신의 명의와 계산에 의하여 이윤(margin) 베이스로 거래하는 것이기 때문에 그 수익은 판매가격과 구입가격과의 차액으로 일정하지 않으며, 당연히 신용위험(credit risk)을 부담하게 된다.

2 _ 수입업

수입업(import merchant)은 자신의 명의와 계산으로 본인(principal)의 입장에서 해외의 수출상으로부터 직접 또는 자국에 있는 판매대리점을 통하여 계약하고 수입하여 자국의 도매상 · 제조업자에게 판매하거나 해외로 재수출하는 것을 말한다.

3 _ 해외현지수출법인

무역거래의 규모와 범위가 확대되면 해외현지시장의 정보수집과 조사, 시장개척을 위하여 해외현지시장에 직접 진출을 꾀하게 된다. 해외마케팅의 가장 유효한 방법은 수출을 직접 현지국에 할 수 있는 해외지점 또는 자회사를 설치하는 것이다.

(2) 무역대리업

1) 무역대리업의 의의

무역대리업(import or export agent)은 외국의 수입상 또는 수출상의 위임을 받은 자가 국내에서 수출품의 구매 또는 수입계약의 체결과 이들에 부대되는 행위를 업으로 영위하는 것을 말한다.

종전의 대외무역법에서는 무역대리업을 갑류대리업과 을류대리업으로 나누고 갑류대리업은 한국무역대리점협회장에게, 을류무역대리업은 한국수출기업외국기업협회장에게 신고하도록 하였다. 그러나 이 규정은 2000년 12월 29일 개정 대외무역법에서 폐지하였으며, 이들을 모두 무역거래자로 통일하였다.

2) 무역대리업의 유형

1 _ 수출판매대리점

수출판매대리점(manufacturer's export agent)은 수출대행업자와는 달리 해외의 수입상을 위하여 활동하지 않고 국내의 제조업자를 위하여 활동하는 해외수출판매대리점이다.

2 _ 수입판매대리점

수입판매대리점(exporter's selling agent)이란 대개 해외 수출국의 제조업자 또는 수출업을 대리하여 해외 수출상의 명의와 계산으로 현지 수입국시장에서 판매하고 일정한 수수료를 받는 판매대리점을 말한다. 일반적으로 해외수출상을 위해 국내에서의 물품판매뿐만 아니라 Offer의 수주 및 관리를 총괄한다 하여 Offer상이라고 부르기도 한다.

3. 무역의 개념

(1) 무역의 일반적 개념

무역(trade)은 국경을 달리하는 서로 다른 국가에 존재하는 기업, 국가, 개인 등의 경제주체 사이에서 재화 및 용역의 교환(exchange)이나 매매(sale)를 목적으로 행하는 국제상거래(international commerce transaction)를 말한다.

국내 상거래가 같은 지역 내에서 같은 법률 · 상관습 · 통화 · 언어 · 정책에 의하여 규제를 받는데 비하여, 무역은 한 국가와 다른 국가 간에 거주하는 경제 주체들 간의 상거래이므로 서로 상이한 법률 · 제도 · 관습 · 통화 · 언어 및 정책 등에 의해 규제를 받는다는 점이 다르다. 그러나 일반적으로 무역이 영리를 추구한다는 점에서는 국내 상업과 다를 바가 없다.

무역은 경제적 국경선인 관세선(customs line)을 기준으로 하여 수출(export) · 수입(import)으로 나누며, 무역거래의 주체는 상대방이 내국인이든 또는 외국인이든 그리고 본 · 지점 간이든 크게 문제가 되지 않는다.

한편, 최근에 와서 정보통신기술의 발달에 따른 전자상거래(electronic commerce: EC)방식에 의한 전자무역(electronic trade)의 활성화는 기존의 전통적 무역개념을 변화시키게 되었다. 전자무역은 무역을 이행함에 있어 인터넷을 통하여 전자적으로 업무를 처리하는 것 이상의 의미를 지니고 있다.

종래의 전통적 무역은 종이서류 중심의 거래(paper trade)에서 서류 없는 무역(paperless trade)으로 급속히 이행됨에 따라 무역계약을 비롯하여 해외마케팅, 무역대금결제, 수출입통관, 전자서류 등 무역거래의 전영역에 걸쳐 전자적 방식에 의한 전자무역으로 전환되고 있다.

또한 전통적인 무역에서는 유형재의 수출입이 주를 이루고 있었으며, 음악, 영화, 소프트웨어와 같은 무형재의 경우에도 반드시 유형재로써 제작되었을 때에만 수출입이 가능하던 것이 전자무역에서는 디지털 제품(digital goods) 그 자체로써 네트워크를 통해 수출입이 가능해졌다.

따라서 무역의 개념은 국경을 중심으로 국내거래와 국제거래로 구분하던 것에서 국내외 시장을 구분하지 않는 하나의 시장으로서의 세계무역으로 한 단계 발전하게 되었다.

(2) 무역관계법상의 무역의 개념

대외무역법상에서, "무역"이라 함은 무역거래자에 의한 물품과 대통령령이 정하는 전자적 형태의 무체물의 수출·수입을 말한다(대외무역법 제2조). 여기서 "무역거래자"라 함은 수출 또는 수입을 하는 자, 외국의 수입자 또는 수출자의 위임을 받은 자 및 수출·수입을 위임하는 자 등 수출·수입행위의 전부 또는 일부를 위임하거나 행하는 자를 말한다. 또한 "물품"이라 함은 외국환거래법에서 정하는 지급수단·증권 및 채권을 화체한 서류 외의 동산을 말한다.

이처럼 개정된 대외무역법에서는 무역의 개념에 전자무역을 포함하고 있는데 이는 최근 통신기술의 발달과 인터넷 보급의 확산으로 전자거래방식에 의한 수출, 수입거래가 증가함에 따라 이를 효율적으로 관리하기 위한 것이다.

한편 대외무역법상 수출입의 정의와 관련하여, 여기서 "수출"이라 함은 다음의 하나에 해당하는 것을 말하며(대외무역법시행령 제2조 3, 4), 여기서 "기타 지식경제부장관이 정하여 고시하는 방법"이라 함은 컴퓨터 등 정보처리능력을 가진 장치에 내장한 상태로 반출·반입한 후 인도·인수하는 것을 말한다(대외무역관리규정 제1-0-2조 2).

1 _ 매매·교환·임대차·사용대차·증여 등을 원인으로 국내에서 외국으로 물품을 이동하는 것(우리나라의 선박에 의하여 외국에서 채취 또는 포획한 광물 또는 수산물을 외국에 매도하는 것을 포함한다)과 유상으로 외국에서 외국으로 물품을 인도하는 것으로서 지식경제부장관이 정하여 고시하는 기준에 해당하는 것

2 _ 외국환거래법 규정에 의한 거주자가 비거주자에게 전자적 형태의 무체물을 정

보통신망을 통한 전송 기타 지식경제부장관이 정하여 고시하는 방법으로 인도하는 것

또한 "수입"이라 함은 다음의 하나에 해당하는 것을 말한다.

1 _ 매매 · 교환 · 임대차 · 사용대차 · 증여 등을 원인으로 외국으로부터 국내로 물품을 이동하는 것과 유상으로 외국에서 외국으로 물품을 인수하는 것으로서 지식경제부장관이 정하여 고시하는 기준에 해당하는 것

2 _ 거주자가 비거주자로부터 전자적 형태의 무체물을 정보통신망을 통한 전송 기타 지식경제부장관이 정하여 고시하는 방법으로 인수하는 것

한편, 관세법상에서, "수출"이라 함은 내국물품을 외국으로 반출하는 것을 말하고, "수입"은 외국물품을 우리나라에 반입(보세구역을 경유하는 것은 보세구역으로부터 반입하는 것을 말한다)하거나 우리나라에서 소비 또는 사용하는 것(우리나라의 운송수단 안에서의 소비 또는 사용을 포함)을 말한다(관세법 제2조 1, 2). 단, 외국물품의 소비 또는 사용이 다음 중 ① 선용품 또는 기용품을 운송수단 안에서 그 용도에 따라 소비 또는 사용하는 경우나 ② 여행자가 휴대품을 운송수단 또는 관세통로에서 소비 또는 사용하는 경우의 1에 해당하는 때에는 이를 수입으로 보지 아니한다.

여기서 "내국물품"이라 함은 다음의 하나에 해당되는 물품을 말한다(관세법 제2조 3).

1 _ 우리나라에 있는 물품으로서 외국물품이 아닌 것

2 _ 우리나라의 선박 등에 의하여 공해에서 채집 또는 포획된 수산물 등

3 _ 입항 전 수입신고가 수리된 물품

4 _ 수입신고 수리 전 반출승인을 얻어 반출된 물품

5 _ 수입신고 전 즉시반출신고를 하고 반출된 물품

그리고 “외국물품”이라 함은 다음의 하나에 해당하는 물품을 말한다(관세법 제2조 4).

1 _ 외국으로부터 우리나라에 도착된 물품(외국의 선박 등에 의하여 공해에서 채집 또는 포획된 수산물 등을 포함한다)으로서 수입의 신고가 수리되기 전의 것

2 _ 수출신고가 수리된 물품

3 _ 관세법의 규정에 의하여 인정된 바에 따라 소비 또는 사용하는 경우의 물품

4. 무역거래의 형태

(1) 상품무역과 서비스 무역

1) 상품무역

국제간의 교역의 대상은 주로 재화, 즉 상품이 일반적이다. 고대무역의 예에서 알 수 있듯이 초기 지중해를 지배한 해양민족인 페니키아인(Phoenician)은 해상교역을 통하여 필요한 물자를 조달하여 왔는데, 그 중에는 이집트와 크리미아반도로부터 곡식을, 소아시아로부터는 포도주, 타레(Tyre)의 직물, 시돈(Sidon)의 유리 그리고 그리스 도시들로부터는 도자기 등과 같은 상품교역을 통하여 도시국가를 건설하고 식민지를 개척하고 무역항을 발전시켜 상업은 번창하였다. 또한 13세기 유럽과 동양과의 교역의 주종품목 역시 비단(silk), 면화(cotton), 호박단(taffetas), 진주(pearls) 등의 상품교역에 치중하여 왔다. 이와 같이 국제교역의 주대상으로는 재화로서의 상품 외에도 원료(raw material) 등도 포함하며 이를 유형무역(visible trade)이라고도 한다.

2) 서비스 무역

무역은 상품거래 외에도 용역, 즉 서비스 거래에 의해서도 수행된다. 용역(services)이란 유체물인 상품과는 달리 상대방에 대한 노무의 제공 등을 말하는 것으로서 건설수출과 같이 단독으로도 무역거래의 대상이 되지만 상품수출에 수반하여 발생하는, 즉 상품의 수송에 따른 운송 서비스, 운송중인 상품의 손상 위험을 커버하기 위한 보험 서비스, 금융 서비스, 계약을 포함한 법무 서비스, 기술 서비스 등을 포함하고 있다. 서비스의 제공에 따른 대가(service fee)로서 운임(freight), 보험료(insurance premium) 및 기타 수수료(commission) 등의 수취를 통하여 궁극적으로는 상품무역에서와 같이 서비스무역에 의해서도 일국의 국제수지를 개선시킨다. 한편 최근에 와서 서비스무역은 WTO 체제의 출범으로 그 교역범위가 종래 GATT하에서의 상품, 특히 공산품 위주의 교역 패턴에서 벗어나 서비스 시장의 개방은 물론 농산물, 지적재산권에 이르기까지 전산업분야에 걸쳐 확대되고 있다.

(2) 물품의 이동방향에 따른 분류

1 _ 수출무역((export trade)은 국내에서 외국으로 물품을 적출하는 것을 말한다.

2 _ 수입무역(import trade)은 국내에 필요한 물품을 외국으로부터 반입하는 것을 말한다.

(3) 제3자 개입 여부에 따른 분류

1 _ 직접무역(direct trade)은 수출상과 수입상이 직접 매매계약을 체결하여 거래를 이행하는 것으로서 직수출(direct export)과 직수입(direct import)이 있다.

2 _ 간접무역(indirect trade)은 제3자를 통하여 거래가 이루어지는 경우로서 중개무역, 중계무역, 통과무역, 스위치무역 등이 있다.

1) 중개무역

중개무역(merchandising trade)은 수출국과 수입국의 중간에서 제3국의 상인이 중개 · 알선하여 거래가 이루어지는 경우 제3국의 중개인 입장에서 볼 때의 무역을 말한다.

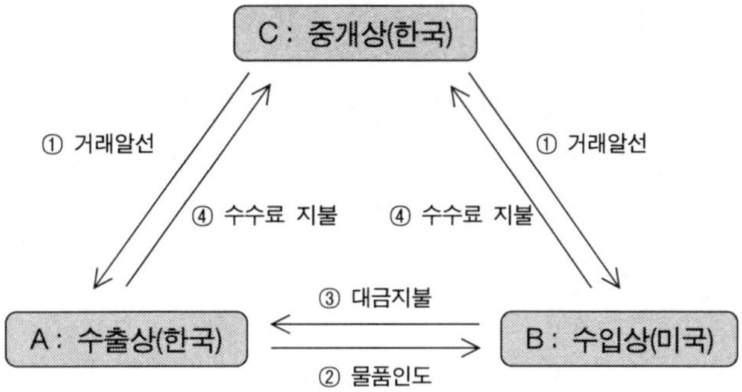

〈그림 1-1〉 중개무역

중개무역에 있어서 제3국의 중개인은 수출국 또는 수입국 상인으로부터 거래의 알선·중개에 따른 중개수수료(commission)를 받는다. 이 경우 중개상의 거래알선에 따른 커미션의 금액은 일정한 것은 아니지만 통상 송장금액의 3~5%를 지급하는 것이 관례이다.

2) 중계무역

중계무역(intermediate trade)이란 수출할 것을 목적으로 물품 등을 수입하여 보세구역 및 보세구역 외 장치의 허가를 받은 장소 또는 자유무역지역 이외의 국내에 반입하지 아니하고 수출하는 수출입을 말한다(대외무역관리규정 제1-0-2조 11).

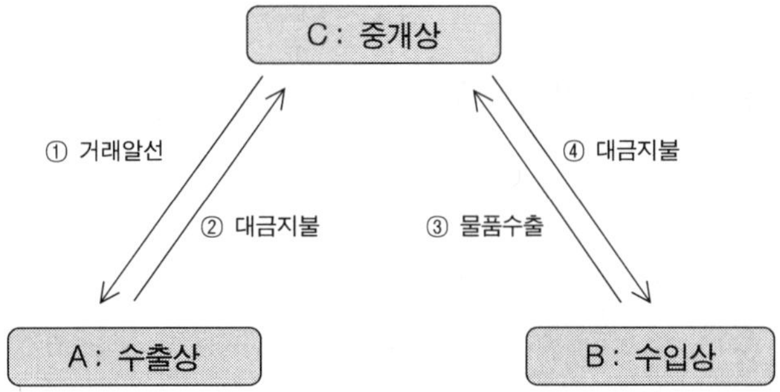

〈그림 1-2〉 중계무역

중계무역은 중계상이 물품을 수출할 것을 목적으로 자기책임과 비용부담으로 수입한 후 다시 제3국으로 수출함으로써 매매차익을 얻는 거래이다. 그러므로 수입계약과 수출계약은 완전히 별개의 것이고 중계상은 수입금액과 수출금액의 차이를 매매차익으로 얻게 된다.

중개무역은 제3국 상사를 통해서 무역거래가 이루어지는 경우 제3국의 입장에서 볼 때의 무역임에 비해, 중계무역은 원래 화물이 수출국으로부터 수입국으로 직행하지 않고 제3국에 양륙되어 원형 그대로 혹은 약간의 가공을 해서 실제 수입국으로 재수출되는 경우를 의미한다.

한편 통과무역(transfer trade)은 화물이 수출지로부터 수출될 때 실제 수입지가 별도로 정해져 있어 원형 그대로 운송과정으로서의 중간국을 통과하는 것을 말한다. 이에 비해 중계무역은 수출지에서 선적할 때 실제 수입지가 결정되지 않고 중계항에서 양륙된 후에 최종 목적지가 정해질 때도 있으며, 중간 양륙항에서 간단한 가공도 이루어질 수 있다.

3) 스위치 무역

스위치 무역(switch trade)은 수출상이 직접 매매계약을 체결하여 상품이 수입국에 직송되는데, 대금결제는 제3국 상사에서 하는 경우를 말한다. 즉, 특정 제3국의 통화를 결제통화로 사용하여 다른 통화지역으로부터 수입하는 거래형태로서, 이러한 거래를 알선해주는 업자를 Switcher라고 하며, 이들은 거래가 성사되는 경우 Switch Commission을 받는다.

(4) 상품생산방식에 따른 분류

1) 가공무역

가공무역(improvement trade)이란 가공을 목적으로 원료 등을 수입하여 가공 후 일정한 대가를 받고 다시 외국으로 수출하는 경우와 또 이와는 반대로 외국에서 수입하는 거래를 말한다. 오늘날 국제무역에서 가장 많이 이루어지고 있는 거래 중의 하나로서, 가공수출국에게는 노임, 운임, 창고료 및 보험료 등이 외화가득액으로 돌아간다.

1 _ 위탁가공무역

위탁가공무역(improvement trade on consignment)이란 가공임을 지급하는 조건으로 외국에서 가공(제조, 조립, 재생, 개조를 포함한다. 이하 같다.)할 원료의 전부 또는 일부를 거래 상대방에게 수출하거나 외국에서 조달하여 이를 가공한 후 가공물품 등을 수입하거나 외국으로 인도하는 수출입을 말한다(대외무역관리규정 제1-0-2조 6).

2 _ 수탁가공무역

수탁가공무역(improvement trade on trust)이란 외화가득액을 영수하기 위하여 원자재의 전부 또는 일부를 거래상대방의 위탁에 의하여 수입하여 이를 가공한 후 위탁자 또는 그가 지정하는 자에게 가공물품을 수출하는 수출입을 말한다(대외무역관리국정 제1-0-2조 7).

2) 보세가공무역

보세가공무역(bonded process transaction: BPT)은 정부가 지정한 특정 보세지역에 가공설비를 설치하여 외국에서 들여온 원자재를 가공하여 생산한 제품을 다시 외국으로 수출하는 거래 형태를 말한다.

3) 녹다운 방식 무역

녹다운(knock-down) 방식의 무역이란 완제품을 수출하는 것이 아니라 조립능력이 있는 외국 거래처에 부품이나 반품을 수출하여 현지에서 조립한 후 완제품을 판매하는 방식을 말한다.

4) OEM 방식 무역

OEM(original equipment manufacturing) 방식의 무역이란 외국의 주문자상표를 부착하여 수출하는 국제하청생산방식에 의한 수출입을 말하며 일명 주문자상표부착방식의 무역이라고 한다. OEM 방식은 생산자의 상표를 부착하지 않고 주문자의 상표를 부착하여 수출하기 때문에 마치 주문자가 생산하여 판매하는 것처럼 보인다.

(5) 상품판매방식에 따른 분류

물품을 무환(clean draft)으로 수출 또는 수입하여 당해 물품이 판매된 범위 안에서 수출대금을 회수하거나 수입대금을 지급하는 조건의 계약에 의한 수출입을 위탁판매무역(consignment trade)이라고 하는데, 위탁판매무역은 위탁판매수출과 수탁판매수입으로 구분한다.

1) 위탁판매수출

위탁판매수출(export on consignment)은 물품 등을 무환으로 수출하여 당해 물품이 판매된 범위 안에서 대금을 결제하는 계약에 의한 수출방식으로서 외국의 사업자에게 판매를 대행하게 하는 경우를 말한다(대외무역관리규정 제1-0-2조 4).

2) 수탁판매수입

수탁판매수입(import on trust sales)이란 물품 등을 무환으로 수입하여 당해물품이 판매된 범위 안에서 대금을 결제하는 계약에 의한 수입으로서 위탁판매수출을 수탁자의 입장에서 보는 거래이다(대외무역관리규정 제1-0-2조 5).

3) 보세창고인도조건 수출

보세창고인도조건 수출(bonded warehouse transaction: BWT)이란 해외의 보세창고에 무환으로 반출하여 현지에서 상품의 매매계약을 체결하여 판매하는 방식이다.

4) 현지법인판매방식 수출

현지법인판매방식 수출(central terminal station: CTS)은 해외에 현지법인을 설립하여 그 법인의 명의로 본국에서 수입하여 현지판매하거나 직접 수출하는 방식으로서 해외시장개척을 위한 방식이다.

(6) 외국인수도방식에 따른 분류

1) 외국인도수출

수출대금은 국내에서 영수하지만 국내에서 통관되지 아니한 수출물품 등을 외국으로 인도하는 수출방식으로서 물품이 국외에서 국외로 인도되므로 현지인도방식수출이라고도 한다(대외무역관리규정 제1-0-2조 13).

2) 외국인수수입

수입대금은 국내에서 지급되지만 수입물품 등은 외국에서 인수하는 수입방식으로서 제3국도착수입이라고도 한다(대외무역관리규정 제1-0-2조 12).

(7) 임대차방식에 따른 분류

1) 임대수출

임대수출이란 임대(사용임대를 포함한다)계약에 의하여 물품 등을 수출하여 일정기간 후 다시 수입하거나 그 기간의 만료 전 또는 만료 후 당해 물품 등의 소유권을 이전하는 수출을 말한다(대외무역관리규정 제1-0-2조 8).

2) 임차수입

임차수입이란 임차(사용임차를 포함한다)계약에 의하여 물품 등을 수입하여 일정기간 후 다시 수출하거나 그 기간의 만료 전 또는 만료 후 당해 물품의 소유권을 이전받는 수입을 말한다(대외무역관리규정 제1-0-2조 9).

(8) 연계무역 형태에 따른 분류

대외무역법상의 연계무역(counter trade)이란 수출과 수입이 연계된 무역거래로서 물물교환, 구상무역, 대응구매, 제품환매 등에 의한 수출입으로 규정하고 있다(대외무역관리규정 제1-0-2조 10).

1) 물물교환

물물교환(barter trade)이란 통화결제가 수반되지 않는 순수한 연계무역방식을 말한다. 예를 들어 우리나라의 수출상이 필리핀의 수입상에게 사과를 수출하고 이에 대한 대가로서 바나나를 수입함으로써 상계처리하는 경우가 곧 물물교환방식이다.

2) 구상무역

구상무역(compensation trade)이란 수출입하는 물품대금의 전부 또는 일부를 그에 상응하는 수입 또는 수출로 상계하는 수출입을 말하며 상계무역이라고도 한다. 구상비율(compensation rate)이 100%인 경우를 물물교환이라고 할 수 있다.

3) 대응구매

대응구매(counter purchase)는 별도거래(two-way trade) 방식으로 쌍방 간에 이루어지는 형태로서 무역을 국영으로 행하던 구 동구권 국가와 다수의 개발도상국 간의 동서교역에 활용되었으며 연계무역의 가장 보편적인 형태이다.

4) 제품환매

제품환매(buy back)란 생산공장 또는 생산설비를 수출하는 조건으로 수출자가 대금회수를 수출한 생산설비에서 생산된 제품으로 하는 방식의 무역을 말한다.

5. 정부의 창업지원 정책

(1) 창업맞춤형사업

우수한 아이디어와 기술을 보유한 창업자 및 창업초기기업을 발굴하여, 체계적인 사업화를 지원하기 위한 사업이다.

1) 신청대상

➲ 예비창업자

- 신청일 현재 창업(개인, 법인)을 하지 않은 자로서 협약 종료일로부터 3개월 이전에 창업이 가능한 자
- 고등교육법 제14조에서 정한 교원은 최종선정 공고 후 협약 체결 전까지 소속기관장 명의의 창업승낙서(겸직허가서) 제출이 가능하여야 함

➲ 1년 이내 창업기업 대표

- '12년 1월 1일 이후 창업(개인, 법인)한 자
- 개인사업자(법인전환 포함): 사업자등록증명 상 '사업개시일(개업일)' 기준
- 법인사업자: 법인등기부등본상 '법인설립등기일' 기준

2) 지원 제외대상

➲ 금융기관 등으로부터 채무불이행으로 규제중인 자(기업)

- 단, 신용회복위원회의 프리워크아웃, 개인워크아웃에서 채무조정합의서를 체결한 경우, 법원의 개인회생제도에서 변제계획 인가를 받거나 파산면책 선고를 받은 자(기업)는 신청 가능

➲ 국세 또는 지방세 체납으로 규제중인 자(기업)

- 국세, 지방세 등의 특수채무 변제 후 증빙이 가능한 자(기업)는 신청 가능

➲ 중소기업청의 창업사업화 지원사업을 통해 지원받은 자(기업), 선정되어 사업을 수행 중인 자(기업)

- 중단자 및 중도포기자, '11년 창업지원사업에 팀으로 선정되어 수행한 경우

팀원도 신청 불가

➲ 타 중앙정부, 지자체, 공공기관의 창업사업화 지원사업에 선정되어 사업을 수행 중인 자(기업)

- 단, 수행을 완료(협약종료)한 자는 신청 가능
- 상기 창업자(기업)가 본 사업에 최종 선정될 경우, 지원결정 정부지원금에서 기수혜 금액을 삭감(1천만원 초과 시) 후 지원

➲ 기타 중소기업청장이 참여제한의 사유가 있다고 인정하는 자(기업)

➲ 중소기업창업지원법 시행령 제4조의 업종을 영위하고 있거나 또는 영위하고자 하는 자(기업)

3) 지원 내용

➲ 창업 자금 및 교육 지원

구분	지원 내용	비고
자금 지원	시제품 제작, 기술정보활동(지재권 확보, 시험분석, 제품인증 등), 마케팅 등 창업사업화에 필요한 자금 지원	최대 5천만원 한도 *지식서비스 분야 최대 3.5천만원 한도
교육 지원	회계, 법률, 경영 등 창업기본 교육 및 창업단계별 맞춤형 교육프로그램 운영을 통한 사업 지원	주관기관을 통한 지원

4) 지원 절차

- 신청은 모든 세부 지원프로그램에 걸쳐 단 1회만 가능
- 선택한 세부 지원프로그램은 변경이 불가

➲ 일반 창업지원 · 전문기관 연계

step 01		step 02		step 03		step 04
신청 · 접수	〉	1차 평가 (서면평가)	〉	2차 평가 (발표평가)	〉	선정(매칭) 결과 공고

➲ 투자기관 연계

step 01		step 02		step 03		step 04
신청 · 접수	〉	1차 평가 (서면평가)	〉	멘토링 평가 (캠프형)	〉	선정(매칭) 결과 공고

➲ 수시발굴 연계(연 4회)

step 01		step 02		step 03		step 04
신청 · 접수	〉	1차 평가 (서면평가)	〉	멘토링 평가 (캠프형)	〉	선정 결과 공고

5) '13년 주관기관

- 상단의 창업맞춤형사업 "자료실" 참조

6) 신청 · 접수

➲ 신청기간: 2013년 3월 20일(수) ~ 4월 11일(목), 18:00 까지

➲ 신청방법: 창업지원온라인관리시스템을 통하여 신청

- 창업지원온라인관리시스템(http://startbiz.changupnet.go.kr) → 좌측메뉴의 '창업맞춤형사업' 클릭 → 로그인 후 신청 가능
- 세부 지원프로그램별 지원내용을 숙지 후 희망 프로그램을 선택하고, 신청서 및 사업계획서를 작성하여 업로드

➲ 수시발굴 연계 프로그램은 연간 4회(3~6월)에 걸쳐 신청가능하며, 매회 별도 모집공고 예정

- 2차 수시발굴 연계는 5월말 모집공고 예정

step 01		step 02		step 03		step 04
접수	〉	회원가입 (개인회원) 및 로그인	〉	사업신청	〉	기본정보 입력

step 05		step 06
참여신청서 및 사업계획서 업로드	〉	제출

7) 문의처

➲ 창업진흥원 창업사업화 1팀, 2팀 : 042-480-4341~8, 4334, 4337, 4338

(2) 창업선도대학 창업사업화 지원

창업지원인프라 및 성과가 우수한 전국권역별 창업선도대학을 통하여 (대)학생 및 (예비)창업자의 창업교육, 창업사업화 지원 등을 체계적으로 지원한다.

1) 지원 내용

➲ 기본프로그램: 창업사업화 지원

- 지원내용
  · '창업선도대학'의 우수한 창업지원 인프라(공간 · 장비 · 인력 등)를 활용하여 전담교육, 멘토링, 시제품 제작, 마케팅 등을 지원
- 지원기간
  · 8개월(지식) 또는 10개월(제조), 3.5천만원(지식) 또는 5천만원 한도(제조)
- 창업자 선정
  · 대학별로 배정된 쿼터 및 정부지원금 범위 내에서 3단계 평가과정을 통해 발굴 · 확정
  · 서류평가 → 발표평가 → 심층평가(심층면접 주간 운영) → 지방청 추인 및 최종심의
- 단, '사관학교式 창업선도대학'의 경우, 입소공간 및 전용교육 · 전담멘토링을 활용한 입소형 창업사업화 지원을 집중 시행

➲ 기본프로그램: 창업교육 지원

- (창업강좌 개설 · 운영) 학점이 인정되는 강좌로서 대학별 최소 3개 이상의 강좌를 체험형 커리큘럼 중심으로 운영
- (창업동아리 활동지원) 대학별 최소 7개 이상(신규 3개 이상)의 창업동아리를 육성하고 '창업서포터즈홍보단'을 운영
- (일반인 창업아카데미 지원) 대학별 최소 30명 이상의 수강생을 대상으로 기술창업관련 커리큘럼을 개설 · 운영지원

➲ 자율프로그램 기획 · 운영

- 지원내용 : 창업친화적 학제 구축, 창업사업화 고도화 지원, 지역창업지원 거점기관 역할 수행, 특화업종 창업기업 육성 등 대학이 자율적으로 프로그램을 기획 · 운영

2) 지원 절차

step 01		step 02		step 03		step 04
사업공고	〉	신청 · 접수	〉	선정평가	〉	협약체결

3) 신청 · 접수

➲ 신청기간 : 2013년 3월 27일(수) ~ 4월 17일(수), 15:00까지

➲ 신청방법 : 창업지원온라인관리시스템을 통한 접수

- 창업지원온라인관리시스템(http://startbiz.changupnet.go.kr) → 좌측 메뉴의 '창업선도대학 창업사업화지원' 클릭 → 로그인 후 신청 가능

4) 문의처

➲ 창업진흥원 창업확산팀: 042-480-4352, 4354, 4358

(3) 청년창업 사관학교

청년 창업자를 선발하여 창업계획 수립부터 사업화까지 창업의 全 과정을 일괄 지원하여 젊고 혁신적인 청년 창업 CEO를 양성하는 지원 프로그램이다.

1) 지원 대상

- 사업공고일 기준 만 39세 이하인 자로서 창업을 준비 중인 예비 창업자 또는 3년 이내 기업의 대표

2) 지원이 안 되는 기업

- '10~'12년 중소기업청 창업사업화지원사업 선정자
- '10~'12년 지자체 또는 중소기업 지원기관 등에서 시행한 창업지원사업에 선정되어 지원중인 자 또는 탈락, 포기한 자
- 정부 지원사업에 참여 제한 중인 자
- 금융기관 등의 채무불이행 중이거나 국세 및 지방세 체납중인 자 등

3) 지원 업종

- 고용 및 부가가치 창출이 높은 기술집약업종(제조업 및 지식 서비스업)

4) 신청 절차

(1단계) 서류심사 → (2단계) 면접심사 → (3단계) 심층심사

5) 지원 내용

➲ 253.9억원, 1년간 최대 100백만원, 총사업비의 70% 이내

- 총 모집인원 : 300명 내외
  - · 경기도 안산(입소형) 및 지방 3개 권역(입소 및 준입소형) 지원
  - · 지방 3개 권역: 호남(광주광역시), 대구경북(경북 경산), 부산경남(경남 창원)

- 신청인은 총사업비의 30% 이상 부담(현금 10% 이상, 현물 20% 이하)
- 창업공간: 사관학교(안산, 광주, 경산, 창원)내 창업준비 공간을 제공
- 창업코칭: 전문인력을 전담교수로 1대1 배치하여 창업 전과정 집중코칭
- 창업교육: 경영역량과 창업분야의 전문지식 등 체계적 기술창업 교육 실시
- 기술지원: 제품설계(CAE, 역설계 포함), 시제품 제작 등 제품개발 과정의 기술 및 장비 지원
- 사업비지원: 창업활동비, 기술개발비, 시제품제작비 등 사업비 지원
- 연계지원: 정책자금, 투자 및 보증, 판로 및 입지 등 연계 지원

6) 지원 절차

step 01	step 02	step 03	step 04	step 05	step 06
사업공고	청년창업자 모집 및 평가	협약체결 및 지원	중간평가(2회) 및 계속지원	최종평가	졸업 및 후속 연계지원
중소기업청	중소기업진흥공단	중소기업진흥공단	중소기업진흥공단	중소기업진흥공단	중소기업진흥공단

7) 신청 · 접수

➲ 신청기간

- 1차 접수 : '13. 1. 21(월) ~ '13. 2. 8(금)
- 2차 접수 : '13. 2. 18(월) ~ '13. 3. 8(금)

➲ 신청방법 : 창업지원온라인관리시스템을 통한 온라인 접수

- 창업지원온라인관리시스템(http://startbiz.changupnet.go.kr) → 좌측 메뉴의 '청년창업사관학교' 클릭 → 로그인 후 신청 가능

➲ 신청서류

- 참여신청서, 사업계획서, 가점증빙서류 등

8) 문의처

- ➲ 청년창업사관학교(경기 안산): 031-490-1372, 1384, 1278
- ➲ 호남 청년창업사관학교(광주광역시): 062-250-3020
- ➲ 대구경북 청년창업사관학교(경북 경산): 053-819-5011
- ➲ 부산경남 청년창업사관학교(경남 창원): 055-548-8020,8051
- ➲ 중소기업진흥공단 인력개발처 청년창업팀: 02-769-6492, 6494

(4) 실전창업리그 '슈퍼스타 V'

성공창업을 꿈꾸는 예비(초기)창업자들이 시제품 제작, 창업 멘토링 등의 치열한 경선 과정을 거쳐 상금, 창업 인센티브 등을 지원받을 수 있는 대한민국 최대 규모의 창업경진대회이다.

1) 신청 대상

- 중소기업기본법 상의 중소기업으로서 '12년 1월 1일 이후 창업자
- 사업공고일 기준 개인사업자 또는 법인설립 등록을 하지 않은 예비창업자
  * 운영기관별 신청분야가 상이하니 숙지한 후 해당기관에 참가신청
- 참가신청은 개인, 단체(팀장을 포함하여 2인 이상)로 참여가 가능하며, 단체로 신청한 구성원은 개인자격으로 별도의 참가신청이 불가
  * 단체의 구성원도 신청자격 요건에 부합할 것

2) 신청 제외 대상

※ 다음 어느 하나에 해당되는 경우에는 참가신청을 할 수 없다.

- 사업공고일 이전에 실전창업리그 또는 타 창업경진대회(정부 · 민간 주최)에서 수상한 아이템
- '12년 이전 중소기업청 창업사업화 지원사업에 선정된 자

3) 지원내용

- 수상자: 자금, 창업 멘토링, 상장 및 상금 등

4) 경선절차

step 01		step 02		step 03		step 04
참가자 모집 공고(4.15 ~ 운영기관별 상이) 중소기업청	〉	참가신청 접수 (4.15 ~ 운영기관별 상이) 운영기관	〉	실전창업리그 서류평가 (5월~6월) 운영기관	〉	창업캠프 멘토링 평가 (5월~7월) 운영기관

step 05		step 06	step 07
실전창업리그 시상 (10월) 운영기관	〉	실전창업리그 결선평가 (10월) 운영기관	창업 멘토링, 시제품 제작비 지원(6월~10월) 운영기관,창업진흥원

5) 상금 규모

- 실전창업리그와 슈퍼스타V 이원화 개최
- 상장 및 상금규모, 절차 등의 내용은 변경될 수 있음
- 슈퍼스타V: 국내외 유수 창업경진대회 및 실전창업리그 수상자들을 대상으로 '왕중왕전'을 개최하여 유망 창업자를 발굴

구분	수상	팀	내용
실전창업리그	금상	6	상장 및 상금 20백만원
	은상	6	상장 및 상금 15백만원
	동상	6	상장 및 상금 10백만원
	장려상	12	상장 및 상금 5백만원
슈퍼스타V (왕중왕전)	대상	1	상장 및 상금 5천만원
	최우수상	1	상장 및 상금 3천만원
	우수상	1	상장 및 상금 2천만원

6) 신청 · 접수

➲ 신청기간: 운영기관별 상이(공고문 참고)

➲ 신청방법: 창업지원온라인관리시스템을 통한 온라인 접수

- 창업지원온라인관리시스템(http://startbiz.changupnet.go.kr) → 좌측의 '실전창업리그' '슈퍼스타V' 클릭 → 로그인 후 신청 가능

* 운영기관별 신청기간 및 사업계획서 양식 등이 상이할 수 있으므로 신청 전 확인 후 제출

7) 문의처

➲ 창업진흥원 창업사업화2팀: 042-480-4336

(5) 글로벌 청년창업 활성화

글로벌 경쟁력을 갖추고 해외 진출 의지가 높은 창업 기업을 선발하여 국내 · 외 창업 연수 및 현지 창업 보육 프로그램을 제공한다.

1) 지원대상

- 예비창업자 또는 창업 5년 이내 창업기업

2) 지원제외 대상

- 사업신청일 현재, 금융기관 등으로부터 채무불이행으로 규제 중인 자
- 사업신청일 현재, 국세 또는 지방세 체납으로 규제 중인 자
- 중앙정부 · 지자체 · 공공기관의 창업사업화 지원사업에 선정되어 현재 참여 중인 자
- 중소기업창업지원법 시행령 제4조의 업종을 영위하고 있거나 영위하고자 하는 자 등

2) 지원국가 및 업종

- 미국 실리콘밸리: IT 업종
- 중국 상해: 全 업종
- 베트남 하노이(or 호치민): 全 업종

3) 지원내용

- 현지 진출 · 창업을 위한 국내외 창업연수 및 현지 보육프로그램 제공
- 국내연수: 현지 기업문화 및 법률 · 세무 교육, 성공기업 CEO 및 전문가 특강 등
- 현지보육: 현지 사무공간 제공, 현지 창업을 위한 멘토링, 네트워킹 이벤트 개최 등

4) 지원 절차

- step 01: 사업공고 〉
- step 02: 신청 · 접수 〉
- step 03: 서류평가 〉
- step 04: 창업캠프 (관찰평가 · 발표평가)
- step 05: 운영기관 면접평가 〉
- step 06: 국내창업연수 〉
- step 07: 현지보육 1단계 〉
- step 08: 중간평가
- step 09: 현지보육 2단계 〉
- step 10: 최종평가

5) 신청 · 접수

➲ 신청기간: 2013년 3월 27일(수) ~ 4월 30일(화) 18:00까지

➲ 신청방법: 창업지원온라인관리시스템을 통한 온라인 접수

- 창업지원온라인관리시스템(http://startbiz.changupnet.go.kr) → 좌측의 '글로벌청년창업활성화' 클릭 → 로그인 후 신청 가능

6) 문의처

➲ 창업진흥원 창업사업화2팀: 042-480-4331, 4333

(6) 선도벤처연계기술창업

선도벤처기업의 성공 노하우 전수와 (예비)창업자와의 유기적 협조체제를 통한 성공창업 유도 및 미래의 스타 벤처기업을 육성하기 위한 사업이다.

1) 신청 대상

➲ 선도벤처기업

- 사업공고일 기준 벤처기업이나 벤처기업 이력을 보유하고 다음 각 호에 해당하는 기업
  1. 사업시행일 직전년도 매출액이 100억 이상(비제조업 50억 이상)의 기업으로써, 자본잠식 등 재무적 문제가 없는 기업
  2. 국내 · 외 다양한 유통 · 판매망, 해외 현지법인을 보유한 기업
  3. (예비)창업자를 지원할 수 있는 공간(창업 준비공간, 공용 회의공간 등) 보유 및 창업자의 사업화를 지원할 수 있는 전문인력을 보유하고 있는 기업
  4. (예비)창업자와 매칭을 통해 공동사업 개발, 투자, 제품양산지원이 가능한 기업
  5. 기타 주관기관(사단법인 벤처기업협회)의 장이 선도벤처기업으로 인정하는 기업
- (예비)창업자의 창업활성화를 위해 그 필요성이 인정되는 선도기업의 경우 벤처기업 등록이력이 없더라도 중소기업청장의 승인으로 인정할 수 있음

➲ (예비)창업자: 2인 이상 (예비)창업팀, 창업초기기업

- 우수 아이템의 개발을 통하여 선도벤처기업과 협업 등 전략적 제휴관계를 희망하는 (예비)창업자
  1. 사업 공고일 기준 사업자등록이 되어 있지 않는 자(팀)로서 선정 시, 협약 종료일 3개월 이전에 중소기업기본법 상의 창업이 가능한 자(팀)
  2. 사업 공고일 기준 창업 1년 이내의 기업
  3. (예비)창업자는 법인 창업을 원칙으로 하고, 대표와 팀원은 대표이사 및 이사로 등재하여야 함

- 예비창업자가 팀인 경우 팀원 중 1인을 대표로 신청(대표는 변경 불가)
- 팀 대표는 창업 시, 대표이사로 등재되어야 하고, 나머지 구성원은 등기부등본상에 등재이사이여야 함
- 팀으로 선정된 (예비)창업자는 법인 설립을 하고, 모든 팀원이 주주로 참여하여야 함

2) 지원 내용

- 선도벤처기업과 (예비)창업팀 간 매칭을 통해 창업 준비공간 제공, 시제품 제작, 전문가 전담 멘토링, 사업기획, 제품기술보완 등 지원
- 75억원, 85여개 (예비)창업팀 지원

3) 지원 절차

➲ 선도벤처기업

step 01		step 02		step 03
신청 · 접수	〉	평가 (현장, 인터뷰)	〉	최종선정

➲ (예비)창업팀

step 01		step 02		step 03		step 04
신청 · 접수	〉	1차 평가 (서류)	〉	2차 평가 (발표)	〉	최종선정

4) 신청 · 접수

➲ 선도벤처기업

- 신청기간: 2013. 1. 21.(월) ~ 2. 1.(금)(우편 소인분까지 유효)
- 신청방법: (사)벤처기업협회 및 (사)한국여성벤처협회에 참여신청서 제출

➲ (예비)창업자

- 신청기간: 2013. 3. 18.(월) ~ 4. 4.(목) 18:00까지
- 신청방법: 창업지원 온라인관리시스템을 통하여 신청

- 창업지원온라인관리시스템(http://startbiz.changupnet.go.kr) → 좌측 메뉴의 '선도벤처연계창업지원' 클릭 → 로그인 후 신청 가능

5) 문의처

➲ (사)벤처기업협회: 02-890-6353, 0627, 0628

➲ (사)한국여성벤처협회: 02-2156-2166, 2168

(7) 연구원특화예비창업자육성

기술 사업화 가능성이 높은 창업 아이템을 보유한 연구인력의 성공적인 창업을 위해 입주공간, 기술개발, 시제품 제작, 마케팅, 경영 등을 종합지원하는 사업이다.

1) 지원대상

- 예비기술창업자(연구원) 또는 예비기술창업팀(연구원 1/2 이상 포함)으로 직접 개발 또는 연구기관에서 제공하는 기술을 활용하여 사업화를 희망하는 자
- 연구기관의 범위: 정부출연 연구기관, 전문생산기술연구소, 국·공립연구기관, 특정연구기관, 재단법인연구기관(기술사업화가 가능하거나 R&D기능을 수행하는 기관) 등에 소속된 연구원

2) 제약조건

- 연구원은 학사학위 이상 소지자이면서, 연구원 근무경력이 최소 5년 이상인 자이어야 하며, 계약직 연구원도 기본여건 충족 시 참여 허용
- 퇴직연구원은 퇴직 후 3년 이내인 경우 참여 허용
- 특정연구기관 소속 연구원의 경우 석사 이상 수료한 대학원생(근무경력 無)의 참여 허용
  * 특정연구기관: 한국과학기술원, 광주과학기술원, 대구경북과학기술원 등
- 창업한 경력이 있는 자는 공고일 기준, 폐업 후 1년이 경과한 경우 참여 허용
- 연구원 창업지원센터 입주 필수(주 3회 이상 출근)

3) 선정 방법

➲ 다단계 전형을 실시하여 최종 선발
- 1단계 서류평가(최종 합격자의 1.5배수 선정)
- 2단계 적성평가(서류평가 통과자에 한하여 최종 합격자 선정)

3) 지원 내용

- 선정된 창업팀별 시제품 제작 완료시기를 기준으로 단계별 사업비 지원계획을 수립하여 창업사업화 자금을 최대 1억원까지 지원
- 동 사업에 연구원 예비기술창업자(팀)당 1개 과제만 신청 가능
- 선정된 연구원 예비기술창업자(팀)은 연구원특화 BI에 1년간 무상입주
- 기술컨설팅 및 소비자 반응평가 등 시제품개발에서 경영까지 맞춤형 지원
- 우수창업기업에 대한 후속지원(완료평가 시 우수등급인 기업에 限)

4) 보육공간 안내

➲ 총 15개의 창업공간을 마련하여 연구원 창업자의 창업활동 지원

- 연구원 창업팀당 16.5㎡(5평)~34.8㎡(10평)의 창업 준비공간과 회의실 등을 1년간 무상제공
- 5인실(5개), 3인실(10개), 공용 회의실 1개

  * '연구원특화 예비기술창업자육성사업' 선정 팀의 구성원 수에 따라 공간배정

➲ 연구원 창업자의 창업활동에 필요한 편의시설 제공

- 강의실, 헬스장, 휴게실 등 입주편의를 위한 공간 제공

➲ 지원시설 안내

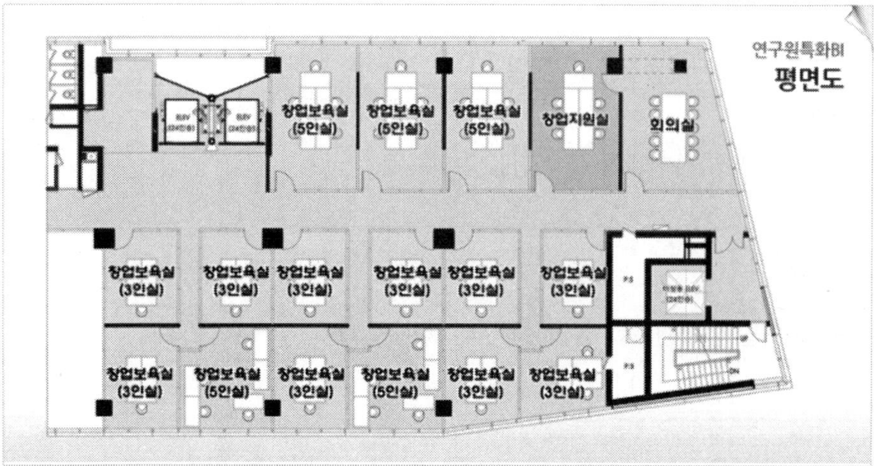

➲ 위치

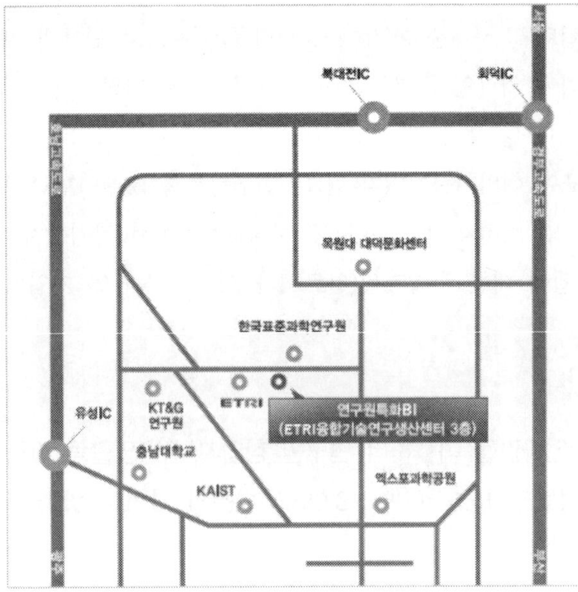

5) 신청 · 접수

➲ 신청기간: 연 2회(2월, 7월) 모집

➲ 신청방법: 창업지원온라인관리시스템을 통한 접수

- 창업지원온라인관리시스템(http://startbiz.changupnet.go.kr) → 좌측의 '연구원특화형예비창업자육성' 클릭 → 로그인 후 신청 가능

➲ 신청서류

- 참여신청서, 사업계획서, 가점증빙서류 등

6) 문의처

➲ 창업진흥원 연구원특화 창업지원센터: 042-389-0042~4

6. 창업 마케팅

(1) 마케팅이란?

마케팅이란 기업을 위하여 고객을 탐색 창출하는 행위의 의미로서 시장의 존재에 의하여 평가될 수 있는 경영 활동의 관리적 생산요소 중 하나이다.

기업의 생산, 재무, 인사관리, 설비능력, 자본규모, 인적자산 능력 등과 같은 기업 조직을 내적 환경요인으로 본다면, 마케팅은 시장이라는 기업의 외적 환경을 주요 기반으로 하여 관리가 결정되며 궁극적으로는 조직과 시장 간의 유기적으로 채택되는 제반 관리 활동을 의미한다.

(2) 마케팅 믹스

마케팅 믹스(marketing mix)는 앞에서 언급된 사항들을 고려하여 개별적인 시장에 적응함으로써 판매고를 높일 수 있는 차별화로 이익을 증가시키고 비용을 절감함으로써 효율을 높이는 방법으로 국제 마케팅믹스가 이루어져야 한다.

(3) 제품계획

제품계획이란 적정 제품을 적정한 목표시장에 적정한 시기를 택하여 적정가격으로 판매하기 위한 정책과 기획 및 그 실천 방법을 말한다.

제품계획은 마케팅믹스 요소 중에서 가장 기본이 되는데, 이는 고객지향적인 관점에서 수립되어야 한다. 해외시장에 대한 제품 정책은 국내에서 공급되는 제품의 변경 여부에 따라서 다음과 같이 세 가지로 나눌 수 있다.

1) 표준제품 정책

표준화된 제품을 공급하는 정책으로 거의 동일한 제품으로 세계시장에 공급하는 정책이다. 예를 들면 코카콜라, 청바지 등이다.

2) 제품변경 정책

현지 사정에 맞게 제품을 수정 · 변경하여 공급하는 정책을 말한다. 예를 들면, 커피를 각 나라 소비자의 입맛에 맞게 가공하여 공급하는 경우와 자동차의 엔진을 현지의 공해방지 규정 등에 알맞게 다르게 하는 경우, 심지어 중국 요리의 경우 각 나라 사람의 입맛에 맞게 요리하여 손님에게 제공하고 있다.

3) 제품개발 정책

국제기업에서 가장 많이 활용되는 정책으로, 현지 시장에 맞게 신제품을 개발하는 정책이다. 그러나 우리나라의 경우는 해외시장만을 위해서 제품을 개발하고 있다.

(4) 가격 정책

국제 마케팅에서 가격 정책이란 차별화된 가격 정책을 뜻한다. 차별가격 정책은 두 시장에서 수요의 가격에 대한 탄력성이 다를 경우, 매출액이나 이윤을 극대화하기 위해 가격이 다른 것은 자명하다.

즉, 원가 면에서 A시장에서는 변동비와 고정비를 포함하는 총원가를 기준으로 가격을 책정하고, B시장에서는 변동비를 약간 상회하는 저가격 정책을 택할 수가 있다.

우리나라의 경우, 수출가격은 시장개척을 위하여 저가정책으로 일관하였고, 수출에 의해 채산을 맞추지 못하면 각종 수출 혜택과 수출금융을 통하여 적자를 면하곤 했다.

이와 같은 차별가격 정책은 수입국에서 덤핑(dumping)으로 판정됨으로써 반덤핑

관서(anti-dumping duties)가 부과되었다. 그러므로 제품을 차별화하고 광고에 의해서 브랜드 인지도를 높여야 할 것이다. 그리고 고급 소매점 상품은 고가 정책이 가능하다. 즉, 이러한 믹스 전략으로 우리나라 상품의 경우에 '제값 받기'를 해야 할 것이다.

(5) 경로 정책

국제 마케팅 관리자가 해외시장 기회를 이익화하기 위해서는 생산된 제품을 해외 최종고객에게 효율적으로 분배하기 위한 유통전략(distribution channel strategy)을 다른 마케팅믹스 전략과 함께 수립해야 한다.

유통전략이란 재화와 용역이 올바른 상태로 알맞은 시간에 원하는 장소로 요구되는 양만큼 소비자에게 전달하는 데 필요한 기업의 의사결정 및 행동을 말한다. 국제 마케팅에서의 경로는 수출국의 제조회사로부터 수입국의 최종고객(end user)에 이르기까지 중간에 개입되어 있는 모든 사람과 기관을 가리키며, 이 경로기관은 무역회사와 국내 유통회사로 구별할 수 있다.

적절한 해외시장 진출방법이 결정되면 국제 마케팅 관리자는 다음과 같이 해외 시장국의 내에서 현지 유통전략을 설정하여야 한다.

1 _ 마케팅 및 유통에 대한 전반적 전략의 개발과 개입의 정도에 대한 기본적 의사결정을 행한 다음, 판매하려는 해외 시장국의 유통 패턴을 조사하여야 한다.

2 _ 현실적인 유통경로 계획을 수립하고 활용한다.

3 _ 유통경로로 기구를 계속 관리하고 통제하여야 한다.

(6) 촉진 정책

촉진 정책(promotion strategy)이란 기업이 해외시장 기회를 보다 이익적으로 활용하기 위하여 해외고객의 수요를 환기하고 자극함으로써 판매촉진을 하도록 하는 의사결정과 활동을 뜻한다. 촉진전략은 기업의 마케팅 방침, 제품계열 각국의 마케팅 제도 및 기타 다른 요소에 의하여 결정된다. 오늘날 해외 현지시장에서 광고의 중요성이 점점 커지고 있는데, 특히 현지 고객에게 브랜드를 인지시키고 나아가서 차별화시키기 위해서는 광고가 필수적인 수단이 되고 있다.

국제 광고정책에서 시장이 어느 정도 동질적인 경우에는 표준관고 메시지를 여러 시장에서 활용할 수 있으나 표적 고객이 다르고, 제품의 포지셔닝이 다른 경우에는 광고의 메시지나 매체 등의 광고정책이 달라지게 된다.

세계는 점점 소득수준이 비슷해지고, 입맛이 동질화되어가는 경향이 있다. 지구화(globalization)란 다름 아닌 세계경제에서 국경이 낮아져 가는 경향이라고 할 수 있으며, 이에 따라 민족국가의 힘은 약화되고 국가 간의 상호의존성은 증가한다. 그 원인은 급속한 기술진보와 자본 · 금융시장의 통합, 직접투자의 급속한 증가, WTO에 의한 관세장벽의 철폐와 그로 인한 교역량의 증가, 세계적인 소비자 기호의 동질화 등이라고 할 수 있으며, 이러한 현상은 모든 분야에서 나타나고 있다.

오늘날 많은 기업에서는 복사기, 컴퓨터, 전화교환기, 시계, 음료. 텔레비전, 자동차 등 소비제품에 있어서도 점차 지구적 표준화를 추구하고 있다. 많은 기업들은 세계적 표준화에 의한 규모의 경제를 달성하고자 하는 기업의 경제적 요구와 아울러, 한편으로는 이들 기업들을 상이한 방향으로 이끄는 각국의 독특한 문화적 · 정치적 요구들이 공존하고 있다는 사실이다. 바로 세계적 요구(global requisite)와 특정 지역의 특수성(local strategy) 사이에 적절한 균형점을 찾는 것이 지구적 기업(global corporation)의 사명(mission)이라고 할 수 있다.

포터(Porter M. E.)는 기업의 경쟁우위를 확보하기 위하여 지구적 마케팅 기능을 다음과 같이 세 가지로 구분했다.

7. e-Trade 창업 성공전략

(1) 무역거래 알선사이트와 Usenet을 통한 홍보

e-Trade는 적은 비용으로 판매시장을 국내에서 전 세계로 확대할 수 있는 새로운 무역비즈니스의 기회이다. 이러한 e-Trade는 인터넷을 얼마나 잘 활용하느냐에 성패가 달려 있다. 무엇보다 자사와 자사상품을 세분화된 무역거래 알선 사이트와 Usenet를 통해 최대한 홍보하고, 거래문의에 대해선 전자메일을 통해 신속하게 대응해야 된다.

(2) 웹사이트 개설

e-Trade를 성공적으로 하기 위해선 사이버무역회사의 역할을 하는 웹사이트를 구축해야 된다. 웹사이트는 자사와 자사제품의 이미지를 충분히 반영한 설계를 해야 되고, 자사의 웹사이트를 유명 검색엔진에 등록하여 지속적인 홍보를 해야 된다. 또한 웹사이트의 주기적인 업데이트 작업은 웹사이트의 신뢰성과 공신력에 지대한 영향을 미치므로 항상 최신 정보로 갱신해야 된다.

(3) 검색엔진의 적극적인 활용

e-Trade의 성패의 상당부분은 최신 무역정보를 누가 더 빨리 입수하여 활용하느냐에 달려 있다. 다종다양한 무역정보의 입수와 활용은 검색엔진을 활용하면 저렴한 비용으로 신속하게 이루어질 수 있다.

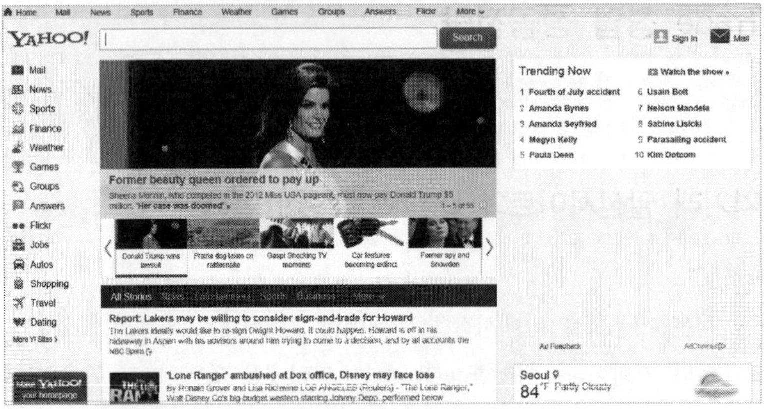
Home
Mail
News
Sports
Finance
Weather
Games
Groups
Answers
Flickr
More
YAHOO!
Search
Sign In
Mail
Mail
News
Sports
Finance
Weather
Games
Groups
Answers
Flickr
Jobs
Autos
Shopping
Travel
Dating
More Y! Sites
Former beauty queen ordered to pay up
Trending Now
Watch the show
1 Fourth of July accident
2 Amanda Bynes
3 Amanda Seyfried
4 Megyn Kelly
5 Paula Deen
6 Usain Bolt
7 Nelson Mandela
8 Sabine Lisicki
9 Parasailing accident
10 Kim Dotcom
All Stories
Report: Lakers may be willing to consider sign-and-trade for Howard
'Lone Ranger' ambushed at box office, Disney may face loss
Seoul
84
Partly Cloudy

Yahoo 웹사이트

Chapter 2
사업계획서 작성

1. 사업계획서의 의의와 활용도
2. 사업계획서 구성
3. 사업계획서 작성 주요사항

1. 사업계획서의 의의와 활용도

(1) 사업계획서의 의의

사업계획서(bussiness plan 또는 business proposal)는 새로운 사업을 시작함에 있어서 사업목적 달성을 위한 지속적인 활동에 필요한 방법과 절차, 활동범위 등 모든 요소들을 기술해 놓기 위해 준비하는 서류이다. 즉, 사업계획서는 창업자가 기업을 설립하고 성장시키기 위한 구체적인 의지를 글로 표현하여 정리한 설계서이다.

사업계획서는 사업의 성공을 위해서 필요한 사항들을 체계적으로 검토하게 하며, 계획된 사업의 장점과 약점을 재인식할 수 있는 기회를 제공한다. 또한 창업 과정에서 단계적으로 달성하여야 할 이정표를 제시하며, 순차적으로 행동의 가이드라인을 제공한다. 따라서 사업계획서는 '현재 나의 위치는 어디인가?', '목적지는 어디인가?', 그리고 '어떻게 도달할 것인가?'와 같은 질문에 답을 요구하게 된다.

그러므로 어떤 사업을 시작하더라도 반드시 그 업종과 규모에 맞는 사업계획서를 미리 작성해야 한다. 아무런 준비도 없이 시작한 창업은 실패할 확률이 그 만큼 높을 수밖에 없다.

사업계획서를 작성해야 하는 이유는 다음과 같다.

1 _ 사업계획서는 사업 준비를 하기 위한 사전 단계로서, 복잡한 창업절차를 미리 점검할 수 있다.

2 _ 미리 사업계획을 세우면 위험요소를 사전에 발견할 수 있으므로, 실패요인을 줄일 수 있다.

3 _ 이해관계자들에게 사업을 설명하고 홍보하는 데 효과적이다.

그러나 사업관계서가 너무 과장되거나 허황되면 사업이 계획대로 진행되지 못하고, 이해관계자들로부터도 신뢰를 얻지 못하여 그 만큼 실패할 확률이 높다.

(2) 사업계획서의 활용도

우수한 사업계획서는 사업 성공의 가능성을 높여주는 동시에 계획 중인 창업을 가능하게 함으로써 창업 기간을 단축하고 계획사업의 성취에도 많은 영향을 미친다. 또한, 창업투자의 관심 유도와 설득자료로서 활용도가 높다.

1) 기업의 성과증대

사업계획서는 작성하는 과정에서 창업기업이 직면하는 주요한 문제들을 체계적으로 이해할 수 있는 기회와 이를 해결할 수 있는 전략을 수립할 수 있는 아이디어를 얻을 수가 있다. 경영자의 가치관과 기업 목적의 검토 및 조정, 정보수집과 분석결과의 공유, 조직 내에서의 의사결정 방법의 개발 등과 같은 것들이 계획과정에서 검토되고 수립됨으로써 창업 조직을 효과적으로 만드는데 기여하게 되므로 결과적으로 창업기업의 성과를 증대시킬 수 있다.

2) 경영관리의 지침서 역할

사업계획서는 창업기업의 비전과 목표를 담고 있으므로 관리자를 비롯하여 전체 직원들로 하여금 이러한 목표를 향해 나아갈 수 있도록 도와주는 안내자 역할을 한다. 창업을 한 후에는 조직의 구성원들이 원래의 목적과 나아가야 할 방향을 잊기가 쉬운데, 그러한 경우에 사업계획서를 참조하면 기업의 목표를 재확인할 수 있고, 또한 그와 관련된 문제를 해결할 수 있는 안내자의 역할을 한다.

3) 외부자원의 획득

사업계획서는 창업에 도움을 줄 제3자, 즉 동업자, 출자자, 금융기관, 매입처, 매출처, 더 나아가 일반고객에 이르기까지 투자에 대해 관심 유도와 설득자료로서 많이 활용하게 된다. 투자자들은 투자 의사를 결정하는 과정에서 사업계획서를 중시한다. 사업계획서는 투자자들이 제안된 사업이 갖는 위험과 가능성을 확인하기 위한 검토를 시작하는 출발점이 되기 때문이다.

특히 은행, 벤처자본가, 창업자금 지원기관들로부터 자금지원을 얻기 위해서는 투자 심사를 위한 판단자료로 사업 아이디어, 업계동향, 수요추세, 경쟁상태, 소요자금, 경영진의 경영능력 등에 관한 정보를 포함한 사업계획서를 제공해줌으로써 투자 의사결정에 활용할 수 있도록 하여야 한다.

2. 사업계획서 구성

(1) 사업계획서의 작성원칙

사업계획서는 창업자의 얼굴인 동시에, 창업자 자신의 신용이다. 창업시의 사업계획서는 창업자 자신의 효율적인 창업기업을 설립하여, 그 사업을 지속적으로 성장·발전시키고자 하는 창업자의 구체화된 의지이며, 체계적으로 정리·기술한 창업계획서이기 때문이다.

사업계획서 작성 시 가장 중점을 두어야 할 사항은 경영팀의 회사운영 능력과 시장기회라고 말할 수 있다. 창업자는 투자자에게 무엇을 줄 수 있는지 결정하고, 그에 걸 맞는 사업계획서를 구조화시킬 줄 알아야 한다.

이러한 관점에서 사업계획서 작성 시에는 다음과 같은 사항에 주의하여 작성되어야 한다.

1 _ 사업계획서는 충분한 시간을 가지고 자신감을 바탕으로 계획사업에 대하여 구체적으로 작성되어야 한다. 창업자 자신이 가지고 있는 목표 아이템을 제3자에게 설득력 있게 납득시키는 것이 사업계획서의 제1차 목적이다. 그러므로 계획사업에 대한 내용을 충분히, 그리고 구체적으로 작성할 필요가 있다.

2 _ 사업계획서는 신뢰성을 확보할 수 있도록 객관적인 자료를 기초로 작성되어야 한다. 자칫 자신감이 너무 지나쳐 제3자가 느끼기에 허황되고 실현가능성이 없다고 판단될 때는 신뢰성에 큰 타격을 입을 수도 있다.

3 _ 계획사업의 핵심 내용을 강조하여 부각시켜야 한다. 사업계획이 너무 평범하면 제3자의 호감을 얻지 못하므로 전략계획 제품을 중심으로 1~2종, 많아도 3종을 넘지 않는 범위에서 핵심적으로 제품을 설명할 필요가 있다.

4 _ 제품 및 기술성 분석은 전문적 용어를 피하고, 보편적인 내용으로 구성한다. 해당 제품 자체의 설명에만 국한하지 말고 관련 산업, 관련업종의 내용부터 접

근하는 것이 필요하며, 제품 생산공정을 구체적으로 설명한다.

5 _ 자금조달 운용계획은 정확하고 실현 가능성이 있어야 한다. 즉, 자금조달의 원천과 운용의 용도를 금액 및 일시별로, 창업자 자신이 조달 가능한 자본은 구체적으로 현금과 예금, 부동산 담보 등에 의한 조달액을 표시함으로써 제3자로부터 창업자의 자금조달 능력을 신뢰하게 할 필요가 있다. 그 후 동업자, 금융기관 등으로부터 조달계획을 구체적으로 표시하여야 한다.

6 _ 계획사업에 잠재되어 있는 문제점과 향후 발생 가능한 위험요소를 심층적으로 분석하고, 예기치 못한 사정으로 인해 창업이 지연되거나 불가능하게 되지 않도록 다각도에 걸친 점검이 요구된다.

7 _ 근거가 불충분한 자료 또는 비논리적인 추정은 피한다.

(2) 사업계획서 작성 순서

사업계획서는 작성 목적과 용도, 제출기관에 따라서 그 구성양식과 내용이 차이가 날 수 있다. 또한 창업자가 직접 작성하느냐, 전문기관에 의뢰하여 작성하느냐에 따라 그 내용과 형식, 그리고 전문성이 달라질 수 있다. 그러므로 사업계획서를 작성하기 전에 미리 작성 순서와 내용 등을 결정해 두면 시간과 노력을 절약할 수 있을 뿐만 아니라 내용도 충실해질 수 있다.

(3) 기본방향의 설정

사업계획서 작성의 첫 단계는 사업계획서의 작성 목적에 따라 기본방향을 설정하는 과정이다. 기본목표와 방향이 명확히 설정되지 않으면 사업계획서의 초점이 흐려진다.

(4) 작성계획 수립

제2단계는 작성계획을 수립하는 과정이다. 사업계획서 작성의 지연은 곧 계획사업의 추진에 많은 지장을 초래한다. 또한 대부분의 사업계획서가 정해진 기간 내에 작성되어야 하므로, 각 부문별 작성일정과 내용, 그리고 작성 책임자를 확정하는 등 치밀한 작성계획을 미리 세운 후 작성되어야 한다.

(5) 관련자료 및 첨부서류의 수집

제3단계는 사업계획서 작성에 필요한 관련 자료와 첨부서류 등을 준비하는 과정이다. 앞 단계의 사업계획서 작성 방향과 일정계획을 수립하지 않고 자료 수집부터 먼저 하게 되면 실제로 필요한 자료를 구하지 못하거나 내용이 빈약하여 다시 수집하여야 하는 등, 시간과 자원의 낭비를 초래하기도 한다. 그러므로 작성 단계별 과정을 반드시 거쳐 필요한 자료를 충분히 수집하여야 한다.

(6) 양식구성

제4단계는 작성하여야 할 사업계획서의 양식을 구성하는 과정이다. 대부분의 경우, 사업계획서는 작성목적과 제출기관에 따라 소정의 양식이 있기 때문에 그 양식에 의거하여 작성하면 된다.

그러나 양식이 없는 경우에는 작성하여야 할 사업계획서의 양식을 직접 구성하여야 한다.

(7) 사업계획서의 작성

제5단계는 작성 요령과 관련 자료들을 바탕으로 사업계획서를 실제로 작성하는 과정이다. 제출기관에 따라 사업계획서 작성 방법을 간단히 설명하고 있는 경우도 있지만, 그 것 만으로는 충분하지 않다. 그러므로 사업계획서 작성자는 완벽한 작성을 위해 작성 요령을 미리 숙지해둘 필요가 있다.

(8) 편집 및 제출

제6단계는 편집하고 이를 제출하는 과정이다. 사업계획서는 그 내용도 중요하지만, 편집 과정도 그에 못지않게 중요하다. 정성을 다하여 모양을 세련되게 편집함으로써 보다 좋은 인상을 받을 수 있도록 주의를 기울여야 한다. 그리고 사업계획서를 제출할 때에는 그 내용을 충분히 이해하여 설명과 응답에 부족함이 없도록 만반의 준비를 하여야한다.

3. 사업계획서 작성 주요사항

일반적으로 사업계획서는 기업체 현황, 계획제품 시장의 구조적 특성, 소비자의 성격구성, 시장 확보 가능성과 마케팅 전략, 계획 제품에 대한 기술적 특성, 생산시설, 입지조건, 생산계획과 더불어 계획 아이템에 대한 향후 수익 전망, 투자의 경제성, 계획사업에 대한 소요자금 규모와 조달 계획, 차입금의 상환 계획, 조직과 인력 계획 등, 창업에 관련되는 사업내용을 객관적이고 체계적으로 작성하는 중요한 자료이다.

사업계획서 작성이 필요한 경우, 각종 인허가 또는 자금지원을 외부로 관계기관에 제출하기 위해 작성하는 경우가 있는가 하면, 창업자 자신이 동업자 또는 주주, 거래처 및 이해관계자 등에게 자기 사업계획을 소개할 필요가 있거나 스스로 계획적인 사업 추진을 위해 비교적 간단하게 작성할 필요성이 있을 때도 있다.

이러한 사업계획서는 작성 목적과 제출기관에 따라 그 내용과 형식이 다를 수 있다. 일반적으로 ① 창업자 자신이 사업계획을 나름대로 구체화하여 사업 계획을 수립하고 이를 동업자, 판매처, 창업자, 자체용도 등에 활용할 목적으로 작성하는 간이사업계획서, ② 창업조성 실시계획 승인, 공장 인허가 및 창업자금 조달 등을 위한 외부 관계기관 제출용 사업계획서로 구분하여 작성할 수 있다.

창업자 자체 용도의 간이사업계획서는 창업자의 목적 등에 따라 그 내용을 가감할 수 있다. 외부 관계기관 제출용 사업계획서는 주로 창업 조정 실시계획승인신청 또는 각종 공장건설과 각종 용도의 자금지원을 위한 승인신청 시 제출하게 되는데, 각 기관에 따라 내용상 차이가 있으므로, 특정 목적에 따라 추가 또는 삭제하거나 그 분량을 임의로 조정할 수 있다.

Chapter 3
해외시장조사와 거래선 발굴

1. 해외시장조사의 의의 및 내용
2. 해외시장조사 방법
3. 해외 거래선의 발굴 의의 및 방법

1. 해외시장조사의 의의 및 내용

시장조사의 개념

시장조사(market research)는 상품을 그 생산자로부터 소비자에게로 유통·판매활동과 관련된 모든 정보를 수집·분석하는 활동을 말한다. 이러한 시장조사는 기업의 마케팅 활동에 있어서 합리적인 의사결정을 하는데 많은 영향을 끼치며, 철저한 시장조사에 기반한 의사결정은 기업의 마케팅 실패에 대한 위험을 현저히 감소시킬 수 있다.

① 문제의 제기
↓
② 시장조사 계획의 수립
↓
③ 영역별 시장조사 실시
↓
④ 자료분석 및 해석
↓
⑤ 조사결과의 요약 및 보고
↓
⑥ 마케팅 계획 수립 및 실행

〈그림 3-1〉 시장조사의 과정

(1) 해외시장조사의 의의

해외시장조사(foreign market research)는 수출입 절차의 최초단계로서 특정상품에 대한 판매 또는 구매 가능성을 조사하는 것을 말한다. 즉, 해외시장조사는 수출입 절차의 최초의 단계로서 특정상품에 대한 판매 또는 구매 가능성을 조사하는 것을 말한다.

해외시장은 국내시장과는 달리 지역적인 격리성, 상이한 문화, 종교, 상관습 및 언어 등의 차이로 어려움이 많으나, 외국과 무역거래를 함에 있어서 위험을 최소화하고, 이익을 극대화하기 위해서는 사전에 정확한 시장조사가 필수적인 전제조건으로 무역업 성패의 중요한 과제 중의 하나가 된다.

(2) 해외시장조사의 내용

1) 수출입 상품에 대한 이해

제품 자체에 대한 조사로서 최종소비자의 기호도, 시장대상 및 판매 가능성, 유통구조, A/S, 경쟁품 및 유사품의 가격동향, 특허권 문제, 제품수명주기 등을 조사해야 한다.

2) 시장, 유통구조의 이해

일반적인 특성 외에 소비자 계층, 상관습 및 구매 시기를 조사하며, 유통구조는 어떻게 형성되어 있는가를 점검하고 주요 수입상 리스트를 체크한다.

3) 시장접근 방법의 수립

중개상을 통하여 시장을 개척할 것인지, 전문 수입상을 통하여 개척하는 것이 바람직한지 또는 도매상과 직접 거래관계를 맺을 것인지 등 구체적인 시장접근 방법을 수립한다.

4) 일반사항

목적시장의 정치, 경제, 사회, 문화, 종교, 인구, 언어 등을 조사한다. 인구가 적다고 해서 소비 수요가 많지 않다고 단정할 수는 없다. 이는 지리적 여건으로 제3국 재수출도 활발한 곳이 많기 때문이다.

5) 경제동향 및 산업동향

경제성장, 국민소득, 물가, 임금, 고용, 국제수지 등의 경제동향과 산업구조 특히 제조업, 유통업 등에 관하여 조사한다.

6) 무역동향 및 무역관리제도

목적시장의 대외무역구조, 특히 품목별, 지역별 경쟁국 진출동향 등의 무역동향과 상대국의 수출입관리제도, 수입규제, 관세제도, 통화정책 및 외환관리제도 등 무역관리제도를 조사한다.

7) 기타 사항

해당국의 항만사정이나 통신시설 및 여행 시 유의할 점 등을 조사하며 특히 해당국의 국민성 및 상관습 등을 세밀하게 조사한다.

2. 해외시장조사의 방법

(1) 전통적 방식의 해외시장조사

1) 국가별 통계자료를 이용한 조사

판매하고자 하는 상품의 수요측정을 위해서는 우선 조사 대상지역을 선정해야 한다. 대상지역 선정을 위해서는 U.N. 무역통계연보 Yearbook of Interna- tional Statistics나 IMF 발간 연보 International Financial Statistics 등의 국별 수출입통계자료를 이용하거나 기타 수출입통계월보 또는 연보 등을 이용하여 세부조사 대상지역을 선정할 수 있다.

2) 국내외 경제단체 및 유관기관을 통한 조사

시장조사의 실제 방법으로는 대한무역투자진흥공사의 해외무역관을 활용하는 방법 이외에 전문시장조사기관에 의뢰하여 조사할 수 있다. 특히 시장조사에 필요한 기초자료는 한국무역협회 및 무역투자진흥공사 도서실에 비치된 각종 무역통계, 지역별 시장동향 자료, 국별 수출입업자 총람 등을 활용할 수 있다.

3) 주한 외국공관의 자료를 이용한 조사

국내에 주재하고 있는 외국공관의 상무관실 또는 자료실에 비치된 각종 자료를 이용하거나 또는 상무관과의 상담을 통해 시장조사를 할 수 있다.

4) 광고회사를 통한 조사

현재 우리나라에는 일부 외국의 광고회사가 합작 진출하고 있어 진출하고자 하는 대상지역의 광고회사가 국내 광고회사와 업무제휴가 되어 있는 경우, 국내 광고회사에 의뢰하여 조사할 수 있으나 대부분의 경우 그 지역이 미국과 일본에 국한되어 있다.

광고회사에 의뢰하는 경우 특수한 거래관계가 없으면 비현실적이고 설사 가능하더라도 조사에 따른 많은 경비가 요구된다.

5) 자체 방문조사

기본적인 통계자료나 간행물에 의해 수출가능 지역으로 예상되는 곳을 직접 방문하는 방법이 최선의 조사방법이다. 현지를 방문하면 일단 우리나라 대사관이나 영사관 또는 무역투자진흥공사의 현지 무역관을 방문하여 일반적인 시장현황 상담 및 최대한의 협조를 구한다.

또한 해당 시장의 상공회의소 등을 방문하여 자료를 입수할 수도 있다. 이 외에도 해당 시장의 유력한 수입업자 또는 도매상을 방문하여 해당품목의 시황, 유통구조, 소비자 패턴, 가격 등을 문의하면 된다.

(2) 인터넷을 이용한 해외시장조사

무역거래에 있어서도 인터넷을 이용한 전자상거래는 이미 정착화되어 각 기업들은 글로벌 마케팅(global marketing) 차원에서 막대한 데이터베이스를 구축해 놓고 있으며, 각국은 자국 기업들의 경쟁력 확보를 위해 관련기관을 통한 법제의 정비에 힘쓰고 있다.

따라서 무역기업은 이러한 국제적 추세에 부응하여 무역거래에 있어서 인터넷을 적극적으로 활용함으로써 상대국의 상품유통 흐름 및 제품정보를 얻을 수 있으며, 이를 통해 장기적인 기업경쟁력을 확보할 수 있다.

1) 검색엔진을 활용한 시장조사

시장조사자가 구하고자 하는 검색어를 가지고 원하는 사이트를 검색해주는 검색엔진을 이용하는 것은 필수적이다. 검색엔진은 웹 검색을 비롯해 유즈넷 검색, 전자우편 주소 검색, 뉴스 검색, 기업체 검색 등 다양한 검색 기능을 갖추고 있으며 새로운 서비스를 추가하고 있다.

2) 무역정보전문 사이트를 통한 시장조사

국내의 무역관련 사이트 중 대표적인 무역정보 전문 사이트로는 한국무역협회(KITA; www.kita.net)의 KOTIS(www.kotis.net)가 있다. KOTIS(http://kotis.kita.net/)는 Korea Trade Information Service의 약자로 한국무역협회(KITA)가 무역정보 서비스, 상품, 회사정보 및 거래알선에 특화된 정보를 제공하는 사이트이다.

3. 해외 거래선의 발굴 의의 및 방법

(1) 해외 거래선 발굴의 의의

시장조사에 의하여 목적시장이 결정되면 다음에는 목적시장에 있어서의 신용력 있고 유력한 거래처를 찾아 거래관계(business connection)를 맺어야 한다. 물론 상대시장에 대리점을 두거나 자사의 지점을 설치하는 것도 생각할 수 있으나, 거래경험이 없는 새로운 시장에 처음부터 막대한 자금이 소요되는 직접투자를 하는 것은 그에 따른 위험도 크다. 따라서 우선 목적시장에서 가장 유망한 거래처와 거래실적을 쌓고 상대시장의 실태를 완전히 파악한 후 다음 단계에서 기업진출을 계획하는 것이 가장 무난하다.

(2) 해외 거래선의 발굴방법

1) 전통적 방식의 거래선 발굴방법

1 _ 무역관계기관의 소개

해당 상품에 대한 Buyer List 및 관련정보를 WTCA, 각국의 상공회의소를 비롯하여 한국무역협회, 대한무역투자진흥공사, 주한외국대사관 상무관실, 무역협회 국제통상부 WTC 사무국, 대한상공회의소 국제부 등 무역관계기관들을 통해 Buyer List를 입수할 수 있다.

2 _ 전문기관에 위탁조사

전문 마케팅 컨설팅업체와 KOTRA에 특정지역 특정 아이템에 대한 바이어 조사를 의뢰하면 그 명단을 쉽게 얻을 수 있다. 특정지역을 겨냥한 무역업계 초심자에게 안성맞춤인 바이어 발굴 방법이다. 더구나 비용이 저렴하여 누구나 부담 없이 접근할 수 있는 통로다.

3 _ 상공인 명록의 이용

상공인명록(directory)에 의하여 목적시장의 유력한 관련업자를 조사하는 한편 직접 카탈로그(catalogue)의 송부와 함께 거래를 권유하는 권유장(circular letter)을 통하여 교섭하면 매우 효과적인 방법이 된다. 상공인명록으로 현재 세계에서 가장 널리 사용되고 있는 것은 London에서 편찬한 Kelly사의 Kelly's Directory & Merchant, Manufacturers and Shippers of World를 들 수 있다.

4 _ 국내발간 해외 홍보매체의 활용

한국무역협회를 비롯한 국내 수출유관기관의 해외홍보용 매체를 이용하는 방법은 비용절감과 함께 홍보의 성과도 올릴 수 있다. 해외에서 배포되는 매체는 수만 가지에 이르므로 이중 어느 매체를 선택, 광고를 하느냐가 광고의 성공 여부를 좌우한다. 매체의 선정은 전문가의 조언을 받아야 예산낭비를 사전에 방지할 수 있다.

5 _ 각종 전시회 및 상담회 참가

국내의 주요 무역 관련기관에서 주최하는 사절단 및 각국의 무역기관에서 주관하는 각종 해외전시회 및 상담회에 참가하는 방법이다. 국제전시회는 바이어 발굴을 위한 최적의 조건을 갖추고 있어 권위 있는 국제전시회에 출품하게 되면 고객들에게 좋은 인상을 심어 주고 노력에 비해 다대한 성과를 올릴 수도 있다. 한 장소에 같은 제품에 관심 있는 사람이 몰리고 한 번 참관으로 전 세계 기술 및 신제품 동향을 파악할 수 있다.

6 _ 자체홍보물을 이용한 방법

해외배포용 Catalog 또는 Leaflet을 광고기획사 등에 의뢰하여 제작한 후 Buyer List는 주한외국대사관 상무관실, 한국무역협회 거래알선실, 무역투자진흥공사 등을 통해 입수하여 해당 상품을 취급하는 Buyer에게 배포하는 방법이다.

7 _ 디렉토리와 CD롬 입수

2차 자료라는 한계가 있지만 원하는 대상을 손쉽게 찾을 수 있고 비용도 적게 든다는 점에서 디렉토리와 CD롬, INTERNET을 이용한 정보가 유용하다.

8 _ 직접방문을 통한 방법

해당 지역 방문 시 호텔에 비치된 Yellow Page나 Trade Directory 등을 통해 예상 거래상대방을 선정한 후 전화로 시간약속을 받고 직접 방문하는 방법이다. 이것은 상당한 경비가 소요되는 반면 가장 확실하고 유효한 방법이다.

2) 인터넷을 이용한 거래선 발굴 방법

인터넷상에는 전 세계 기업 및 무역업체에 대한 정보뿐만 아니라 재무정보, 무역동향정보, 특허정보, 전시회정보 등을 유료 또는 무료로 제공해 주는 전문 웹 사이트들이 많으므로 이를 잘 활용하면 보다 효과적으로 해외 거래선을 발굴할 수 있다.

그러므로 전자무역을 활용하면 인터넷상에서 해외의 거래선 발굴과 해외시장정보를 효율적으로 얻을 수 있다. 우선 수출물품을 홍보할 수 있는 자체 웹사이트를 구축하고, 거래알선 사이트를 이용하며, 검색엔진을 활용하여 해외시장정보를 수집할 수 있다.

해외 거래선을 발굴하면 수입상에게 거래를 제의한다. 거래제의는 전자메일을 이용하는 방법과 인터넷폰이나 인터넷팩스를 이용하는 방법이 있다. 전자메일을 보내는 경우에는 거래선을 알게 된 경위와 회사소개, 제품소개에 대하여 자세하게 소개한다.

또한 무역업체는 무역거래알선 사이트를 이용하여 효율적으로 거래선을 발굴할 수 있다. 전통적으로 상품 및 제조업체 디렉토리는 무역업계에 중요한 정보서비스였지만 최근에는 제조업체와 바이어가 동시에 활동하는 공간, 즉 거래알선 사이트가 더욱 주목받고 있다.

최근 무역유관기관 및 개별업체서 다양한 사이트가 개발, 운영되고 있어 무역업체는 웹사이트의 주요기능과 해외인지도, 해외무역 거래알선 사이트와의 아웃소싱망의 범위 등을 고려하여 취사선택하여 활용할 수 있다. 현재 국내의 대표적인 무역거래알선 사이트로는 EC21, EC Plaza, T-page 등이 있는데 최근 이들 국내 3대 무역거래알선 사이트들은 정부의 e-무역상사 지정에 따라 기존의 거래알선 및 바이어 정보제공 등에 이어, 실제 시장조사, 신용조사, 계약체결, 무역거래 성사 및 사후관리까지 종합적으로 지원하는 전자무역중개기관으로 자리잡게 되었다.

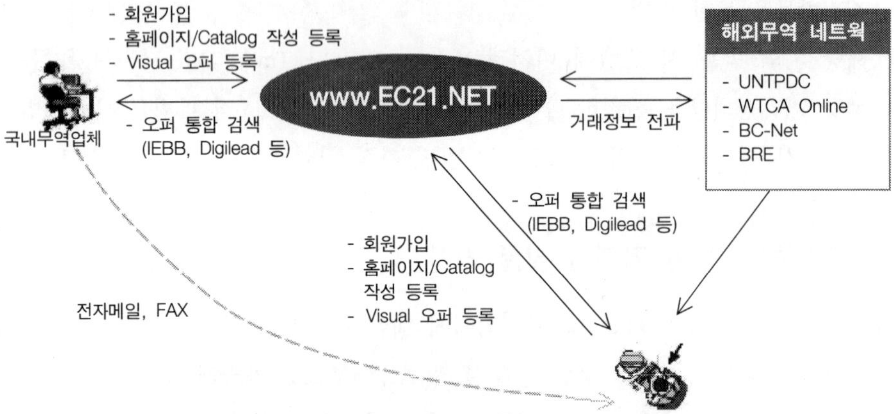

〈그림 3-2〉 무역거래 알선 사이트의 업무 흐름도

〈표 3-1〉 국내외 주요 무역거래 알선 사이트

운영주체	사이트명과 URL
(주)EC21	EC21(www.ec21.net)
대한무역투자진흥공사	KOBO(www.kotra.or.kr)
EC Plaza(주)	EC Plaza(www.ecplaza.net)
중소기업진흥공단	중소기업관(www.smipc.or.kr)
바이어스가이드	Buyersguide(www.buyersguide.com)
세계무역협회	WTC(www.wtca.org)
국제연합	ETO(www.tradepoint.tidco.co.tt/untpdc/eto/)
	Trade Leades(www.tradeleads.com)
	Trade Compass(www.tradecompass.com)
	Sellers-Buyers International(www.ace-uk.com)
	Trade Point USA(www.i-trade.com)
	Access Trade(www.access-trade.com)

Chapter 4
전자무역 이론과 실무

1. 전자무역 개요
2. 전자무역 시스템
3. 전자무역 적용 분야
4. 전자무역 기반의 GSCM

무역은 국제간에 물건을 사고파는 행위를 말한다. 즉 국가 간에 거래이기 때문에 국경을 넘어 물건이 이동하고 상대 교역국의 통관절차를 거친다.

이러한 무역을 좀 더 편리하고, 빠르고, 효율적으로 하기 위해 전자무역이 시작되었다.

전자무역이란 『거래선 발굴 · 상담 · 계약 · 원자재 조달 · 운송 · 통관 · 대금결제에 이르는 제반 무역업무를 인터넷 등 최신 IT 기술을 활용하여 시공의 제약 없이 처리하는 새로운 무역거래 형태』로써, 이 단원에서는 전자무역의 전반적인 사항에 대해서 알아보고, 향후 어떻게 발전이 진행될 것인지에 대해서 살펴본다.

1. 전자무역 개요

학습목표	1 _ 전자무역의 개념을 이해한다. 2 _ 전자무역의 특징 및 장점을 이해할 수 있다. 3 _ 전자무역의 구성을 이해할 수 있다.

(1) 전자무역 소개

전자무역이란 『거래선 발굴 · 상담 · 계약 · 원자재조달 · 운송 · 통관 · 대금결제에 이르는 제반 무역업무를 인터넷 등 최신 IT기술을 활용하여 시공의 제약 없이 처리하는 새로운 무역거래 형태』를 의미한다.

대외무역법 제2조에서는 무역의 전부 또는 일부가 컴퓨터 등 정보처리능력을 가진 장치와 정보통신망을 이용하여 이루어지는 거래를 말한다.

즉 기존의 무역 거래방식을 전자화하는 무역자동화의 수준을 넘어, 궁극적으로는 최신 정보기술을 활용하여 무역구조와 프로세스를 근본적으로 개선 도모하여 이루어진다.

전자무역 프로세스는 기업이 수출 또는 수입과정에서 수행하는 일련의 활동 (통관/물류, 결제 등)과 수출입 관련 기업들(예컨대 선사, 외국환은행, 포워더 등)과 주고받는 정보(문서)의 흐름으로 정의 되며, 전자무역 인프라는 이러한 정보(문서)의 교환행위를 전자적 방식으로 처리하는 기능을 제공한다. 또한 전자무역 관련사업은 전자무역 인프라와 연계되는 무역 프로세스상의 다양한 기업들, 즉 금융 · 물류 · 보험 · e-MP 등을 포괄하여 적용된다.

전자무역이란

전자무역 (e-Trade) 개념

전자무역은 거래선 발굴 · 상담 · 계약 · 원자재 조달 · 운송 · 통관 · 대금결제에 이르는 제반 무역업무를 인터넷 등 최신 IT 기술을 활용하여 시공의 제약 없이 처리하는 새로운 무역거래 형태

☞ 무역의 전부 또는 일부가 컴퓨터 등 정보처리능력을 가진 장치와 정보통신망을 이용하여 이루어지는 거래(대외무역법 제2조)

전자무역

기존의 무역거래 방식을 전자화하여 무역자동화의 수준을 넘어, 궁극적으로는 최신 정보기술을 활용하여 무역 구조와 프로세스를 근본적으로 개선 도모

전자무역 프로세는 기업이 수출 또는 수입과정에서 수행하는 일련의 활동(통관/물류, 결제 등)과 수출입 관련 기업들(예컨대 선사, 외국환은행, 포워더 등)과 주고받는 정보(문서)의 흐름으로 정의되며

전자무역 인프라는 이러한 정보(문서)의 교환행위를 전자적 방식으로 처리하는 기능을 제공

전자무역의 관련산업은 전자무역 인프라와 연계되는 무역 프로세스상의 다양한 기업들, 즉 금융 · 물류 · 보험 · e-MP 등을 포괄

(2) 전자무역의 비전 및 특징

언제 어디서나(365일×24시간) 인터넷상의 『Single Window』를 통하여 해외시장조사에서 계약, 외환, 상역, 물류, 통관/결제에 이르는 모든 수출입 관련 업무를 가장 효과적이고 빠른 방법으로 수행할 수 있는 시스템으로 우리나라 무역업무의 처리를 정확하고 빠르게 함으로써 무역처리 능력의 향상을 가져온다.

전자무역 비전 및 특징

비전

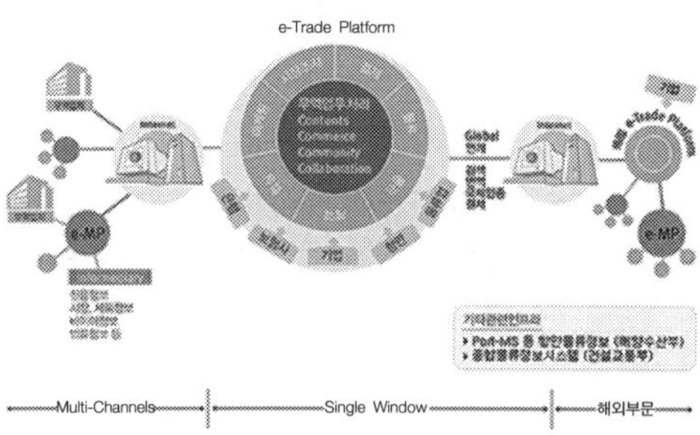

- 언제 어디서나 인터넷상의 Single Window를 통하여 시장탐색에서 통관/결제에 이르는 모든 수출입 관련 업무를 가장 효과적이고 경제적인 방법으로 수행할 수 있는 시스템 구축
- 궁극적으로 전자무역 플랫폼을 통해 개별기업이 무역업무를 기업 내부업무와 동일하게 처리할 수 있는 시스템을 지향

특징

1. 거대한 단일시장으로의 변화
2. 교역상품과 서비스 가격의 단일화 및 하락
3. 전세계를 대상으로 한 글로벌 마케팅 활동
4. 거래처 발굴의 효율화, 쉬운 거래정보 획득
5. 거래비용의 획기적인 절감
6. 전자화폐에 대한 대금결제
7. 새로운 국제 운송 물류 시스템의 도입

(3) 전자무역 기대효과

국가적인 측면에서의 도입효과는 부대비용 절감, 수출확대 기반 제공, 국가경쟁력 제고 등을 통해서 매년 약 1조 6566억원의 효과를 기대할 수 있다.

무역업체를 위한 수출입업무 단일창구 제공을 통해서 전자무역 단일창구 포탈의 구축으로 사용자의 업무 처리절차를 간소화하여 업무 효율성을 높이고 비용을 절감하고, 무역관련 각 포탈(관세청, 국가물류, KTNET 등)과 상호 효율적 연계를 통해 중복투자를 방지하고 비용대비 효과를 극대화할 수 있다. 또한 전자문서보관소를 기반으로 전자무역 문서의 유통성을 보장함으로써, 반복제출 업무의 생략 또는 제3자 제출 시 신뢰성 확보로 업무절차 간소화 및 프로세스를 개선하고, 전자문서의 진정성 및 제3자 유통성 확보를 통해 동일문서 중복 제출 및 종이원본 제출을 생략함으로써 무역업무 프로세스 간소화 및 비용절감을 얻을 수 있다.

전자무역을 통한 기대효과

전자무역 추진의 국민 경제적 효과

전자무역 추진의 국민 경제적 효과

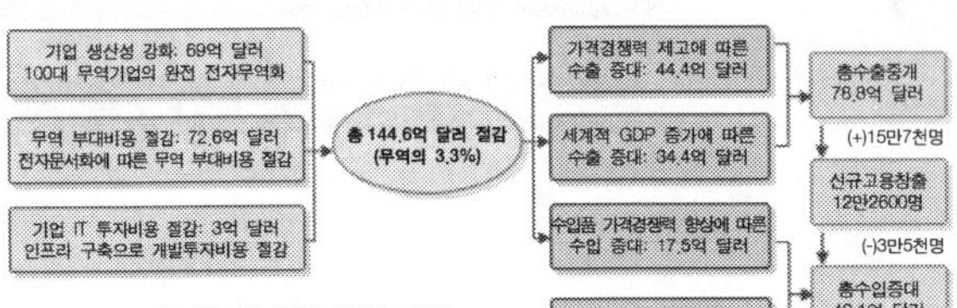

- 수출의 가격경쟁력 향상도 1.6%
- 수출 상대가격 탄성치 1.258
- 수출의 비용절감 효과 1.6%
- 수출의 GDP 탄성치 2.389

※ 자료원: 산업자원부

1. 무역 부대비용 절감 효과
2. 수출확대 기반 제공
3. 국가경쟁력 제고

전자무역의 적극적 추진을 통해,
기업하기 좋은 나라, 무역하기 좋은 나라로서의 국가 이미지(National Brand Value) 확립을 이룰 수 있으며 전자무역의 효과적 추진을 통해 우리나라 경제의 구조와 프로세스, 관련 기업과 기관을 가장 생산적이고 효율적인 방향으로 개선할 수 있음

무역업체 입장에서는 반복되는 무역서류 및 업무처리의 시간과 비용을 절감하고 대외기관에 제출하는 각종 첨부서류를 생략할 수 있다.

업무처리에 따른 기대효과

수입 신용장 개설: 신용장 개설신청 및 응답, 신용장 조건변경신청 및 응답

번호	전자무역 도입 전	전자무역 도입 후
1	신청서 작성+첨부서류 제출 - 신용장개설신청서 - 오퍼, I/L 등 확인서류	신청서만 작성하여 전자무역으로 송신 - 첨부서류 제출 면제
2	L/C 원본 수령 시 은행방문	사무실에서 전자무역으로 L/C 원본 수신
3	법정서식 사용 미 관리상 부담	A4용지에 FREE FORMAT 형태로 출력 - 유관기관에서 유효한 문서로 인정
4	해외수익자 통지까지 장기간 소요	은행 이동시간 및 개설은행에서 재입력 절차가 생략되므로 수익자까지 통지기일이 2-3일 단축

신용장 통지: 신용장(선) 통지, 신용장조건변경 통지, 해외양도신용장 통지, 타행통지

번호	전자무역 도입 전	전자무역 도입 후
1	전화, 팩스, TELEX로 L/C 통지 후 은행 방문 후 원본 수령	사무실에서 전자무역으로 수령 후 업체가 직접 출력 사용 - FREE FORMAT으로 출력 사용
2	L/C 통지 수수료 부과 20,000원	전자무역으로 L/C 통지 시 수수료 경감 10,000원

내국신용장 업무: 오퍼, 내국신용장 개설 및 통지, 세금계산서, 인수증, 네고

번호	전자무역 도입 전	전자무역 도입 후
1	개설업체를 방문하여 각종서류 처리 - 오퍼 제출 - 내국신용장 수령 - 세금계산서 전달 - 인수증수령 - 은행 네고	사무실에서 모든 서류를 전자무역으로 처리 - 개설업체 방문 불필요 - 은행 네고 시 첨부서류를 업체가 직접 출력 사용 - 전자무역 방식으로 은행 네고
2	내국신용장개설신청서+첨부서류 제출 - 개설신청서 - 오퍼 등 첨부서류 제출	전자무역으로 개설신청서만 송신 - 첨부서류 제출 면제
3	내국신용장 원본에 물품명세 입력	대표물품만 입력 - 사무실에서 원본 수신 후 출력 사용 관세환급 시 유효한 문서로 인정(관세청, 세관)

구매승인서: 오퍼, 구매승인서, 세금계산서, 대금결제

번호	전자무역 도입 전	전자무역 도입 후
1	신청서+첨부서류 제출 - 계약서, 소요량증명서, 신용장 등	신청서만 전자무역으로 작성 송신 - 첨부서류 제출 면제 - 구매승인서 원본 업체가 직접 출력 사용

보험업무: 적하보험 청약, 보험증권 발급, 수출보험 선적통지, 수출보험 결과통지, 신용조사의뢰서, 신용조사 통보

번호	전자무역 도입 전	전자무역 도입 후
1	적하보험 부보 후 원본 손보사로부터 수령	적하보험 양식을 업체에 배포 후 증원을 업체가 직접 출력 사용(원본 인정)
2	수출보험공사 부보 보험 - 방문부보	전자무역으로 신청 부보 - 수출보험공사 방문 불필요

각종 통지업무: 계산서, 기급지시, 환어음매입 및 추심업무, 선적서류내도통지, 수입어음할인내역, 내국신용장어음도착 통보, 송금방식업무, 입금 통지, 수출환어음처리결과 통지

번호	전자무역 도입 전	전자무역 도입 후
1	무역업무와 관련하여 발생되는 각종 통지업무, 수수료 등 정산업무 등을 은행을 방문하여 처리	전자무역으로 은행에서 업체로 직접 통지 - 전자무역으로 수신되는 DATA를 내부 회계시스템에 연계하여 회계처리업무 단순 간편화
2	통지수수료, 환가료 등 각종 수수료 납부를 건건마다 정산	각종 수수료 등을 한달 단위로 정산 - 매월 발생 수수료 등을 익월 10일에 자동이체

민간기업의 전자무역 도입 효과 사례

※ H사 도입사례

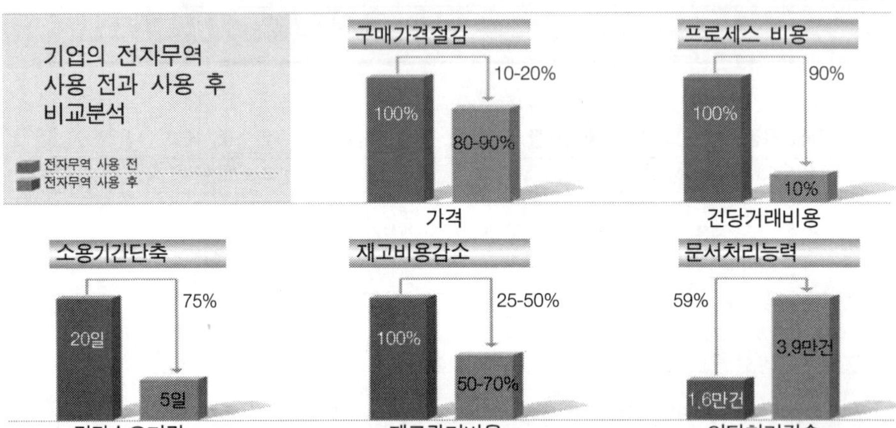

(4) 전자무역 추진동향

국내 전자무역 서비스는 과거 무역자동화(EDI)에 발전되어 시대적 환경과 정보 인프라의 환경 변화에 의해 지속적으로 발전해 왔으며, 현재 정부 주도하에 전자무역서비스는 BPR/ISP 후 3차년도에 걸쳐 진행되었다. 도한 차세대 ISP 수립을 완료하고 향후 전자무역 인프라 및 시스템의 방향에 대한 로드맵을 형성하였다.

전자무역 서비스 진행 및 추진현황을 살펴보면

전자정부로드맵 과제로 채택('03.8 정부혁신지방분권위원회)
전자무역촉진 3개년 계획(2004~2006) 수립('03.12)
전자무역혁신계획(e-Trade KOREA 2007) 확정('04.9) - 4대 혁신전략 33대 과제 선정
무역업무 프로세스 혁신 BPR/ISP 수립('03.12~'04.12)
전자무역서비스 1차 구축사업('04.12~'05.6)
전자무역서비스 2차 구축사업('05.12~'06.11)
전자무역서비스 3차 구축사업('07.7~'08.2)
차세대 전자무역 서비스 ISP 수립('08.10~'09.04)
전자무역 신규서비스 구축 및 확산(1차)('09 완료)
전자무역 신규서비스 구축 및 확산(2차)('10 완료)
전자무역 신규서비스 구축 및 확산(3차)('11 완료)
전자무역 신규서비스 구축 및 확산(4차)(12 완료)

전자무역 촉진 계획 및 전략

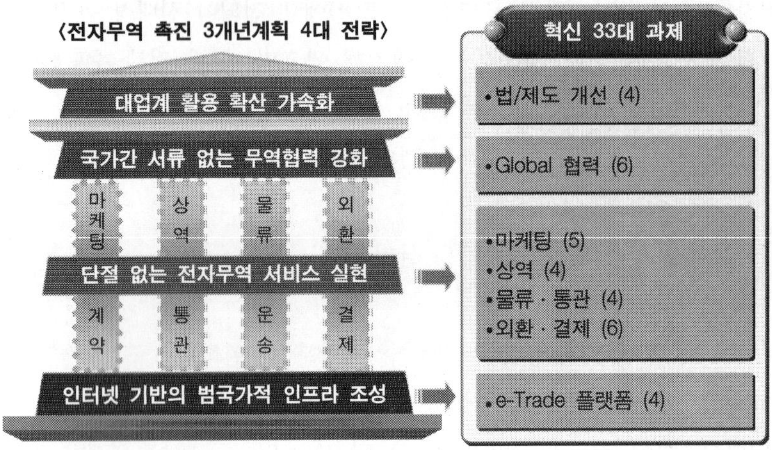

※ 자료: 국가전자무역위원회(전자무역혁신계획)

1 _ 인터넷 환경에 맞는 범국가적 전자무역 인프라 조성

인터넷 기반의 전자무역 구현을 위한 시스템적 · 제도적 기반 마련

2 _ 단절 없는 전자무역 서비스 실현

무역 절차별 전자무역 촉진 저해요소를 발굴하여 개선

3 _ 국가 간 서류 없는 무역 실현을 위한 대외협력 강화

글로벌 전자무역 구현을 위한 국제협력 활동에 주도적 참여

4 _ 업계 전자무역 활용 확산 가속화

전자무역 수출 지원사업 확대 및 사용자 친화적인 환경 구축

(5) 전자무역 국제동향

국제적으로는 미국, 영국, 일본, 싱가포르, 홍콩 등이 e비즈니스 전략 중에 하나로 정부와 민간단체의 핵심정책으로 추진하고 있다. 최근에는 국내 IT 컨설턴트, 엔지니어가 중심이 되어 도미니카공화국, 카자흐스탄에 BPR/ISP를 완료한 상태이다. 도미니카공화국은 전자통관, 전자물류 분야의 전자무역사업을 추진 중에 있으며, 카자흐스탄의 경우 전자통관분야, 전략물자 분야에 준비를 하고 있다.

또한 APEC, OECD, UN 등 국제기구는 세계 전자상거래 활성화를 위한 법 · 조세제도 및 표준 등에 관한 논의를 활발히 진행하고 있다.

세계 각국의 전자무역 추진동향

미 국

- 세계 전자무역 추진 주관
- 전자무역을 추진하는 전담기관인 IDTS를 구성, ACE 구축을 추진

IDTS(International Trade Data System): 인터넷 기반의 전자무역 추진 전담기관
ACE(Automated Commercial Environment): 통관, 물류, 운송 등의 글로벌 통합 시스템

영 국

- 인터넷 기반 무역 포털 서비스
- 서류 없는 무역환경 구축 노력
- 내각 내 특별 전담기구인 e-Envoy 설치/운영

일 본

- 자국 무역자동화시스템에 대한 동남아 국가들의 도입을 제안 (ASEAN+3)

싱가포르

- 정부 주도하에 지정사업자 제도 운영(CrimsonLogic)

국제기구별 추진동향을 살펴보면,

- APEC
  - 각국별 서류 없는 무역을 위한 개별행동계획(IAP) 작성 및 로드맵 마련 중
  - 선진국은 2005년, 개도국은 2010년까지 서류 없는 무역기반을 마련토록 권고

- UN
  - ebXML 기반의 국제전자상거래 표준안 마련(UN/CEFACT)

- 전자계약 국제협약 초안 마련(UNCITRAL)
- 우리나라는 1991년 한국 EDIFACT 위원회 설립, 표준개발 보급을 시작하였으며, 현재 한국전자문서교환위원회(KEC)와 심사평가전문위원회(TAG)를 중심으로 표준화가 진행되고 있음. 사무국은 한국전자거래진흥원이 담당함

● OECD - 디지털 제품의 온라인 거래에 대한 소비세, 소득세 부과 논의

● ICC - 전자신용장 통일규칙(eUCP)를 도입하여 신용장의 전자화 기반을 마련

* UCP(Uniform Customs and Practice

국가별 추진현황은 다음과 같다.

국가	추진사업자	주 요 내 용
싱가포르	Crimson Logic (前 Singapore Network Services)	- 1988년, 글로벌 Trading 허브를 위한 싱가포르 정부의 Master Plan를 실현하기 위해 설립한 회사임 - 항만, 세관, 무역업자, 선사, 육상 및 항공운송업자 등과 연계된 TradeNet EDI(CrimsonLogic社 보유 시스템) 시스템을 통하여, 싱가포르의 수출입 신고는 진행됨
중국	CIECC: International Electronic Commerce Center	- 중국전자상무중심(中國電子商務中心)은 중국 대외무역경제합작부(the Ministry of Foreign Trade and Cooperation, 한국의 산업자원부 성격)에서 1996년 4월 국제 무역의 활성화를 위한 전자상거래 지원을 위하여 설립하였음 - 현재 중국 내 70여 개 도시에서 CIECC 지역 센터를 운영하고 있음
홍콩	DTTNCO	- 홍콩정부는 홍콩의 무역/물류업계의 경쟁력 강화를 위한 인프라 구축을 위하여 향후 17년간 4500억 원을 투자하여 'Digital Trade and Transportation Network, DTTN' 을 구축하기로 하고 TradeLink(PAA 회원사)사를 수행기관으로 선정 - 글로벌 정보 유동성과 서비스 통합의 활성화를 위한 중립적인 e-Platform의 제공 - 대기업뿐만 아닌 중소기업의 e-Business의 채택과 활성화를 유도

2. 전자무역 시스템

(1) EDI와 전자무역 구성요소

전자무역의 구성요소로는 전자무역 시스템, N.A, I.A, 전자문서 표준 등이 있으며, 전자무역 시스템은 과거 인터넷이 발달하기 전에는 EDI 기반의 시스템을 적용하였고, 인터넷의 발달과 더불어 보안, 보관소 등을 강화하여 전자무역 시스템으로 발전하였으나 그 적용하는 사상에는 변함이 없고 발전된 형태로 진행되고 있다.

구분	EDI 시스템	전자무역 시스템
서비스 방식	중계 서비스(VAN)	중계 서비스(WEB), Single Window
사용자 시스템	PC용, 서버용	웹방식
전자문서 교환방식	EDI	XML, ebXML
전자문서 표준	UNEDIFACT	UNCEFACT
문서변환	Flat File 〈-〉 EDI	Flat File 〈-〉 EDI Flat File 〈-〉 XML(or ebXML)
문서 암호화	대칭키	PKI 비대칭키
통신	모뎀, 전용선(고정IP)	SOAP, TCP/IP
공인전자문서보관소	N/A	제공

과거에는 EDI 프로그램을 PC에 설치하고 모뎀을 통해서 업무처리를 하였으나, 인터넷이 발달하면서 현재는 웹 방식의 ASP 방식과 Single Window 방식으로 진화되어 업무처리가 이루어지고 있다. 과거에는 통신 인프라 환경이 발달하지 않아서 VAN(부가가치망)을 이용하여야지만 업무가 적용이 가능했지만, 현재는 Single Window 방식으로 관세청, 상공회의소, 식약청, KTNET에서 직접 운영하고 있다.

또한 이에 따라 전자문서의 교환데이터 형식, 표준, 방법이 변화가 되어 EDI 데이터가 XML 기반의 ebXML 데이터로 운영이 되고 있으며, 문서보안도 인터넷이 개방형이기 때문에 공개키 기반의 PKI 비대칭키 보안을 적용하여 운영하고 있다. 즉 과거의 인프라에서는 폐쇄망이기에 그 시기에 맞은 기술로 적용이 되어있나, IT 인프라의 발달로 현재 기준의 주요기술을 적용하여 운영한다.

EDI 기반의 무역 시스템

VAN 기반 EDI의 구성요소

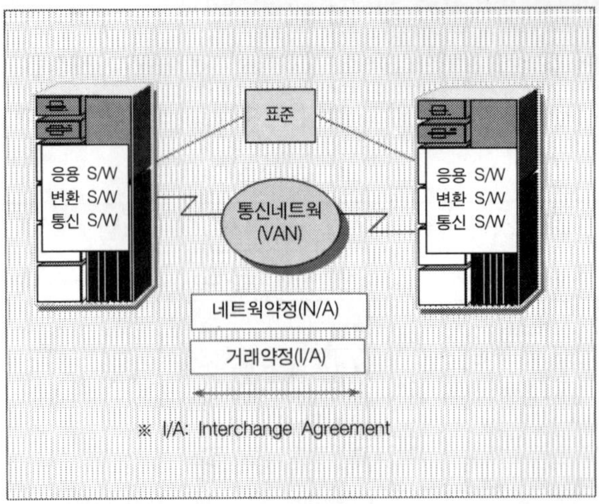

표준(Standards)
사용자시스템(User System)
통신네트웍(VAN)
네트웍약정(N/A)
거래약정(I/A)

- 표준: EDI를 적용하며 UNEDIFACT 기반의 KEDIFACT으로 표준화하여 적용하며, MIG(전자문서개발지침서)를 활용하여 표준 전자문서를 개발한다. MIG는 각 전자문서별로 제공한다. 현재 이런 MIG를 적용한 EDI 분야는 전자무역 분야와 건강보험청구에 대한 의약품 분야가 있다. MIG에는 필수(Mandatory)항목과 선택(Conditional)항목으로 나눠서 구성되어 있으며, 전송항목 규격을 제시한다.

- 사용자 시스템: 과거에는 PC나 UNIX에 프로그램을 설치하여 사용함으로 이에 따른 시스템을 의미하며, 응용S/W는 우리 눈으로 볼 수 있는 일반적인 프로그램을 의미하며, 변환 S/W는 MIG에 맞춰 EDI File로 변환하는 프로그램이고, 통신S/W는 모뎀이나 인터넷 전용선을 활용하여 송수신하는 프로그램이다. 현재 인터넷 기반의 전자무역 시스템과 이와 같은 사상은 동일하게 적용한다.

- 통신 네트웍: 인터넷 인프라가 활성화되기 전에는 VAN이라는 부가가치망을 이용하여 적용하였으며, 이때 VAN은 전자무역 분야에서는 전자문서를 중계하는 역할을 담당한다. 현재 KNTET과 데이콤에서 전자무역 분야의 중계역할을 하고 있으나 관세청, 상공회의소, 식약청 등은 KTNET의 중계서비스를 받지 않고 직접 무역업체에서 각각의 웹포탈을 이용하여 전자문서를 송수신 하고 있다.

- 네트웍 약정(N.A): 중계 서비스를 하는 KTNET이나 데이콤에서 EDI 중계 서비스를 받기 위한 네트웍 약정을 의미한다.
  - 수발신인식별자: 수신인과 발신인에 대한 식별부호를 각 업체 및 기관별로 부여를 하여 전자문서를 주고받는 고유한 식별자를 의미한다.
  - 사용자 ID, 비밀번호: 전자무역 네트웍을 활용하기 위하여 사용자 ID, 비밀번호를 부여 받는다.

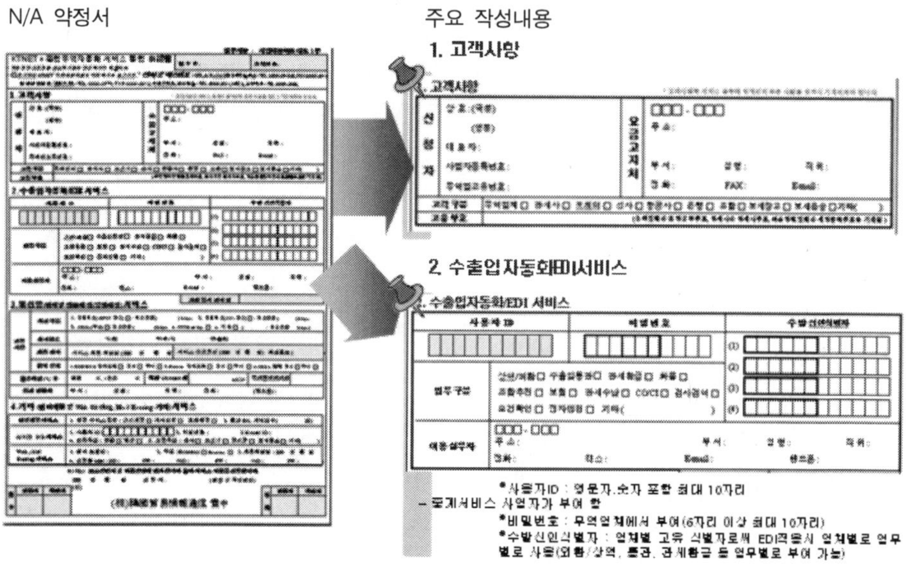

- 거래약정(I.A): 무역업체가 거래하는 대외기관 즉 은행, 상공회의소, 요건확인기관, 관세청, 선사 등 전자무역 거래를 원하는 기관들과의 거래약정을 하여야 한다.
  - 전자문서인증키 값: 네트웍 약정을 한 후, 기업은 거래하는 은행, 보험사, 상공회의소, 관할세관 등의 유관기관과 거래약정을 맺을 때 각 객체별로 인증키

값을 갖는다. 이는 종이서류에서 도장 역할을 하는 것으로 각각 기업 및 유관 기관별로 1개씩 가지고 있으며 기업 입장에서는 거래하는 유관기관과 거래약정을 맺을 때마다 각각의 인증키 값을 교환한다.

I/A 약정서 주요 작성내용

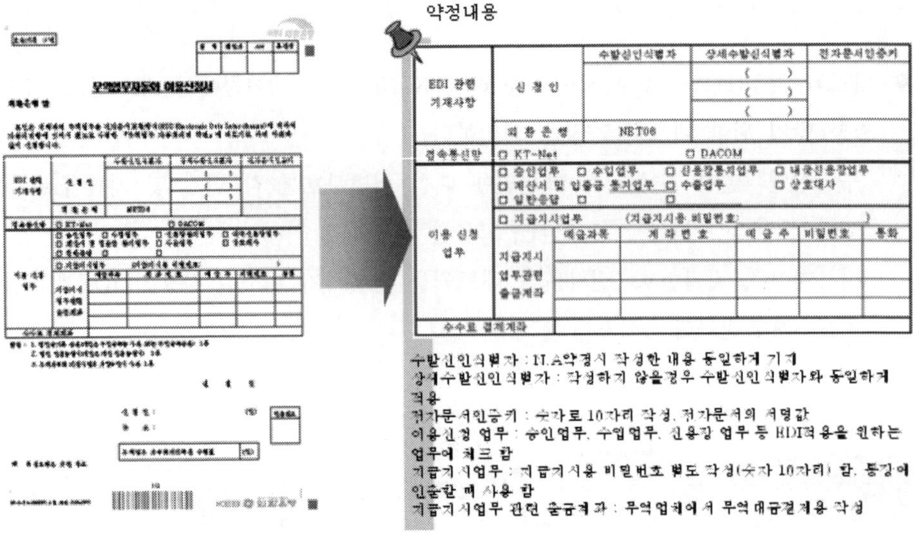

전자무역 시스템은 단절된 무역업무의 프로세스를 1개로 연결하여 통합된 무역업무 처리가 가능토록 하는 것을 목표로 한다. 즉 마케팅부터 외환, 상역, 물류, 통관, Nego에 이르기까지 무역의 전 과정을 Single Windows상에서 구현하여 업무 적용을 함으로써 One-Stop 서비스가 가능토록 하는 것이다.

전자무역 시스템(UtradeHub)을 통하여 모든 무역업무의 처리가 신속정확하게 이루어지도록 국가 차원 인프라를 구성하여 무역의 촉진이 이루어지도록 하였다.

전자무역 시스템 구성도

(2) 전자서명, 암호화 및 전자문서보관소

전자서명은 문서별 전자서명을 통하여 송신자의 신원확인 및 문서의 위변조를 방지한다. 즉 종이서류가 아닌 전자적으로 발행하는 문서에 대한 전자서명을 통해서 실제 발행자의 확인과 또한 문서내용의 위조 및 변조를 방지하기 위해 사용한다.

암호화는 문서 전체 또는 일부의 암호화를 통하여 보안정보를 유출시키지 않고 처리될 수 있도록 하며 W3C 기반의 XML DISG. 표준을 수용하여 전자서명 및 암호화를 적용한다.

전자서명 절차

XML 전자서명은 XML 전자문서에 대해 생성한 전자서명을 XML 전자문서에 추가하는 과정으로 아래의 그림과 같은 절차로 이루어진다.

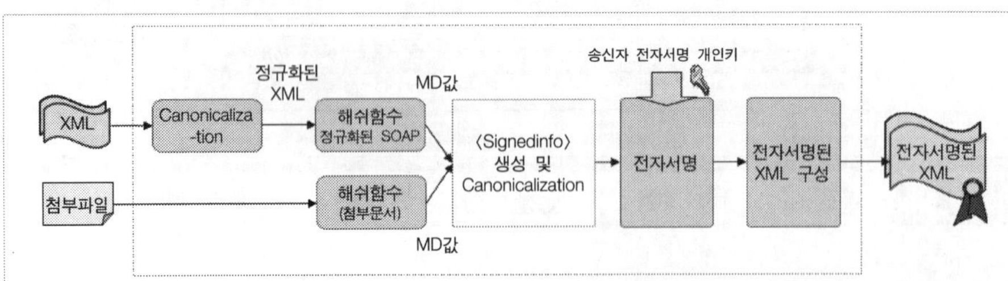

1 _ 입력된 XML 전자문서와 첨부문서에 대해 해쉬함수를 이용하여 문서요약 값(MD: Message Digest Value)을 생성한다. 단, 전자문서의 경우 정규화(Canonicalization)을 통하여 불필요한 리턴 값이나 스페이스를 제거하고 전송 중에 변경될 부분을 제외한 후 문서요약 값을 생성한다.

2 _ 생성된 MD 값을 이용하여 Signedinfo 태그를 생성하고 정규화(Canonicalization)를 실시한다.

3 _ 정규화된 Signedinfo에 대한 전자서명 값을 생성하여 Signature 태그를 생성한다.

4 _ XML 전자문서에 Signature 태그를 추가하여 전자서명된 XML 전자문서를 생성한다.

암호화 절차

XML 암호화는 입력된 XML 전자문서를 암호화한 후 결과를 XML 형태로 재구성하고, 수신자가 특호화 시 사용될 정보를 추가하는 과정으로 되어 있다.

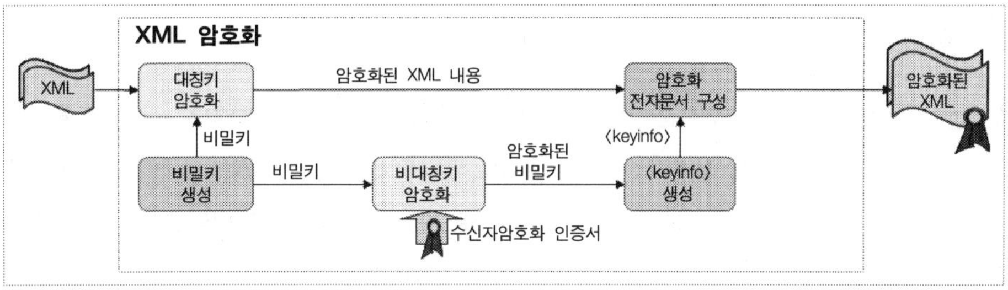

1 _ 암호화에 사용될 비밀키를 Random 함수에 의해 생성하고, 입력된 XML 전자문서를 비밀키로 암호화한다.
주의) 입력된 XML 전자문서는 정규화(Canonicalization)되어 있어야 한다.

2 _ 비밀키를 수신자와 암호화 인증서로 암호화한 후 Keyinfo를 생성한다.

3 _ Keyinfo와 암호화된 문서 내용을 이용하여 암호화된 전자문서를 구성한다.

전자문서 보관소는 동일한 전자문서를 여러 유관기관에 중복적으로 제출하는 업무 프로세스를 간소화하기 위하여 구축하고 이를 통하여 문서의 유통체계를 수립하였다. 즉 수출신용장의 경우 통지은행에서 수출신용장을 수령하고, C/O을 발급받거나, 수출요건확인을 받거나, 은행에 최종적으로 Nego할 때 모두 필요하다. 이러한 중복된 서류 제출이 필요한 업무를 개선하기 위해서 전자문서보관소를 운영하여 각 기관별로 제출하지 않고 보관소에 있는 문서를 원본으로 인정하여 적용할 수 있도록 한다.

즉 전자무역문서 보관소는 문서의 중복제출 방지 및 유통 간소화로 업무효율 향상, 보관 및 유통문서에 대한 신뢰성 부여로 문서 유통성 확보와 유관기관/업체와의 연계서비스 확대로 무역프로세스 단절 해소를 위하여 구성되었으며 전자무역문서보관소의 3대 기능은 내용증명, 문서보관, 문서배달이 있다.

전자문서 보관소

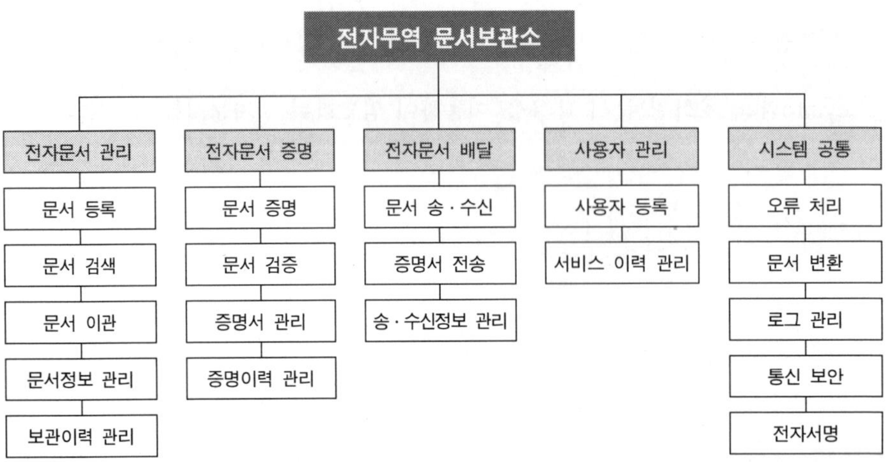

(3) 전자문서 표준화

전자문서의 적용방법은 최근에는 컴퓨터 및 정보처리 기술의 급격한 발달로 상거래 및 단순 정보교환이든 관계없이 기존의 종이문서에서 상당부문 전자적 방법으로 대체되고 있다. 전자문서의 등장은 종이문서의 형식의 변화에서 업무적인 성격에도 많은 영향을 주고 있다. 전자무역은 무역 업무에 필요한 각종 종이서류를 전자문서로 적용하여 활용하고 있다.

전자거래기본법에서는 '컴퓨터 등 정보처리 능력을 가진 장치에 의하여 전자적인 형태로 작성, 송·수신 또는 저장된 문서'로 정의하고 있다. 또한 이러한 전자문서의 표준화를 위해 국제적으로는 UN/CEFACT에서 '실제 비즈니스 거래와 관련된 식별자나 정보를 구조화하고 기능화된 방법으로 구성한 비즈니스 정보개체들의 집합'에 대한 표준을 제정하고 이에 다른 전자문서를 XML을 활용하여 무역문서를 사용하고 있다.

문서의 변천사

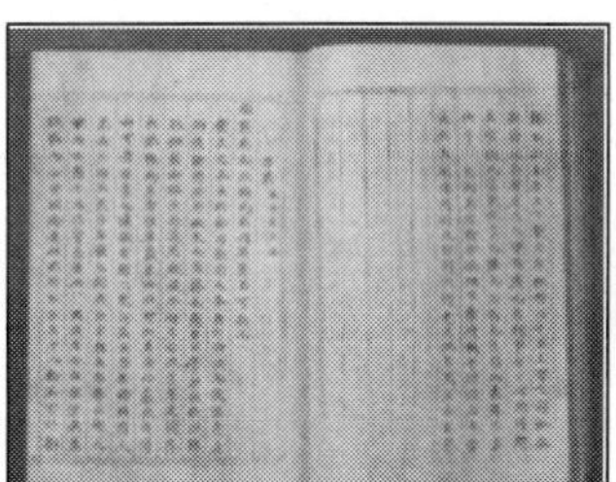

〈목민심서〉

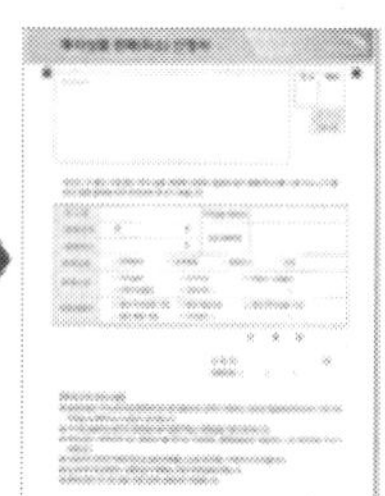

〈종이문서〉

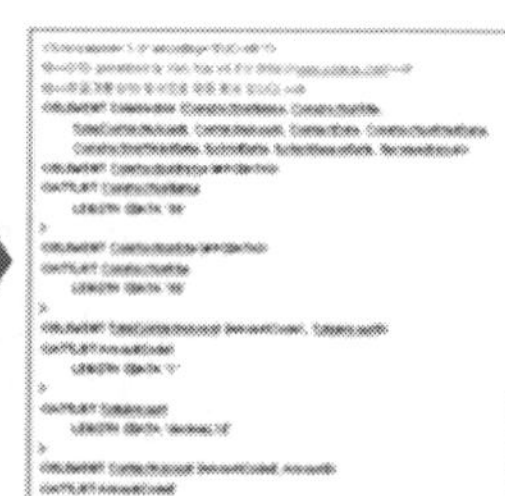

〈전자문서〉

무역 분야의 전자문서는 1994년에 EDI 문서가 개발되었고 최근에는 XML 기반의 전자문서로 변경되고 있다. 이는 전자문서는 요소기술의 발전과 함께 EDI 방식에서 XML 방식으로 진화된 것이다.

EDI에서 XML로 변화

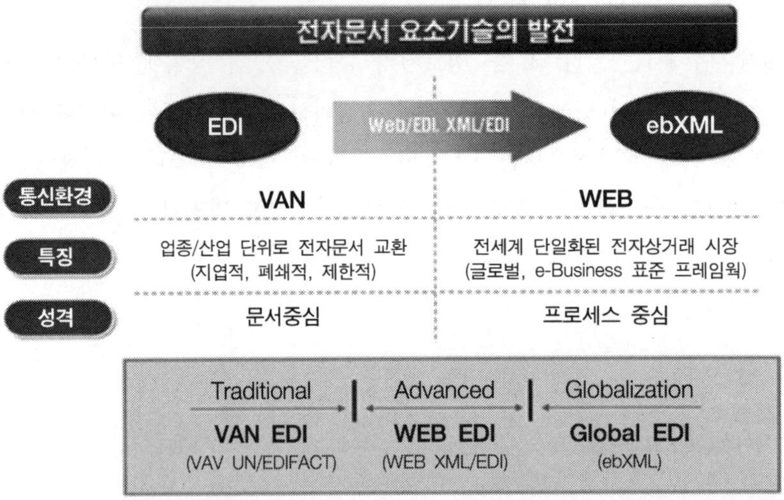

전자문서 표준화는 매우 중요하다. 과거 EDI 적용 시 UN/EDIFACT 기반의 표준화된 KEDIFACT 표준에 따른 전자문서를 개발하여 활용하였으며, 지금은 XML 기반의 표준 전자문서를 활용하여 사용하고 있다. 전자문서 표준화는 활용하는 모든 사용자(기업, 은행, 세관, 상공회의소 등 사용자군)가 서로 약속된 문서의 항목을 가지고 전자문서유통이 가능토록 표준화를 설계하여 보급, 배포한다.

표준 전자문서 개발 방향

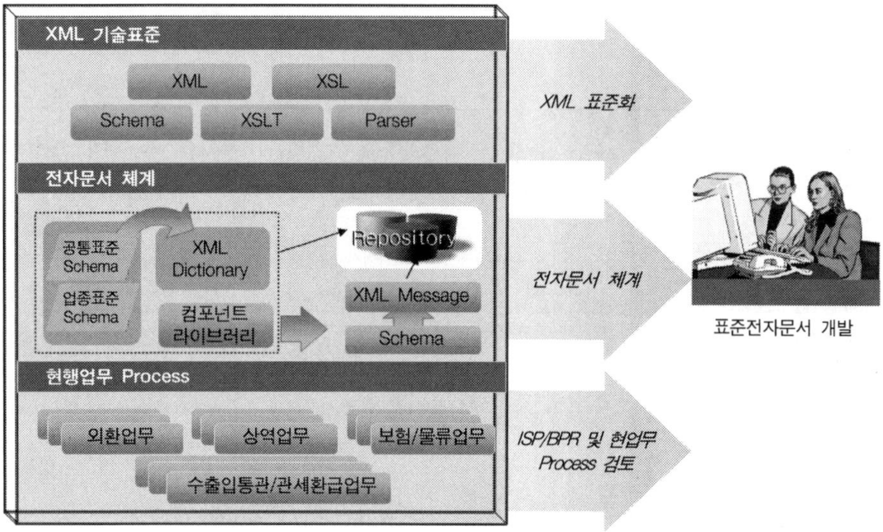

표준 전자문서 개발 절차는 다음과 같다. 매우 중요하다. 비즈니스 프로세스에 대한 분석 현행 유통되는 문서의 절차와 사용자의 요구사항을 분석하고 CoreComponent를 구성하고 전자문서 구조 및 항목의 표준화를 통하여 표준화 연계체계를 확립하고 Schema를 구성하여 XML 전자문서의 표준화를 확립하여 관련 전자문서를 개발한다. 이때 Work Sheet를 이용하여 문서항목을 정의하고 구성된 라이브러리를 적용하여 Schema를 개발하고 XML Instance를 개발한다.

표준 전자문서 개발 절차

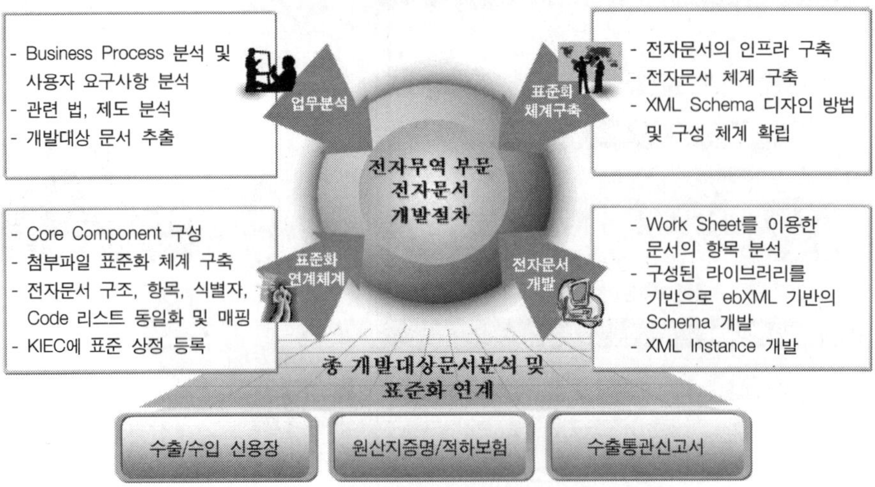

표준 전자문서 개발 방향은 Schema 방식과 DTD 방식 중에 선택하여 기술표준을 적용하며, Dictionnary를 구성하고 Core Compoment 개발하여 적용한다. 과거 건설분야 건설 CITIS, 행자부 G4C 등은 DTD 방식으로 개발하였으나, 현재는 대부분의 적용분야가 Schema 방식으로 적용하고 있다. 현재 전자무역부문은 Schema 방식으로 적용하며 ebXML 3.0 기반으로 적용하고 있다.

전자문서 개발 원칙

1 _ 국제적으로 공인된 규격의 적용

- Core Component Technical Specification
- XML Naming and Design Rule

2 _ 특정 표준 독립적인 전자문서의 개발

- 특정 표준에 의존하지 않는, 구문 중립적인 비즈니스 정보 개체들의 개발을 통한 전자문서 개발
- EDIFACT로 개발된 전자문서의 경우, MIG(Message Implementation Guide)로만 되어 있어서 이를 XML로 변환하고자 할 때 곤란

3 _ 개발 단계의 구분

- 비즈니스 정보 개발 단계: 현업의 업무 프로세스로부터 비즈니스 정보 항목을 추출/수집
- 전자문서 구문 개발 단계: 비즈니스 정보 항목을 전자문서 표준의 구문에 매핑

4 _ 구조적인 접근법을 통한 전자문서 개발

- 전체 데이터에 대한 구조 설계
- 재사용 가능한 정보 개체들을 추출하여 재사용 컴포넌트로 개발
- 전자문서 개발

5 _ 비즈니스 항목의 개발

- 객체지향적 개발: 개념적 모델링 단계에서 객체와 객체의 하위 속성, 속성

값의 데이터 유형으로 분류

- UML 클래스 다이어그램을 이용한 도식화
- 개발 산출물은 UN/CEFACT TBG17에서 권고하는 제출 포맷을 사용한 제출

6 _ 전자문서 표준의 발표

- 전자문서 표준은 국내 다양한 이해 관계자들의 공개 검토를 수행한 후 발표(Release)

전자문서 표준의 구성

개체명	정의
코드리스트	코드화된 비즈니스 정보 개체들의 값을 목록화한 전체 집합
식별리스트	비즈니스 정보 개체를 식별하거나 명명하는 데 사용되거나, 비즈니스 정보 개체의 속성을 나타내는 데 사용되는 문자들의 목록
비즈니스 정보	비즈니스 의미를 지닌 데이터 그룹 또는 데이터 요소
전자문서 구문 요소	비즈니스 정보 개체를 식별하거나 명명하는 데 사용되거나, 비즈니스 정보 개체의 속성을 나타내는 데 사용되는 문자들의 목록
전자문서 구문/설계 규칙	전자문서를 구성하는 구문 요소들의 구문에 대한 규칙과 전자문서를 구성하는 구성요소들의 순서, 관계 차수, 모듈 방식에 대한 규칙

전자문서 개발 절차

1 _ 개념

- 현실 세계의 업무 프로세스를 공인된 방법론으로 분석하고 모델링하여, 물리적인 전자문서를 개발하는 과정
- 특히 국내 전자문서 표준은 국내라는 범위에서 통용될 수 있는 표준을 개발하는 과정으로, 개발 절차에 따른 문서 개발 필요

2 _ 사전지식

- ■ 업무에 대한 이해
- ■ 전자문서 표준에 대한 이해
- ■ 전자문서 구문 및 설계 규칙(XML DTD/Schema, EDIFACT 구문 규칙)에 대한 깊이 있는 이해

3 _ OASIS의 UBL 기술위원회에서 제시한 4단계 개발 절차 적용

- ■ 실제 문서를 구성하고 있는 비즈니스 정보 개체들에 대한 개념적 모델 작성
- ■ 개념적 모델을 기반으로 UN/CEFACT TBG17의 제출 절차 및 포맷을 준용한 스프레드시트 작성
- ■ 작성된 스프레드시트의 내용을 XML 스키마로 변환
- ■ 객체 클래스의 속성이나 관계 차수 등이 기술된 구현 모델 작성

전자문서 개발 가이드라인의 발전

1 _ Version 1.0

- XML/EDI 전자문서 개발 지침
- 컴포넌트 기반 XML 전자문서 개발 지침
- 비즈니스 프로세스 분석 및 모델링 지침

2 _ Version 2.0

- ebXML CCTS 1.85 버전 기반
- XML 라이브러리 1.0버전 개발
- 19종의 전자문서와 63개의 컴포넌트 개발

3 _ Version 3.0

- ebXML CCTS 2.01 버전 기반
- UN/CEFACT NDR 규격을 국내실정에 맞게 커스토마이징
- 2.0 버전 이후에 제기된 업계의 요구사항 및 의견 반영

EDI 방식의 전자문서를 살펴보면 MIG 기반의 전자문서를 개발·적용하였다. 즉 UNEDIFACT 표준 중 한국에서 활용하는 부분만을 적용하여 KEDIFACT를 정의하였고, 각 전자문서별로 MIG를 만들어서 표준화를 실시하였다.

EDI 방식의 전자문서 구조

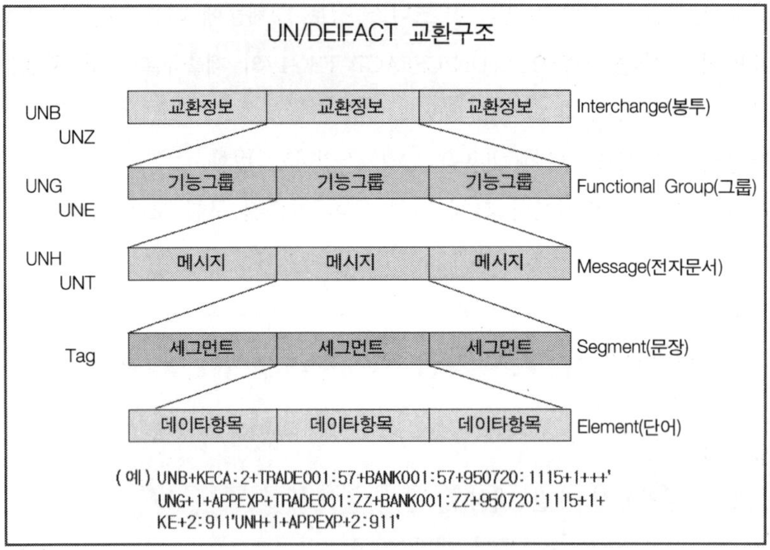

EDI 방식에서는 UNB〈-〉UNZ, UNG 〈-〉UNE, UNH 〈-〉 UNT로 구분하여 각각의 교환정보, 기능그룹, 메시지, 세그먼트, 데이터 항목, 항목 간의 구분은 +, ; 등으로 나눠서 구분한다.

MIG 파일 예시

예: 수출승인(신청)서 표준전자문서

UNB + KECA : 2 + TRADE001 : 57 + BANK001 : 57 + 931116 : 162 8 + 1 + + + A + 1 + + 1' UNG +
APPEXP + TRADE001 : ZZ + BAN K001 : ZZ + 931116 : 1628 + 1+ KE + 2 : 911' UNH + 1 + APPEXP :
2 : 911 : KE' BGM + 810 + L9306001E0100' PAI + 10' LOC + 27 + KR : 162 : 5 + : : : Republic of Korea'
FTX + AAI + + + 선적항? : PU SAN PORT : 선적 일자? : ?' 93.10.09' FTX + AAW + + + PARTS F OR
AUDIO DECK' RFF + AAC : LCBA9048-103-312' NAD + EX + 700018 : 1AA+ + 주식회사 가나다 :
대표이사 김갑돌 : 149764732 599 + 경기도 안양시 안양동 199 번지' NAD + AV + 12481009 : 1AB + +
라마바 주식회사 : 대표이사 신을동: 서울시 중구 태평로2가 12 0번지' NAD + PG + + + ADVANCE
BROKERS LTD. + 201SUM MER ST., E. BOSTON MA 02128 U.S. A. + + + + US' PAT + 1AA + 2 AA : :
: At Sight L/C' MOA+9 : 5140000 : USD' TOD + + + CIF' LOC + 1 +US : 162 : 5 + : : : San Francisco'
LOC + 8 + US : 162 : 5 + : : : San Francisco' UNS +D' LIN + 1' PIA + 1 + 5911900000' IMD + + + 1AA : :
: FELTBLUSHV : PET, TP0900' QTY + 1 : 450000 : E A' FTX + AAA + + + 24, B3, L30, T4.5 :
11123=00181EA' MOA + 2 03 : 1215000 :USD' PRI + CAL : 2.7 : PE : CUP : 1: EA' LIN + 2' PI A + 1 +
8483109000' IMD + + + 1AA : : : SHAFT-CAPSTAN : S420 J2,' QTY + 1 : 300000 : EA'FAX - AAA + + +
D2, L43.5 : 11150-010 00E A' MOA + 203 : 1845000 : USD' PRI + CAL : 6.15 : PE : CUP : 1 : EA LIN +
3' PIA + 1 + 8483109000' I MD + + + 1AA : : : SHAF T-CA PSAN : STS420J2,' QTY + 1 : 650000 : EA'
FAX + AAA + + + D2, L17.6 : 11150-00630EA' MOA + 203 : 2080000 : D' PRI + CA L : 6.4 : PE : CUP : 1
: EA'UNS + S' CNT + 1AA : 140000 0 : EA' M OA + 128 : 5140000 : USD' FII + BF + + 42 : : : 01 : : : 신
한은행 본 점' AU T + 6717458432' DTM + 218 : 931116162815 : 20 2' UNT + 44 + I' UNE+1+1'UNZ + 1 +
1

XML 방식에서의 전자문서는 Business Process 분석하여 CC(Core Comonment)를 만들고 컴퍼넌트 라이브러리를 구성한다.

CC와 컴퍼넌트 라이브러리 구성

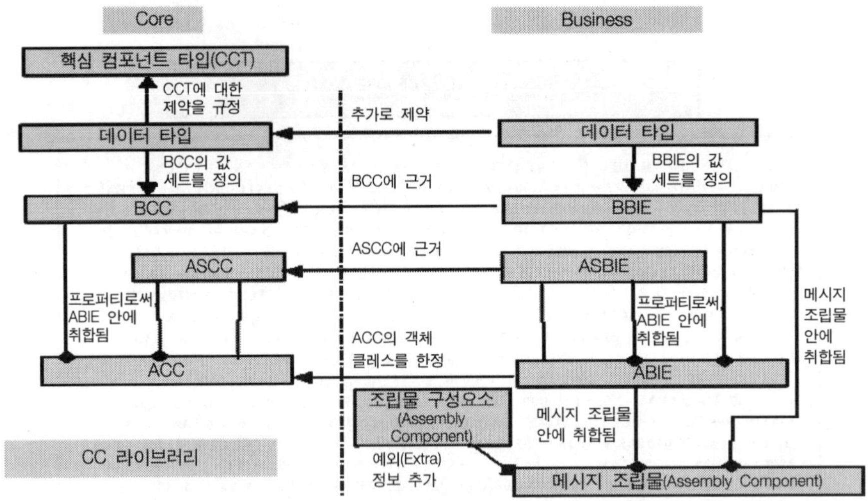

CCT: Core Component Type

BCC: Basic Core Component

ACC: Aggregate Core Component

BBIE: Basic Business Information Entity

ABIE: Aggregate Business Information Entity

XML 방식에서의 전자문서 구조는 CCT, BCC, ACC, BBIE, ABIE의 구성한 내용을 중심으로 전자문서를 개발한다.

전자문서 구조 예시

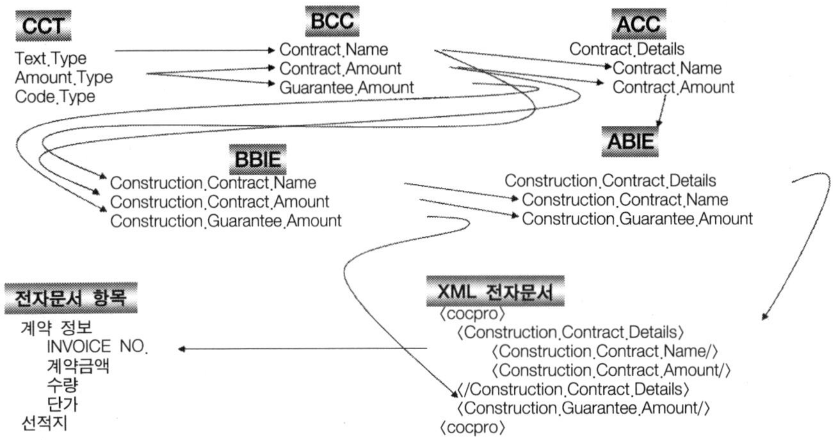

항목 표준화 결과물을 이용하여 XML 스키마로 변환한다. XML 스키마(정의: 문서의 구조를 정의/검증: 전자문서 항목의 유효성을 검증)는 국내외 관련 표준을 준수하여 개발한다. 국내는 XML 전자문서 개발 가이드라인 ver. 3.0을 적용하고, 국제표준은 XML Naming & Design Rules를 준수하여 스키마를 설계한다.

스키마 구조 예시

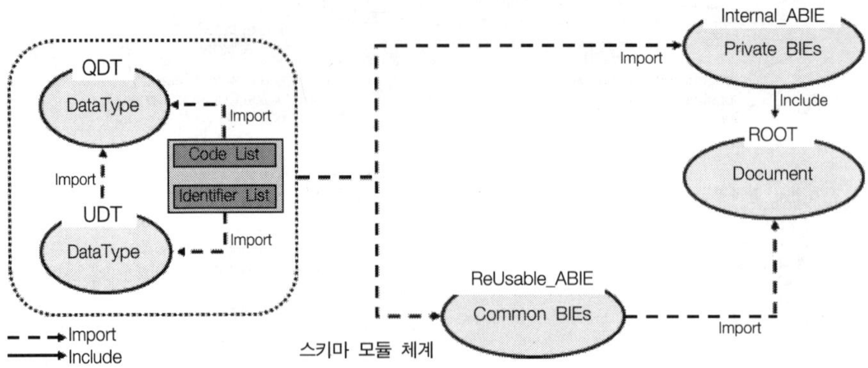

스키마 모듈 체계

3. 전자무역 적용 분야

(1) 무역업무 프로세스

무역업무 프로세스는 핵심적으로 계약 이전 무역업무 프로세스인 1) 사전정보조사/거래선 발굴, 2) 신용조사/상담/계약과 계약 이후 무역업무 프로세스인, 3) 상역, 4) 외환/보험, 5) 통관/물류, 6) 결제로 구분할 수 있으며, 해당 프로세스별 세부 업무 기능과 관련된 지원 및 유관기관은 다양하다.

무역 프로세스 현황 및 세부업무, 관련기관

각 단계별로 여러 가지 업무가 발생하고, 이에 따른 매우 다양한 관련기관들이 있다. 이러한 기관들과 좀 더 안전하고 빠르고, 편안한 무역거래가 이루어질 수 있도록 전자무역이 발전하고 있으며, 지속적인 처리업무 영역이 확대되고 있는 추세이다. 현재 구매확인서 업무, 내국신용장 업무는 전자무역을 통해서 의무적으로 활용하고 있다.

전자무역 마케팅 부문은 실질적 무역거래 성사 및 사후관리를 위한 마케팅 전략과 모델을 전자적 요소를 통해 구현하고 활용한 무역활동으로, 무역 마케팅과 디지털 마케팅이 접목된 개념이라 볼 수 있다. 즉 무역 마케팅은 해외시장 조사를 통하며 아이템을 발굴하거나 특정품목을 구입할 의사가 있는 바이어를 찾아내어 계약을 체결하고 해당상품을 확보하여 선적한 후 대금을 회수하는 일련의 절차를 의미한다.

현재 Ecplaza, EC21, KITA 등 다양한 민간사업자와 공공기관사업자들이 서비스 형태로 진행하고 있다. 또한 UtradeHub에서도 마케팅포탈을 운영하여 서비스를 진행한다.

마케팅 포탈의 적용범위는 마케팅정보 종합검색, 콘텐츠 연계 및 관리기능 등이 있다.

무역 프로세스 현황 및 세부업무, 관련기관

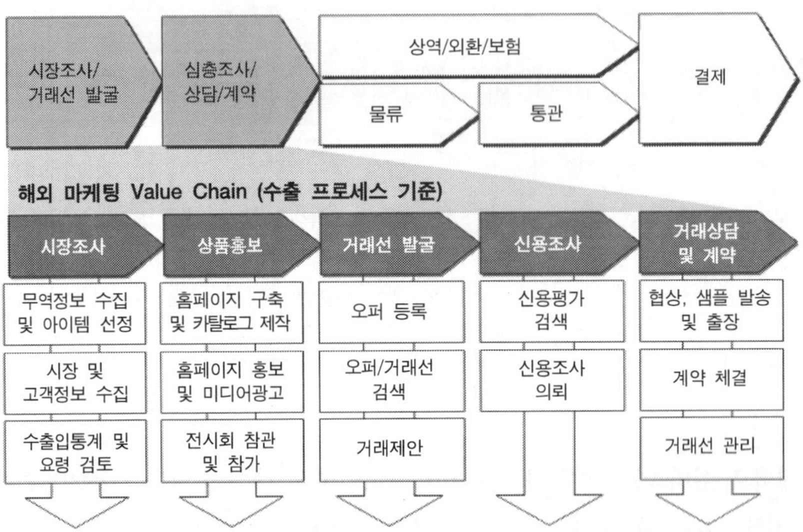

시장조사, 상품홍보, 거래선 발굴, 신용조사, 거래상담 및 계약 부분의 마케팅 5단계에서 각각의 프로세스를 전자무역 마케팅을 통해서 서비스를 제공한다.

시장조사는 KITA, KOTRA, 한국신용조사, 콤파스 등의 기관에서 시장대행조사를 진행하고 있으며 상품홍보는 글로벌 e-MP를 통하여 회사등록 및 Catalog를 통한 제품등록, 노출이 최상위로 적용하여 프로모션을 진행한다.

거래선 발굴은 등록한 offer, inquiry를 통하여 검색하여 거래를 제안하는 형태로 진행이 되며 신용조사는 신용조사 기관에 의뢰를 통하여 진행이 되고 있다.

거래처 상담 및 계약은 e-MP에서 진행 후 실질적인 금액부문 등의 내용은 off-line에서 직접 만나서 체결하는 것이 일반적이다.

www.ecplaza.net, www.utradehub.og.kr, www.ec21.com 등에서 서비스를 제공하고 있다.

e-MP 적용 프로세스

온라인을 통한 "One-Stop" 수출 지원 서비스 추구

협의의 의미로는 수출유망 아이템을 발굴하는 동시에 바이어를 찾아 계약을 맺을 때까지의 단계만을 무역 마케팅으로 지칭하지만, 광의의 의미로는 계약 후 진행되는 제품의 직접 생산이나 로컬 확보, 선적, 대금회수, 클레임과 사후관리 등을 포함한다.

또한, 무역 마케팅을 최근에는 단순히 상품 또는 서비스를 판다는 것으로만 국한하지 않고, 회사와 제품의 경쟁력 향상을 위해 필요한 원부자재 등을 가장 효율적으로 구입하기 위한 행위도 넓은 의미의 마케팅에 포함시켜 구매마케팅이라는 용어를 사용하는 것이 실무적인 현실이다.

최근에는 Web Promotion 기존의 무역 형태를 탈피하여 인터넷을 통해 국내에서 생산된 제품과 서비스를 전 세계 바이어에게 집중적으로 홍보 및 무역 전반에 관련된 일련의 경제활동을 말하는 것이라고 일컫기도 하는 인터넷을 기반으로 한 무역 마케팅활동이 전자무역 마케팅에서는 주류를 이루고 있는 실정이다.

글로벌 전자무역은 한국의 무역경쟁력 제고를 위하여 중점적으로 이끌고 갈 핵심 전략사업으로 자리매김하고 있다.

기업 입장에서 무역업무 프로세스는 사내 ERP 시스템과 연계하여 업무처리를 하고 있으며, 일반적인 업무 프로세스의 형태를 기준으로 자사에 맞는 형태로 Customazing을 통해서 적용하고 있다.

ERP와 연계된 수출업무 관리

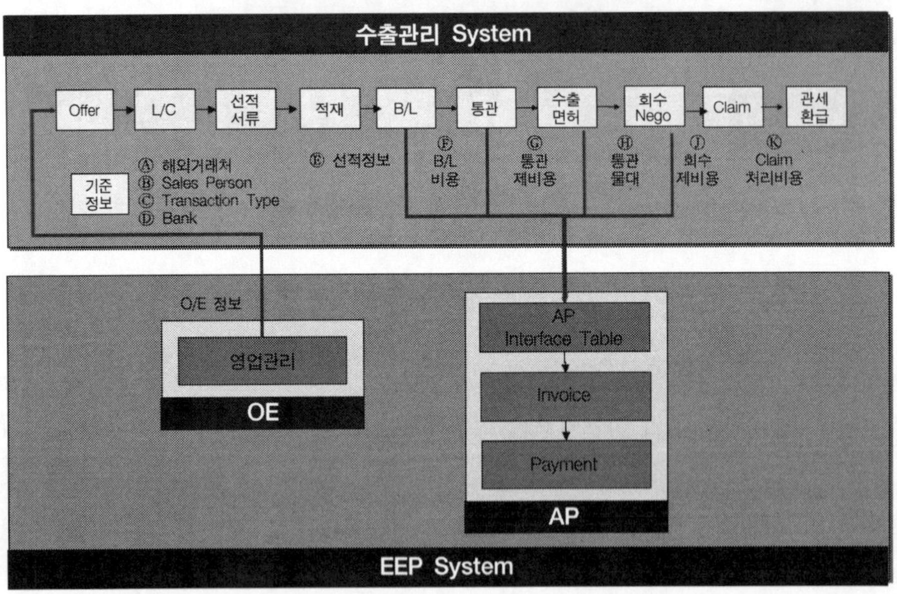

즉 OFFER 관리는 ERP의 OE(영업관리)모듈과 연계하여 처리하고 B/L, 통관, 수출신고, 자금회수 부문은 AP(회계관리)모듈과 연계하여 업무 적용을 한다.

Interface Data	Description	Source System	Target System	Trans. Type	Freq/ Period	비고
결제비용	환가료, Delay Charge 등	수출시스템	AP	MANUAL	R	
S/O 정보	So No, Supplier, item, 수량, 통화	OE	수출시스템	BATCH/ MANUAL	R	
수출통관 제비용정보	통관수수료, 운송비 등	수출시스템	AP	MANUAL	R	
NEGO 제비용 정보	환가료, 우편료	수출시스템	AP	MANUAL	R	

세부 연계내용은 기준정보 중 CUSTOMER 내역을 수출입 관리의 거래처로 인터페이스하고, ITEM MASTER 내역을 수출입관리의 품목관리로 인터페이스한다. 또한 ERP에서의 O/E 내역을 수출입 관리로 인터페이스해서 넘겨준다.

수입관리 시스템에서는 P/O(주문서)와 ERP의 구매관리, 수입신고, 대금결제, 수입제비용 부분은 AP(회계관리)와 연계하여 업무처리를 한다.

ERP와 연계된 수입업무 관리

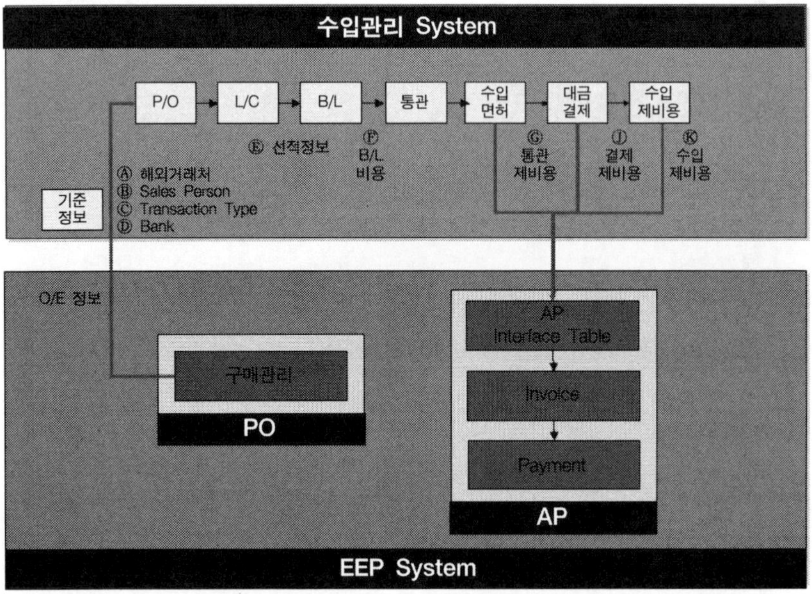

ERP와 연계내역은 다음과 같다.

VENDOR 내역을 수출입관리의 거래처로 인터페이스 한다(ERP → 수출입).

ITEM MASTER 내역을 수출입관리의 품목관리로 인터페이스한다(ERP → 수출입).

ERP에서의 P/O 내역을 수출입관리로 인터페이스해서 넘겨준다(ERP → 수출입).

ERP로부터 넘겨받은 P/O를 근거로 수출입관리의 P/O인 수입개설의뢰서를 작성한다.

수입통관 물대 내역으로 AP에 PO MATCHING INVOICE를 생성시켜준다.

수입통관 관세/부가세 내역으로 AP에 PO MATCHING INVOICE를 생성시켜준다.

수입제비용 내역을 가지고 AP에 비용쪽 INVOICE를 생성시켜준다.

Interface Data	Description	Source System	Target System	Trans. Type	Freq/ Period	비고
P/O 정보	P/O No, Customer, Item, 수량, 통화, 금액, 국가코드, P/O Date 등	PO	수입시스템	BATCH/ MANUAL	R	
OPEN 제비용 정보	Term Chgs/Cable Chgs/보험료 등	수입시스템	AP	MANUAL	R	
수입통관 정보	P/O No, Customer, Item, 수량, 통화, 금액 등	수입시스템	AP	MANUAL	R	
B/L 정보	P/O No, Customer, Item, 수량, 통화, 금액	수입시스템	INVENTORY	MANUAL		
수입통관 제비용 정보	관세, 부가세, 통관수수료, 운송비 등	수입시스템	AP	MANUAL	R	

D사 사례를 기준으로 전반적인 수출업무, 수입업무, LOCAL업무, 관세환급업무 프로세스의 흐름을 살펴보자.

무역업무 전체 흐름도

업무내용					
수출업무	유관기관	수입업무	유관기관	로컬업무	유관기관
신용장통지	은행	수입승인	협회	물품매도확약서	거래처
(수출승인)	협회, 조합	신용장개설	은행	신용장개설통지	은행
적하보험	보험사	수입화물선취보증	은행	세금계산서	거래처
(원산지증명)	상공회의소	수입요건확인	협회	인수증발급	거래처
수출통관	세관	수입통관	세관	은행NEGO	은행
선적	선사			관세환급	관세청
은행NEGO	은행				
관세환급	관세청				

수출업무 흐름을 살펴보면, 은행, 협회, 보험사, 상공회의소에 관련하여 수출업무 중 많은 비중을 가지고 있다.

수출업무 전체 흐름도

업 무	프로세스	설 명
2-1.수출신용장통지 (L/C)	SWIFT망 → 통지은행 → 수출업체 신용장통지 신용장조건변경통지 해외양도신용장통지 타행통지신용장통지 신용장(선)통지	SWIFT망을 통해 통지 은행은 해외 개설은행으로부터 수신한 문서를 수출자에게 통지하여 준다.
2-2.수출승인 신청	수출업체 ↔ 협회(조합) 수출승인신청 및 승인서 미국비자발급신청 및 승인서	수출시 승인을 필요로 하는 업종인 경우 해당 협회에 승인신청을 의뢰하여 유관기관에 제출한다.
2-3.적하보험	수출업체 ↔ 보험사 적하보험 청약서 적하보험 발급통지	적하보험청약서를 작성하여 전송, 수신한 후 보험증권 양식에 부보사항을 출력하여 사용한다.
2-4.원산지 증명	수출업체 ↔ 상공회의소 원산지증명 신청 및 발급 상업송장 신청 및 발급	원산지확인 대상 물품에 해당시 상공회의소에서 해당 서류를 발급한다.
2-5.은행NEGO	수출업체 ↔ 매입은행 수출환어음매입신청 계산서 입급통지서	수출환어음 매입추심신청서를 은행에 전송하고 은행은 그 결과를 전송한다.

수입업무의 흐름을 살펴보면 은행, 협회, 식약청에 관련하여 많은 비중을 가지고 있다.

수입업무 전체 흐름도

업 무	프로세스	설 명
3-1.수입신용장 개설(L/C)	수입업체 ↔ 개설은행 신용장개설 신청 및 응답 신용장조건변경 신청 및 응답	개설의뢰인은 개설신청을 하고 개설은행은 개설의뢰인에게 응답 및 SWIFT망을 통해 해외통지은행에게 전송한다.
3-2.수입승인 신청	수입업체 ↔ 협회(조합) 수입요건확인 신청 및 승인	업체가 수입요건확인, 통관예정보고를 협회에 전송하고, 협회는 접수필증을 업체에 전송한다.
3-3.수입화물 선취보증	수입업체 ↔ 개설은행 수입화물선취보증신청 수입화물선취보증서	개설은행은 신청서에 대한 보증서를 신청인 및 운송인에게 전송한다.
3-4.수입요건 확인	수입업체 ↔ 협회(조합) 수입승인신청 검사/검역 수입승인서 검사/검역	수입업체가 통관전 승인 및 검사 등 수입요건확인이 필요할 경우 유관기관에 의뢰.

LOCAL(내국신용장) 업무는 개설업체와 수혜업체 모두가 전자무역을 통해서 업무를 진행하면 계약, 내국신용장 개설부터 은행에 NEGO까지의 모든 프로세스가 전자무역을 통해서 적용이 가능하다.

내국신용장 업무 전체 흐름도

프로세스	설 명
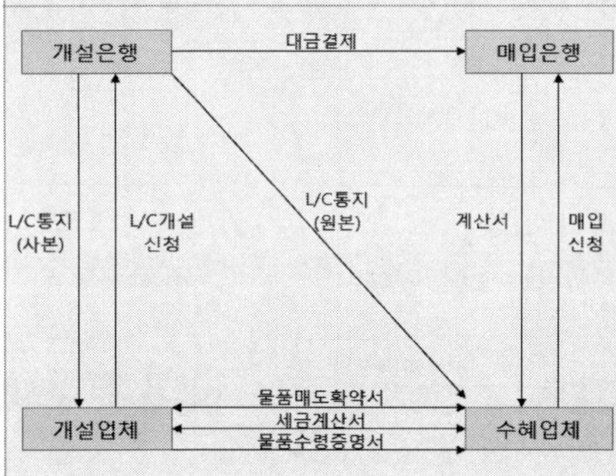	내국신용장 수혜업체는 공급하고자하는 물품의 Offer를 개설업체에 전송하고, 개설의뢰인은 내국신용장 개설(변경)신청을 개설은행에 의뢰한다. 이를 수신한 개설은행은 개설의뢰인과 수혜업체에 개설내역을 전송한다. 수혜업체는 물품을 공급하고 세금계산서를 개설업체에게 전송한다. 개설업체는 물품수령증명서를 수혜업체에 전송한다. 수혜업체는 내국신용장 환어음매입(추심)신청을 매입은행에 하고, 매입은행은 매입/추심에 대한 매입계산서를 전송한다. 개설업체는 개설은행으로부터 어음 및 서류의 도착통보를 받으면 지급지시서등을 이용하여 결제한다.

관세환급은 1997년부터 EDI(전자무역) 업무로 처리하는 것을 의무화하였고 ERP 시스템과 다양한 항목 연계를 통하여 이루어진다.

코드 관리 연계 흐름도

업 무	담당부서	관련시스템	관련기관	출력물
1-1.자재코드	자재 I/F → 자재 관리	코드/품명/규격/단위/HS번호 ← 내부SYSTEM		코드별/품명별/HS번호별
1-2.제품코드	제품 I/F → 제품 관리	코드/품명/규격/단위/HS번호 ← 내부SYSTEM		코드별/품명별/HS번호별
1-3.BOM코드	BOM 관리	(업무 연계) BOM코드/자재코드/단위소요량 ← 내부SYSTEM		BOM코드별/자재코드별
1-4.거래처코드	거래처 I/F → 거래처 관리	코드/거래처명/대표자/주소/사업자번호/통관고유번호 ← 내부SYSTEM		코드별/주소별 거래처명별/사업자번호별

수출입신고서 관리 연계 흐름도

업 무	담당부서	관련시스템	관련기관	출력물
2-1.수입신고필증/기납증/분증	수입신고필증 기납증/분증 I/F ITEM사항 ↓ 가공가능 수입신고필증 기납증/분증 관리	수입시스템	관세사	PO별/신고서별/HS번호별/기간별/SPEC별
2-2.수출신고필증/물반증	수출신고필증/물반증 I/F ITEM사항 ↓ 가공가능 수출신고필증/물반증 관리	수출시스템	관세사	ORDER별/신고서별/기간별/HS번호별/SPEC별
2-3.인수증	인수증 I/F ↓ 인수증 관리	내부SYSTEM		ORDER별/신고서별/기간별/HS번호별/SPEC별
2-4.분증	분증 ↓ 분증 관리			신고서별/수입(기납/분증)신고서별/기간별/HS번호별/SPEC별

환급신청 연계 흐름도

업 무	담당부서	관련시스템	관련기관	출력물
3-1.면장 관리	면장 관리 환급일자 환급금액	수출신고필증/물반증 ← 수출시스템 수입신고필증/기납증/분증 ← 수입시스템	관세사 관세사	
3-2.환급 신청작업	소요량 산출 ↓ 환급금 산출	환급신청서 갑/을/병/정 → EDI 예상환급금 실환급금 → 내부SYSTEM 수입신고필증	세관	환급신청서 소요량계산서 조견표/분할기록표 수입신고필증현황 수출신고필증현황 환급누락현황 환급마감실적 예상환급금/실환급금
3-3.정산 신청작업	사후정산	EDI 정산신청서 갑/을/병	세관	정산신청서 납부고지서 수입신고필증취합현황 환급내역취합현황

기납증신청 연계 흐름도

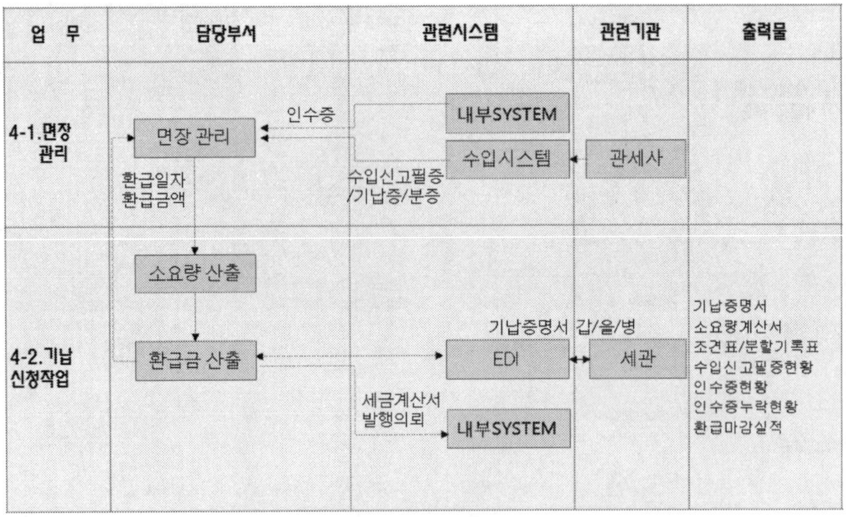

분증신청 연계 흐름도

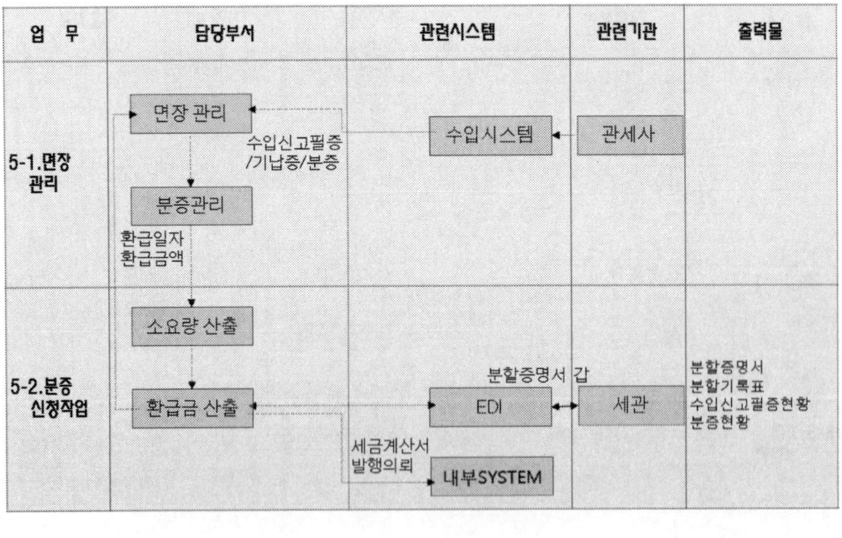

통관업무는 현재 24시간 365일 One Stop 서비스가 이루어지고 있으며, 또한 Single Window 방식으로 관세청에서는 e-customs 서비스 체계를 통한 통관 서비스를 제공하고 있다. 이에 화주가 직접 통관업무를 진행하는 화주직접신고제도에 등록된 업체는 직접 전자통관을 활용하고, 관세사 등 대행사에게 맡기는 업체의 경우 대행사가 직접 전자통관을 진행하여 업무처리를 한다.

실시간 통관처리

e-customs 서비스 체계를 통한 24시간 통관 서비스

<table>
<tr><td rowspan="3">서비스체계</td><td colspan="2">◈ 관세청 시스템은 현재 "1년 365일/1일 24시간" 서비스 체제가 구축</td></tr>
<tr><td rowspan="2">실시간 신고서 처리</td><td>화주가 인터넷을 이용하여 시간과 장소에 관계없이 "24시간/365일" 실시간으로 신고서 작성과 통관처리 진행 상황을 확인할 수 있다.</td></tr>
<tr><td>관세사 역시 인터넷/Mobile 시스템을 이용하여 시간과 장소에 관계없이 실시간으로 "24시간/365일" 통관대행 서비스를 제공할 수 있다.</td></tr>
</table>

현재 관세청으로 수출입통관을 진행하는 방법은 관세청에서 직접 운영하는 Single Window를 활용하여 수출입신고를 하는 방법과 기존의 EDI 방식으로 통관업무를 진행하는 2가지 방식을 모두 수용하고 있다. 이는 과거 EDI 시스템을 구축하여 운영하는 기업들에게도 원활한 통관업무가 이루어질 수 있도록 하며, 또한 XML 방식의 인터넷통관 처리 방식도 지원함으로써 모든 사용자들이 활용할 수 있도록 구성되어 있다.

기업의 수출통관처리 업무

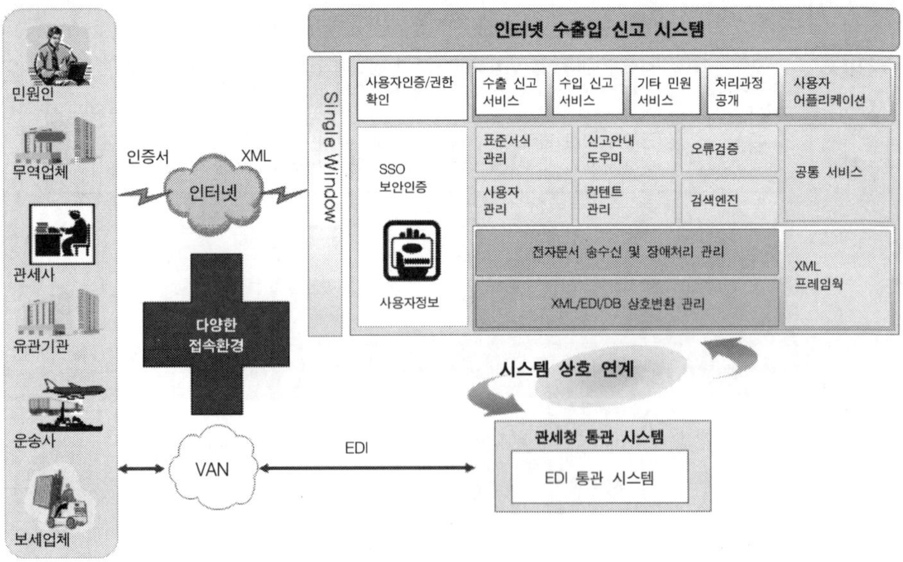

(2) 무역실무 절차

수출업무를 살펴보면 일반적으로 국내에서 생산된 물품을 외국으로 판매하는 행위, 즉 대외 판매의 목적물이 되는 상품을 대상으로 하여 외화나 그에 상응하는 물품을 대가로 외국에 물품을 매각하는 행위를 말한다.

수출이란

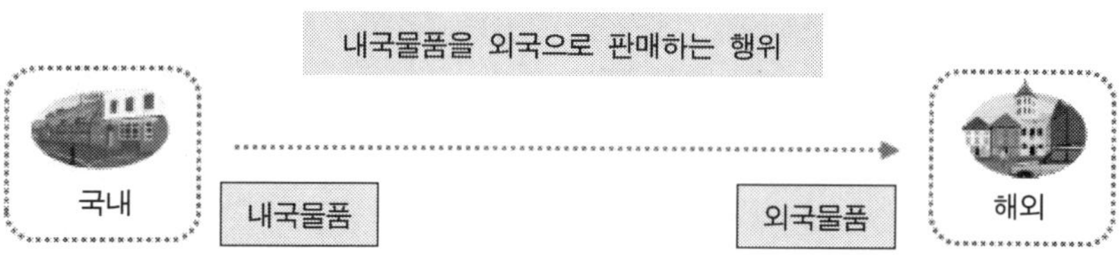

수출 절차란 거래선 발굴을 위한 해외시장조사 단계부터 수출계약의 체결과 수출대금이 회수되어 한 건의 수출거래가 종료되는 시점까지 요구되는 일련의 행정적, 법규적 흐름을 의미한다. 수출절차에서는 일반적인 단계로서 수출계약체결, 수출승인, 수출물품 제조, 수출통관 및 선적, 대금결제 등의 절차가 있으며 거래형태나 수출품목의 특성에 따라 신용장 수취, 내국신용장 및 구매확인업무, 수출검사, 관세환급 등의 여러 절차가 있다.

신용장 통지란 해외의 신용장 개설은행이 발행한 신용장에 대해 발생 사실을 신용장의 수익자(Beneficiary)에게 알리는 것을 말한다. 신용장을 수령하기 위해서는 명판신고서, 법인등기부등본(개인: 주민등록증), 법인인감증명서(개인: 인감증명서), 사업자등록증사본을 지참하고 해당 영업점에 방문하면 수출신용장을 수령할 수 있다.

그러나 전자무역을 이용하면 은행에 방문하지 않고 표준화된 형식에 따라 작성된 전자문서 형태로 데이터 통신망을 통해 직접 출력하여 사용할 수 있다.

전자무역 거래 시 비용절감

은행에 직접 방문하여 수령	전자무역 거래 →직접 출력
건당 20,000원	건당 10,000원

※ 한국외환은행 기준

수출실무 절차 및 절차별 주요 확인사항 및 구비서류에 대해 살펴보면 수출실무 프로세스는 크게 계약 전 단계와 계약 후 단계로 나누어 생각해 볼 수 있다. 계약 전 단계에서는 시장조사 및 거래선 발굴을 위한 Inquiry, Offer 작성, 해외 거래처 신용조사, 제품홍보 수단 결정 등 무역 마케팅과 계약 후 단계에서는 외환, 상역, 보험, 통관, 물류, 결제 등의 순서로 진행되며 필요에 따라서 단계가 계약의 성격에 따라 생략될 수도 있다.

계약 전 · 후 수출 절차

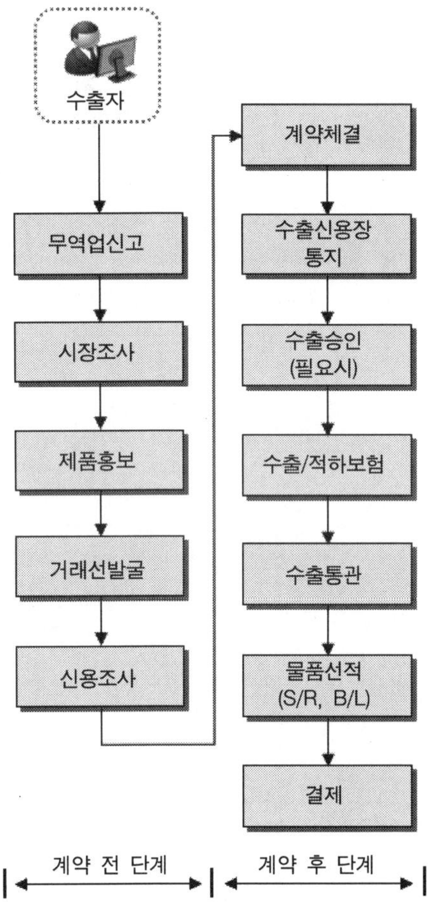

신용장내도 시 주요 확인사항

① 계약내용과의 일치 여부
② 취소불능신용장인지의 여부
③ 개설은행 신용상태
④ 지급확약 문구

수출승인 대상

수출입공고에 의해 수출이 제한되는 물품
- 환경보호관련 동식물, 유해화학물질 등

수출신고 시 구비서류

① 수출신고서(EDI신고)
② 수출승인서(E/L)(해당되는 경우)
③ 상업송장(C/I), 포장명세서(P/L)
④ 기타 수출통관에 필요한 서류

수출대금 회수 시 구비서류

① 수출환어음매입신청서
② 환어음
③ L/C 원본
④ 선하증권(B/L)
⑤ 상업송장, 포장명세서
⑥ 보험증권, 원산지증명서 (수입자 요구 시)

수입업무를 국내의 수입상이 외국의 수출상과 체결하는 매매계약서에 의하여 수출상이 물품을 선적하고 수입상은 동 신용장, D/A, D/P 또는 송금방식 등으로 결제한 후 운송서류를 인도 받아 소정의 통관 절차를 거친 후 물품을 인수하게 되는 일련의 무역 과정을 의미한다. 대외무역법상에는 매매, 교환, 임대차, 사용대차, 증여 등을 원인으로 외국으로부터 국내로 물품을 이동하는 것과 유상으로 외국에서 외국으로 물품을 인수하는 것으로서 산업자원부장관이 정하여 고시하는 기준에 해당된다.

수입이란?

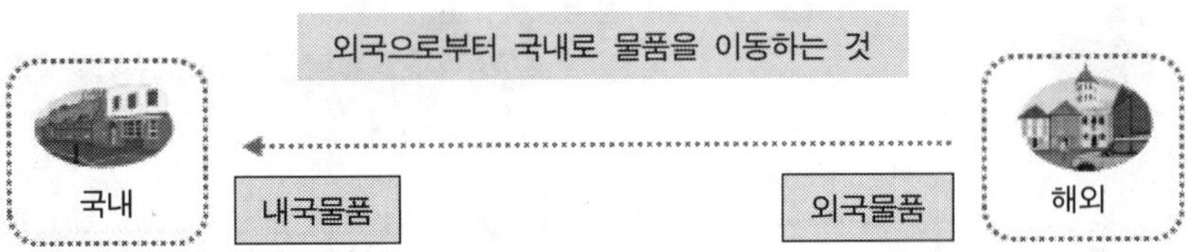

수입거래 방식은 신용장 방식(L/C), 무신용장 방식(D/A, D/P), 송금 방식(사전송금, 사후송금)이 있다.

무역거래 방식

신용장방식 Letter of Credit

- 수입신용장(취소불능화환신용장)에 의하여 무역거래가 이루어지는 방식

수입거래 약정 → 수입신용장 개설 → 선적서류 도착 → 선적서류 결제/인수 → 통관

무신용장방식 D/A, D/P

- 거래당사자의 계약에 의하여 무역거래가 이루어지는 방식으로 은행의 여신행위는 없으며 선적서류의 추심 및 대금결제 과정에 관여하는 방식

매매계약 체결 → 추심의뢰 → 추심서류 도착 → 선적서류 결제/인수 → 통관

송금방식 Remittance

- 수입대금 결제의 방식의 하나로, 수출/수입업체 간의 대금결제 방식을 송금을 통해서 처리하는 방식

사전송금방식

- 물품 또는 선적서류의 영수 전에 송금하는 방식

사후송금방식

- 선적서류 또는 물품을 영수한 후 물품대금을 송금하는 방식

수입실무 절차 및 절차별 주요 확인사항 및 구비서류에 대해 살펴보면 수입실무 프로세스는 수출실무 프로세스와 크게 다른 점은 없지만 절차의 순서가 틀린 것에 주의해야 한다. 수입요건확인의 경우 유효기간이 승인일로부터 원칙적으로 1년으로 하고 있어 주의해야 하며 신용장 개설 시에는 결제방법, 선적항/도착항, 선적기일이 유효기일 이내인지 여부, 분할선적과 환적 허용 등의 내용이 계약서와 일치하는지를 꼼꼼히 살펴봐야 한다. 또한 반입신고 후 30일 이내에 수입신고를 해야 하며 기간 경과 시 2% 이내의 가산세가 부과된다는 점을 꼭 알아두어야 한다.

계약 전·후 수입 절차

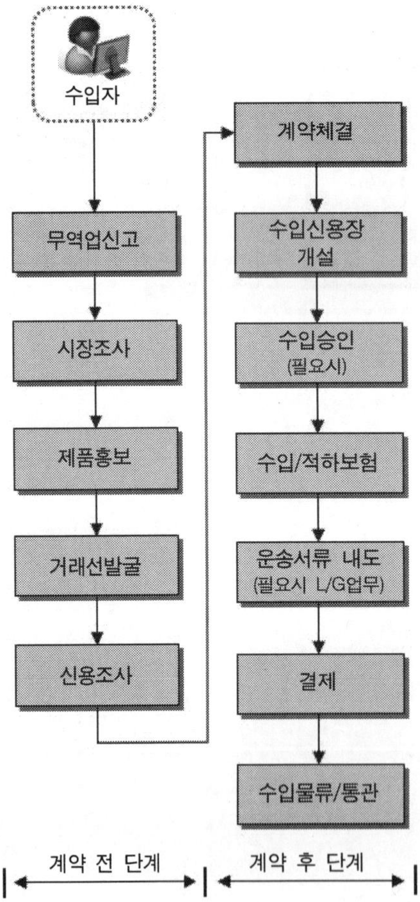

신용장 개설 시 주의사항

① 결제방법, 선적/도착항의 일치 여부
② 품목, 규격, 단가 등 계약서와 일치 여부
③ 선적기일이 유효기일 이내인지 여부
④ 분할선적과 환적의 허용 여부

신용장 개설 시 구비서류

① 수입신용장개설신청서
② 외국환거래약정서
③ 수입승인서(필요 시)
④ 물품매도확약서

L/G 발급 시 유의사항

① L/G 발급 후엔 도착하는 서류에 하자가 있더라도 클레임을 제기할 수 없음
② 일람 후 정기출급 조건의 기한부 신용장인 경우 기간 개시의 기산일이 L/G 발급일임

수입신고 시 구비서류

① 수입신고서
② 수입승인서(필요 시)
③ 가격신고서(송장 포함)
④ 선하증권 사본
⑤ 기타 필요서류(C/O, 수입물품 명세확인서 등)

(3) 전자무역 마케팅

해외시장조사를 살펴보면 무역 활동과 관련된 광범위한 영역의 의사결정에 필요한 해외시장의 정보를 체계적으로 수집 · 정리 · 분석하는 과정이다. 즉, 해외의 구매 잠재력을 가진 고객을 찾아내고 기호에 맞는 상품을 개발하여, 효과적인 마케팅 및 유통수단을 연구 · 분석하는 활동을 의미한다.

해외시장조사를 하는 이유는 신속 · 정확한 해외시장 조사는 외국과의 무역거래에 있어서 비용과 위험을 줄이고 이익을 극대화시키기 위해서다.

1 _ 새로운 시장 기회 파악

2 _ 적절한 진입방법 결정

3 _ 마케팅믹스 전략 수립

4 _ 마케팅활동 통합 · 조정

5 _ 변화하는 환경에 신속대응

해외시장조사 필요성

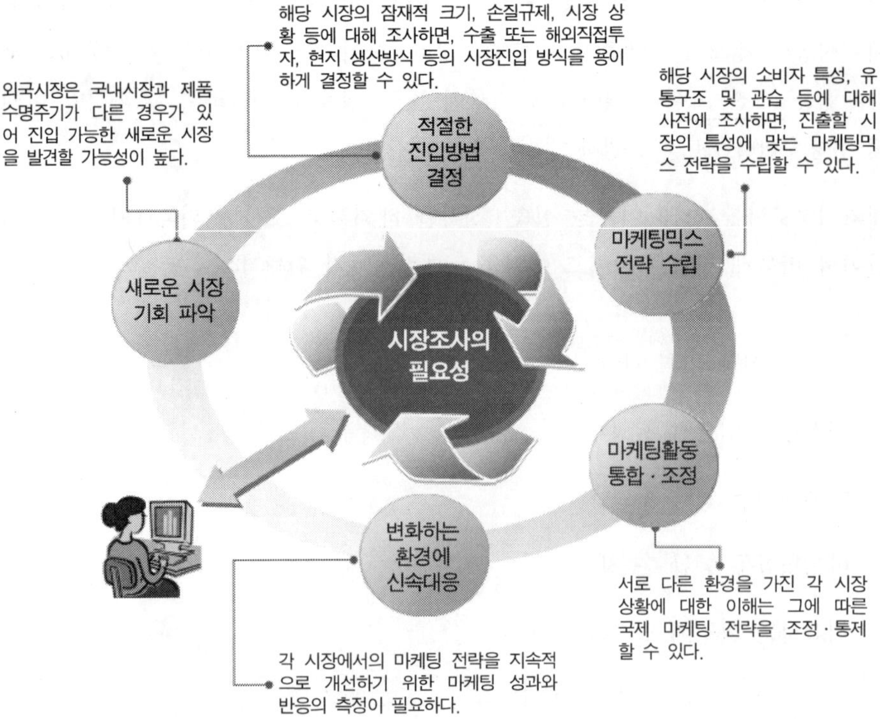
해당 시장의 잠재적 크기, 손질규제, 시장 상황 등에 대해 조사하면, 수출 또는 해외직접투자, 현지 생산방식 등의 시장진입 방식을 용이하게 결정할 수 있다.
외국시장은 국내시장과 제품수명주기가 다른 경우가 있어 진입 가능한 새로운 시장을 발견할 가능성이 높다.
해당 시장의 소비자 특성, 유통구조 및 관습 등에 대해 사전에 조사하면, 진출할 시장의 특성에 맞는 마케팅믹스 전략을 수립할 수 있다.
적절한 진입방법 결정
마케팅믹스 전략 수립
새로운 시장 기회 파악
시장조사의 필요성
마케팅활동 통합 · 조정
변화하는 환경에 신속대응
서로 다른 환경을 가진 각 시장 상황에 대한 이해는 그에 따른 국제 마케팅 전략을 조정 · 통제할 수 있다.
각 시장에서의 마케팅 전략을 지속적으로 개선하기 위한 마케팅 성과와 반응의 측정이 필요하다.

해외상품홍보를 하기 위해서는 우선 시장조사를 통해 수립된 정보를 바탕으로 타켓 시장을 설정하고 주력상품을 선정하여 상세 상품홍보계획을 수립해야 한다. 상품홍보계획을 기반으로 회사 소개서 및 제품소개서, 카탈로그 제작, 홈페이지 제작 등의 상품홍보 기반구축을 마련하고 거래알선 사이트(ECPLAZA, BUYKOREA 등)에 상품을 등록하거나 검색엔진 및 전시회 & 박람회 등을 활용하여 상품홍보를 실시한다.

상품홍보 단계

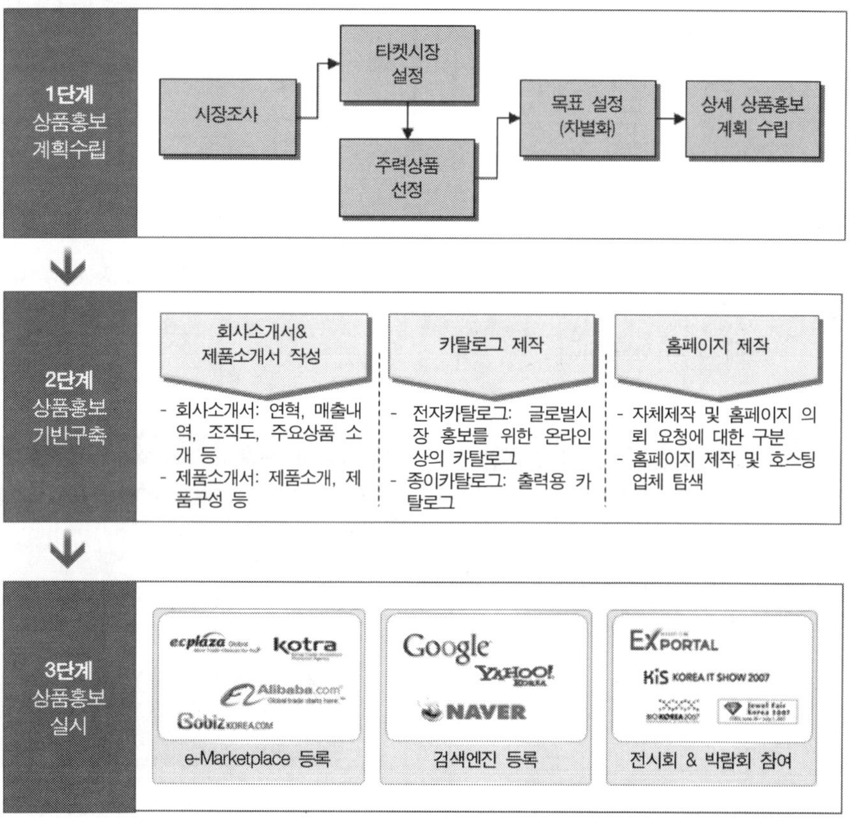

전자카탈로그 등록 및 판매오퍼 제작을 www.ecplaza.net을 활용하여 따라해 보자.

1 _ ECPLAZA 웹사이트 접속: http://www.ecplaza.net

2 _ My Products → 전자카탈로그 제작

3 _ Selling Tools → 판매오퍼 제작

전자 카탈로그 등록하기

신규 상품 등록 페이지

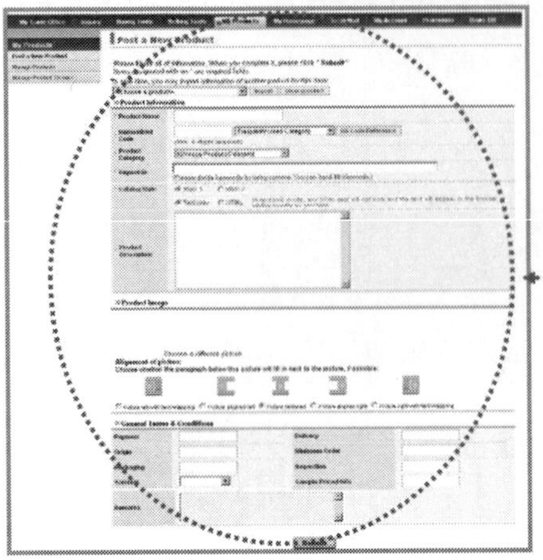

기존 등록 상품에 대한 수정/관리 페이지

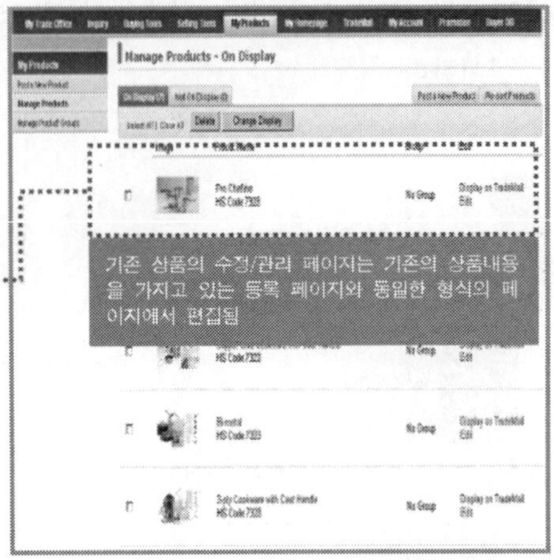

판매 오퍼 등록하기

신규 Selling Leads 등록 페이지

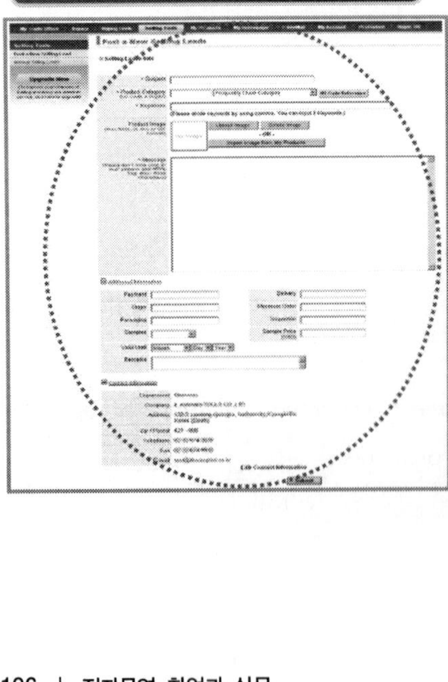

기존 Selling Leads 수정/관리 페이지

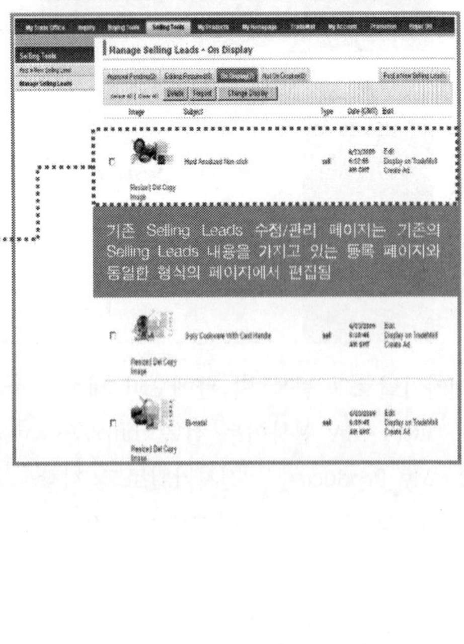

거래선 발굴을 위해 ECPLAZA, BUYKOREA, GobizKorea, Alibaba 등 국내 · 외에 있는 거래알선 사이트를 이용할 경우에는 거래알선 사이트에서 홈페이지 및 전자카탈로그 등록 및 관리, 오퍼정보, 기업정보, 거래정보 등을 제공하여 손쉽게 이용할 수 있기 때문에 중소규모 형태의 무역업체가 많이 이용한다. 반면에 거래알선 사이트를 이용하지 않는 경우에는 별도의 홈페이지 및 카탈로그를 만들고 자체적으로 홍보를 해야 하기 때문에 기업의 규모가 큰 업체가 보통 많이 이용하는 방법이다.

거래알선 사이트를 이용하는 경우

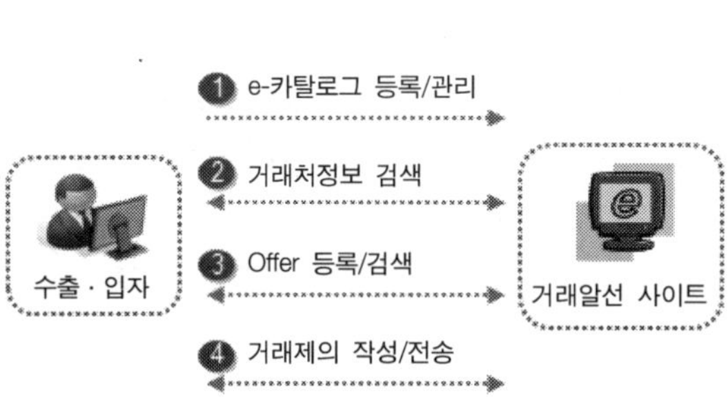

① 수출/수입업자는 전자무역 거래알선 사이트에서 지원하는 서비스를 활용하여 전자카탈로그 제작 및 홈페이지를 구축

② 거래알선 사이트에서 관심 있는 상품을 선정하여 해당 거래업체의 정보를 확인

③ 수출업체는 Selling Offer를 작성하고, 수입업체는 Buying Offer를 작성하여 거래알선 사이트를 통해 작성

④ 거래제안서를 작성하여 등록

거래알선 사이트를 이용하지 않는 경우

① 수출업체는 e-카탈로그 자체 제작

② 홈페이지를 구축

③ 거래선 발굴을 위하여 무역유관기관 및 국내에 있는 제외공관 등을 활용하여 거래 상대방을 발굴

④ Selling Offer를 작성하여 전송

⑤ 손질업체로부터 거래제안서를 전송

거래선 발굴은 거래알선 사이트 활용, 무역유관기관 이용, 해외홍보매체 활용 등 다양한 방법이 있으며, 가장 손쉽고 빠르게 접근하는 방법은 거래알선 사이트를 활용하여 거래선 발굴하는 방법이 있다.

거래선 발굴을 위해 www.ecplaza.net을 활용하여 따라해 보자.

1 _ Buyer DB 페이지를 활용하여 거래선 발굴
2 _ Global Buyer DB 검색을 통한 거래제의
3 _ e-MP 사이트 셀링오퍼 검색을 통한 거래제의

Buyer DB를 이용한 방법

바이어 발굴을 위한 Buyer DB 관리 페이지

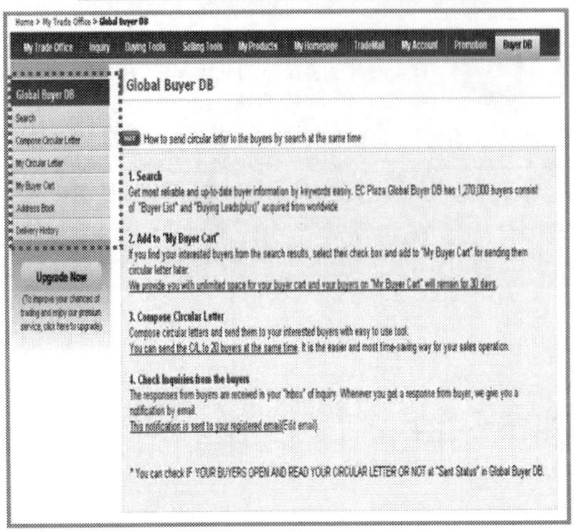

구성 및 활용 영역

메뉴 구성내용	활용 영역
Search	바이어 검색
Compose Circular Letter	거래제의서(C/L) 작성
My Circular Letter	거래제의서(C/L) 저장 관리
My Buyer Cart	바이어 정보 저장 관리
Address Book	중요바이어 주소 저장 관리
Delivery History	거래제의서 발송내역 관리

Global Buyer DB 검색 방법

Global Buyer DB 검색 메뉴

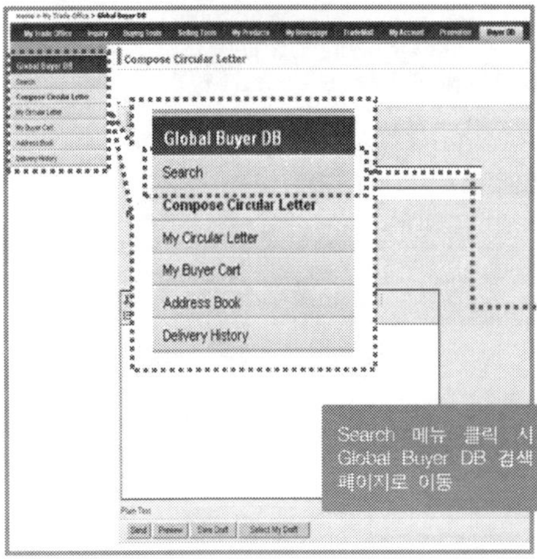

Global Buyer DB 검색 페이지

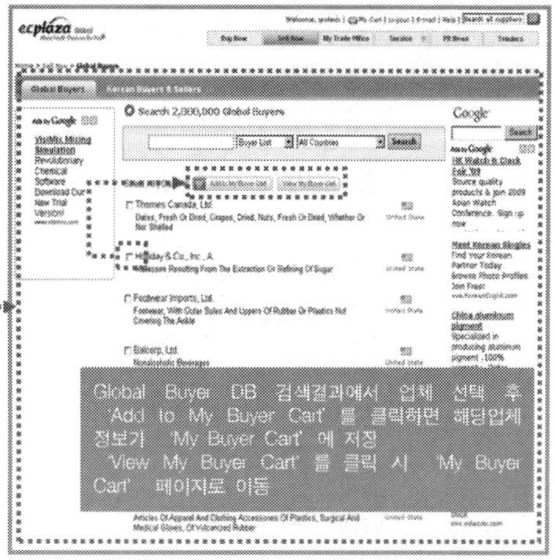

Global Buyer DB 검색 방법

Global Buyer DB 검색 메뉴

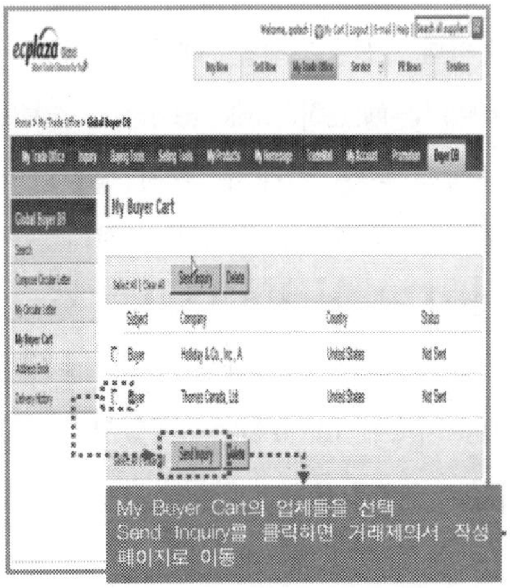

Global Buyer DB 검색 페이지

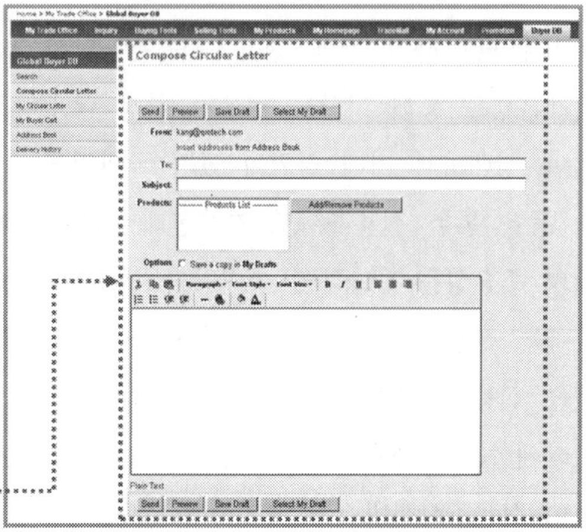

e-MP 사이트 셀링오퍼 검색 방법

e-MP의 검색 결과 대상물에 대한 거래제의

거래알선 사이트를 통해 거래선을 발굴하는 데 있어 중요한 것은 양질의 바이어들이 얼마나 있는지를 꼭 확인하여야 한다. 즉 공증되지 않은 바이어 또는 허위 바이어를 필터링하는 사이트와 글로벌 회원 수가 많은 사이트에서 업무진행을 하여야 한다.

무역계약을 하기 전에 신용조사는 반드시 필요하다. 신용조사는 대개 상대방의 거래은행을 통해서 하는 경우가 가장 많으며, 이를 은행조회(bank reference)라고 하며, 상대방과 거래 경험이 있는 국내업체, 상대국의 다른 거래처, 현지 상공회의소 등을 통한 신용조사도 가능한데 이를 업계조회(trade reference)라고 한다. 거래의 중요성을 감안하여 상대방의 신용에 대한 보다 상세한 정보를 필요로 할 경우에는 신용조사전문기관을 이용할 수 있는데, 전 세계적으로 가장 널리 알려져 있는 신용조사전문기관으로는 미국의 Dun & Bradstreet International 있고, 우리나라에서는 대한무역투자진흥공사, 신용보증기금, 수출입은행, 한국수출보험공사 등이 신용조사서비스를 제공하고 있다.

신용조회에 있어서 필수적으로 조사내용에 포함해야 하는 것으로 보통 해당업체의

Character, Capital, Capacity 등을 들고 있고, 이를 신용도측정요소로 3C's라 한다.

신용조사 3C's

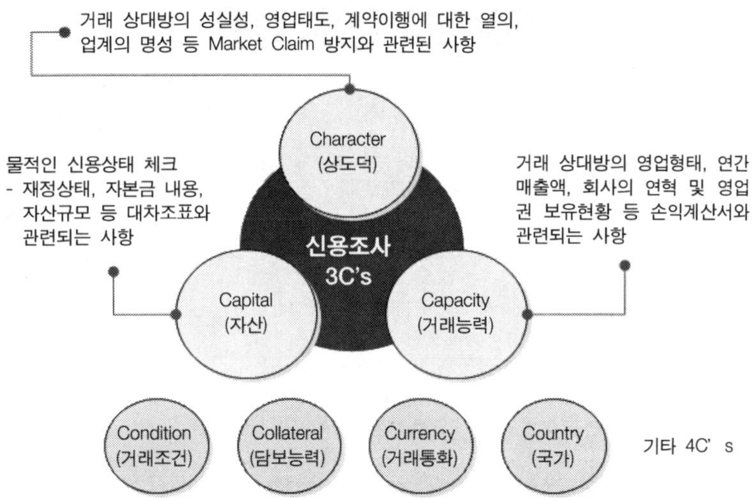

신용조사 단계에서 수출자에 대하여는『물품인도 능력』을 수입자에 대하여는『대금 결제능력』, 그 이행에 대한 신뢰성과 기업의 일반적인 정보를 사전에 조사하여 안전한 무역거래의 발판을 마련하고자 하는 것이 핵심요소이다. 최근에는 D/A, D/P, T/T등의 무신용장 거래방식을 많이 취하고 있어 해외 거래선의 신용조사는 반드시 필요하다.

거래제의란 해외 및 국내의 시장조사 및 신용조사를 통해 거래처를 선정하면 우리의 상품을 구매할 의사가 있는지 또는 우리에게 상품을 판매할 의사가 있는지의 의향을 물어보는 것이다. 이러한 거래제의는 간행물 등을 통하여 불특정 다수인에게 광고형식으로 하거나, 동일한 내용의 Form Letter나 Circular Letter를 여러 장 인쇄하여 상대방의 주소와 발신인만을 타자하여 발송하는 방법이 있으나, 통상 개별적인 서신을 작성하여 정중하게 거래제의(Business Proposal)하는 방법을 많이 활용한다.

Circular Letter(거래제의서)는 작성 시 주의할 점은 일면식이 없는 외국인에게 자사를 소개하는 첫 번째 서신이므로 이를 받은 상대방으로 하여금 좋은 인상을 갖고 거래관계를 개선할 의사를 가질 수 있도록 작성하여야 한다.

거래제의서 작성 중 주의사항

거래제의서 작성 시 주의사항

✔ 상대의 취급품목과 나의 취급품목의 성격이 부합되는가?

- ☑ 발굴한 거래처가 현재 내가 수출 또는 수입하고자 하는 상품을 취급하는지를 정확히 알아야 한다.

✔ 거래제의서 작성에 부족함이 없는가?

- ☑ 상대방 입장에서 이해하기 쉽도록 작성한다.
- ☑ 거래제의서를 발송하게 된 경위를 기재한다.
- ☑ 거래상대방을 알게 된 경위를 기재한다.
- ☑ 내가 판매 또는 구매하려는 품목을 정확히 기재한다.
- ☑ 판매 또는 구매의 조건을 정확히 기재한다.
- ☑ 나의 연락처, 인사, 서명 등을 확실하게 기재한다.
- ☑ 나의 회사를 과장해서 소개하지 않아야 한다.

거래제의서를 작성 후 상호 필요한 사항이 발생되면, 수출자의 경우 Selling Offer를 보내서 가격조건, 결제조건, 상품명세 등의 구체적인 내용에 대해서 요청을 한다. 수입자는 무역거래조건 내용의 변경이 필요할 경우, Buying Offer를 작성하여 다시 수출자에게 보내주며, 이러한 여러 번의 협상을 통해서 쌍방합의가 이루어지면 계약서를 작성하여 계약을 체결한다.

Offer(청약)의 구체적인 내용에는 품질조건, 포장방법, 지급조건, 가격, 운송방법, 기타(원산지, 유효기간, 선적기한, 보험종류 등) 등의 내용으로 작성하여 주고받는다.

(4) 신용장과 대금결제

신용장 거래의 구성요소를 살펴보면 기본적으로 관여하는 거래당사자는 개설의뢰인, 개설은행, 통지은행, 수익자입니다. 개설의뢰인은 주거래은행에 신용장 개설을 의뢰하는 자로 수입자를 말하며, 개설은행은 수입자의 뜻에 따라 수출자를 수익자로 하는 신용장을 발행해주는 은행을 의미한다. 수익자는 곧 수출자를 의미하는데 일정한 금액의 지급을 보장 받는 편익을 누리는 자이며 통지은행은 신용장 개설은행이 수익자에게 통지해 주는 은행이며, 그 외 지정은행, 확인은행, 상환은행, 양도은행 등이 신용장의 종류 및 내용에 따라 거래당사자가 될 수 있다.

신용상의 거래은행

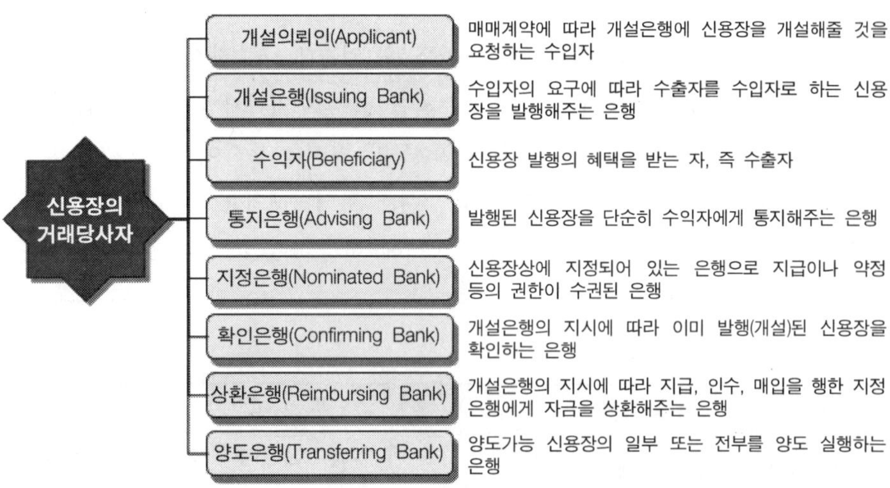

한편 무역 거래 내용과 진행 절차에 따라 동일인이나 동일 은행이 다양한 이름으로 불리는 경우가 많은데 정리하여 살펴보자.

거래내용	수출자	수입자
매매 관계	매도인(Seller)	매수인(Buyer)
수출입 관계	수출자(Exporter)	수입자(Importer)
신용장 관계	수익자(Beneficiary)	개설의뢰인(Applicant)
계정책임 관계	대금수취인(Accounter)	대금결제인(Accountee)
화물 관계	선적인(Consignor)	수하인(Consignee)
신용공여 관계	Accreditee	Accreditor

신용장과 D/A, D/P, 송금방식의 차이점을 살펴보면 무역거래의 계약서(Contract)에서 정의하는 계약방식에 의하여 각각의 방식이 적용된다. D/A는 DOCUMENTS AGAINST ACCEPTANCE로 기한부환어음 방식이며 일반적으로는 최대 180일까지 허용되며, 신용장의 Usance방식과 유사하며, D/P는 DOCUMENTS AGAINST PAYMENT로 수출자가 발행한 화환(貨換)어음을 수입자가 지불하여 선적서류를 인도하는 지불인도조건으로 신용장의 At Sight 방식과 유사하다.

송금방식은 사전송금과 사후송금으로 나눠볼 수 있는데 수출자가 물품을 선적하고 수입자가 물품을 인도 받으면 별도의 첨부서류 없이 수입자가 대금을 지급하는 방식으로 본사-지사 간의 거래 또는 매우 오랫동안 거래를 통하여 상호 믿음이 가는 거래 당사자와의 거래에서 주로 활용된다. 현재 무역거래의 60% 이상은 송금방식을 활용하고 있으며, 그 이유는 신용장 방식에 비해 빠르고, 수수료 절감 차원에서 많이 활용하고 있다.

구분	지급 대상자	주요내용
신용장 방식	지급은행	수출업체가 수출 후 Nego 은행에 Nego 서류를 제출하여 대금을 수령함
D/A, D/P	수입자	수입자와 수출자가 계약에 의해 은행이 보증하지 않고 직접 거래하는 방식으로 첫 거래가 아닌 자주 거래를 함으로써 서로 간의 신용이 있는 상태에서 많이 사용
송금방식	수입자	CWO, COD, CAD, T/T의 송금방식이 있으며, 주로 본사, 해외지사와의 무역 거래 시 사용하는 방식

신용장 거래의 흐름

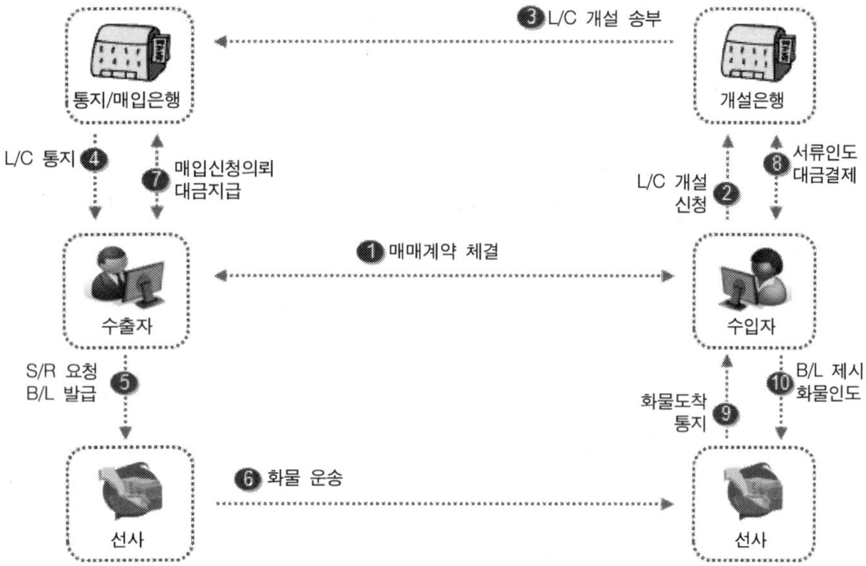

신용장을 전자무역방식으로 활용하면 어떤 장점이 있을까? 은행에 직접 방문하여 수입신용장 개설을 할 경우, 수입신용장개설신청서 외에 첨부서류(수입승인서, 물품매도확약서 또는 매매계약서, 담보제공증서 등)를 제출해야 되며 수입신용장 원본 수령 시 은행에 직접 방문해서 받아야 하는 불편함이 있다. 또한 해외수익자의 통지기간까지 기간이 오래 걸리는 단점이 있다.

은행에 직접 방문하지 않고 전자무역을 이용할 경우, 첨부서류 제출면제는 물론 은행에 직접 방문하지 않고 사무실에서 L/C원본을 통지 받을 수 있어서 관리비용을 줄일 수 있는 장점이 있다.

전자무역 도입 전	전자무역 도입 후
신청서 작성 + 첨부서류 제출 - 수입승인서, 물품매도확약서 등	신청서만 작성하여 EDI로 송신 - 첨부서류 제출 면제
L/C원본 수령 시 은행 직접방문	사무실에서 전자무역으로 L/C원본 수신
법정서식 사용에 따른 관리비 증가	A4용지에 Free Format 형태로 출력됨 - 유관기관에서 원본문서로 인정함
해외수익자로부터 L/C 통지기일까지 장기간 소요	은행 이동시간 및 개설은행에서 재입력 절차가 생략되므로 수익자까지 통지 기일이 2~3일 단축

신용장 개설 시 주의사항

1 _ 수익자(수출자), 개설의뢰인(수입자)의 회사명, 주소 등은 약식으로 사용하지 않는 것이 좋다.

2 _ 신용장 금액은 숫자와 문자를 병기하며, 금액 앞에 'about', 'circa' 또는 이와 유사한 표현이 있는 경우 10% 이내에서 과부족을 인정하므로 유의해야 한다.

3 _ 신용장 금액은 신용장의 한도액을 표시하며, 그 금액 이상으로 환어음을 발행할 수 없게 되어 있다.

4 _ 선적기일, 유효기일 및 제시기일 표기 시 해석상 오해의 소지가 없도록 월 표시는 문자로 하는 것이 좋으며, 날짜표시 앞에 'to', 'until' 등의 표현이 있을 경우 그날 자체가 포함되나 'after'는 그날이 포함되지 않는다.

5 _ 신용장 양도(Transfer)에 대한 아무런 언급이 없으면 신용장 양도가 불가능하다.

신용장 작성해 보기

수입자의 거래은행이 신용을 대외에 제공하고 수입상을 대신하여 약정된 금액, 기간, 조건에 따라 수출상이 수입상 앞으로 대환어음을 발행하면, 그 어음의 인수 또는 지급에 대해 보증을 하거나 자기 앞으로 어음을 발행하게 하여 그 어음의 인수 또는 지급에 대해 확약하는 증서이다.

1 _ 개설의뢰업체정보

▣ 항목 설명

■ 수신자 ID

- 해당 수입신용장개설신청서를 EDI로 전송할 경우 수신받는 해당 기관(개설은행)을 조회하여 선택한다.

■ 개설의뢰인 정보

- 수출입매매계약서에서 명시된 수입자의 상호, 대표자명, 주소, 전화번호 등을 입력하며 상호를 입력할 때는 가급적 약자는 사용하지 않는 것이 좋다. 개설의뢰인은 수입자, Applicant 등으로도 표시된다.
- 개설의뢰인 정보는 회원가입 시 등록된 기본값으로 표현(자동등록)된다.

■ 수익자 정보

- 수출입매매계약서에서 명시된 수익자의 상호, 주소, 계좌번호 등을 입력하며

상호를 입력할 때에는 가급적 약자는 사용하지 않는 것이 좋다. 수익자는 수출자, Beneficiary 등으로도 표시된다.

■ 명의인 정보

- 통상 개설의뢰인과 동일한 정보를 입력하지만 틀릴 경우 명의인 정보를 입력한다.
- 명의인 정보는 개설의뢰인 정보와 동일한 내용이 표현(자동등록)된다.

■ 개설은행 정보

- 개설은행과 관련된 은행명, 은행지점명, 전화번호를 입력한다.
- 개설은행 정보는 은행코드 값을 선택하여 입력한다.

■ 통지은행 정보

- 통지은행과 관련된 은행명, 은행지점명을 입력한다.
- 통지은행 정보는 은행코드 값을 선택하여 입력한다.

2 _ 신용장개설정보

▣ 항목 설명

■ 개설신청일자

- 신용장을 개설(open)하는 신청일자를 입력한다.

■ 개설방법

- 신용장 개설방법을 By air mail, By full cable, By short cable 중에서 선택하

여 입력한다.

- 신용장의 개설방법은 선적기일, 시황, 자금 사정 등을 고려하여 우편에 의한 개설(mail credit)과 전신에 의한 개설(cable credit)의 두 가지 방법이 있으며 전신에 의한 개설은 전문 통지 방식(full cable)과 사전 통지 방식(short cable)으로 나뉜다.
- 우편에 의한 개설은 "By Air Mail" 값을 선택한다.
- 전신(전문통지)에 의한 개설은 "By Full Cable" 값을 선택한다.
- 전신(사전통지)에 의한 개설은 "By Short Cable" 값을 선택한다.

■ 유효기일

- 신용장 개설 후 유효한 기일을 입력한다. 수익자가 매입은행 또는 지급은행에 대하여 어음의 지급·인수 또는 매입을 요구하기 위하여 서류를 제시하여야 할 최종 유효기일을 말하며 수출입매매계약에 명시된 신용장 유효기일을 입력해야 하고 신용장 유효기일은 개설은행이 보증하는 기간을 의미하므로 유효기간을 완전하게 입력해야 한다. 신용장을 사용할 수 있는 기한(환어음을 네고할 수 있는 기한)으로 보통 선전기일에 21일을 더하여 정한다. 이 유효기일에 따라 은행에서 Term Charge가 발생되니 너무 오래주면 수수료가 많이 나온다는 점을 주의해야 한다.

■ 신용공여주체

- 기한부신용장의 신용공여에 대한 주체를 입력한다. usance 신용장인 경우에 그 자금 부담과 이자를 누가 내느냐에 따라서 종류가 나누어진다.
  - ·국내 개설은행에 의한 신용공여를 할 때에는 "Banker's" 값을 선택한다.
  - ·해외 수출업자에 의한 신용공여를 할 때에는 "Shipper's" 값을 선택한다.
  - ·국내 수입업자에 의한 신용공여를 할 때에는 "Domestic" 값을 선택한다.

■ 기타정보

- 신용장거래에서 특별히 필요한 사항과 요구조건을 입력한다. 즉, 운송서류의 발송 지시사항, 선하증권의 특별입력사항, 신용장의 양도조건과 내용 등을 입력하면 된다.

■ 신용장 종류

- 신용장의 종류를 선택하여 입력한다. 통상 취소불능화환신용장(Irrevocable L/C)을 많이 선택하나 양도가능의 여부와 보증을 위해 발행되는 경우에는 취소불능양도가능화환신용장(Irrevocable transfer L/C) 혹은 취소불능양도가능보

증신용장(Irrevocable Transfer standby L/C)을 선택하여 입력한다.

· 신용장에 Revocable이라는 문구가 있으면 취소가능신용장이 되나, 아무표시가 없거나 Irrevocable이라는 문구가 있으면 취소불능신용장으로 취급한다. 취소불능신용장인 경우에는 기본 관계당사자 전원의 서면합의가 없으면 조건변경 및 취소를 할 수 없으며, 취소가능신용장인 경우 취소권의 행사는 매입은행의 매입통지가 개설은행에 도착할 때까지만 가능하다.

· 신용장 상에 transferable이라는 문구가 있는 경우에 한하여 양도가 가능하고, 양도는 1회에 한하여 가능하며 분할선적이 가능한 경우에만 분할양도가 가능하다.

· 신용장상에 Standyby라는 문구가 있는 경우는 무화환신용장(Clean L/C)의 일종으로 상품의 대금결제를 목적으로 하는 화환신용장이 아니고 주로 금융이나 보증을 위해 발행되는 특수한 신용장이다. 보증 신용장은 주로 현지금융을 보증하거나 국제입찰 시 계약보증금, 이행보증금 등을 도달할 때 이용된다.

■ 개설금액

- 본 신용장의 총 금액을 거래통화단위(USD, EUR, JPY, CNY 등)와 금액을 숫자로 입력한다.

■ 지급구분 및 지급조건

- 대금지급에 대한 구분방법과 내용을 입력한다.

· 화환어음조건은 결제조건으로서 화환어음에 의한 결제를 가리키는 경우와 화환어음 그 자체의 조건을 가리키는 경우가 있다. 후자의 경우에는 어음의 만기일, 어음금액, 첨부서류의 종류, 신용장 첨부의 유무, 신용장이 첨부되는 경우에는 신용장의 종류나 발행은행, 신용장이 첨부되지 않은 경우에는 D/A로 하느냐 D/P로 하느냐 등이 이 조건에 포함된다.

· 혼합지급조건은 선지급, 동시지급, 후지급 중 2가지 이상을 혼합한 결제방식으로 Progressive Payment (누진지급조건)이 대표적인 혼합방식이며 중장기 연불 수출입방식 플랜트, 조선 등 대형거래에 쓰인다.

· 연지급조건은 지정된 연지급은행에 서류를 제시하면 연지금은행은 서류 심사 후 수익자에게 지급확약서를 발급해 주고 만기에 지급을 이행하는 방식

■ 과부족허용률 사용여부 및 허용률

- 신용장 총액에서 벗어날 수 있는 허용치 등을 표시하며 선적물품의 정확한 금액 산정이 불가능할 경우(예: 벌크화물-곡류 등) 사용한다. 과부족허용률 사용여부 항목에서 Plus/Minus 코드를 선택하였을 경우, 허용률 항목에 ± 형태로 입력하며, Not exceeding 코드는 최대신용장금액을 명기하였을 경우에 사용한다.

■ 부가금액 부담

- 운임(Freight Costs), 검사비(Inspection Costs), 보험료(Insurance Costs), 이자(Interest) 등이 추가 부가된 경우, 해당 추가 부담항목 및 금액이 발생하였을 경우 입력한다.

■ 선적 및 도착항

- 선적항 및 도착항을 평문형태로 입력한다.
- 수입승인서에 표시된 도착항과 일치하여야 한다. 승인서상의 선적항이 European Ports 등으로 표시되어 있을 경우에는 London port 또는 Hamburg 등으로 I/L 범위 내에서 지명으로 표시할 수 있다.

■ 선적일자 및 선적기간

- 선적일자와 선적기간을 입력한다.
- 선적기간이란 그 신용장에 의해 거래되는 화물의 최종 유효선적기일을 말한다.
- 선적기간을 정함에 있어 지정된 선적일자에 From, To가 사용된 경우는 해당일이 포함되고, After, Before가 사용된 경우는 해당일이 포함되지 않는다. 그리고 On or About라는 용어가 지정일자와 함께 표시된 경우에는 ±5일 이내의 기간(끝 날짜 포함)을 선적일자로 본다.

■ 분할선적 허용여부

- 분할선적에 대한 허용여부를 허용(allowed), 금지(prohibited) 중에서 선택하여 입력한다.
- 분할선적 금지(prohibited)의 경우, 나누어 선적해도 안 되지만 과부족허용률에서 인정하는 범위 ±~ %를 벗어나면 분할선적으로 인정되므로 주의해야 한다.
- 분할선적에 대해 신용장에 표시가 없으면 분할선적을 허용하는 것으로 간주하게 됨으로 분할선적이 곤란한 거래에서는 반드시 금지한다는 내용을 신용장상에 포함시켜야 한다.

· 분할선적을 허용할 때에는 "ALLOWED" 값을 선택한다.

· 분할선적을 금지할 경우에는 "PROHIBITED" 값을 선택한다.

■ 환적 허용 여부

- 환적에 대한 허용 여부를 허용(allowed), 금지(prohibited) 중에서 선택하여 입력한다.
- 환적이란 운송수단을 바꾸거나 배를 바꾸는 것을 말하며 직항노선이 없거나 배, 기차, 트럭 등을 섞어서 운송해야 할 상황이 아니면 운송수단을 바꾼다는 것은 분실 혹인 망실의 위험이 높기 때문에 조심해야 된다.

· 환적을 허용할 때에는 "ALLOWED" 값을 선택한다.

· 환적을 금지할 경우에는 "PROHIBITED" 값을 선택한다.

■ 원산지 국가

- 거래할 상품의 원산지 국가를 선택하여 입력한다.

■ 가격조건(인도조건) 및 관련 장소

- 가격조건을 선택하여 입력하고 가격조건 관련 장소를 평문으로 입력한다.

■ 상품명세

- 거래할 상품이나 용역 등의 명세를 Free Text 형태로 자유롭게 입력한다. 상품에 대한 과다한 명세는 지양하고 명세가 복잡한 경우, 대표적인 상품명세만 적고 Details as per Offer No~ 등으로 표시한다.

■ 수입용도 내용 및 수입승인번호

- 해당조합 및 협회에서 수입승인을 받은 품목에 대한 수입승인번호와 승인금액을 입력하고 수입용도내용을 선택하여 입력한다. (단, 수입승인을 받지 않은 품목은 입력할 필요는 없음)

3 _ 주요구비서류

▣ 항목 설명

■ 주요구비서류

- 운송서류의 종류와 통수 및 요구하는 선적서류의 조건을 입력한다. 기본서류는 상업송장(Invoice), 선하증권(B/L), 보험증권(Insurance Policy)이 있으며, 그 외 부속서류에는 원산지증명서(Certificate of Origin), 포장명세서(Packing List), 영사송장(Consular Invoice), 검사증명서(Inspection Certificate) 등이 있다.
  - · 상업송장(Commercial Invoice)은 당해 상품의 명세서인 동시에 대금청구의 역할도 겸하고 있다. 수입자가 필요한 통수를 표시하면 된다.
  - · 포장명세서(Packing List)에는 필요한 포장명세서 통수를 표시하고 특별한 포장방법을 요구할 때는 이 난에 표시하거나 별도 지시사항을 표시하기도 한다.
  - · 보험증권의 경우, 가격조건이 C조건(CIP, CIF)가 아닌 경우에는 이 보험증권을 삭제하고 여백에 buyer insurance 또는 insurance to be covered by buyer 등과 같은 문언을 입력하여 보험의 부보의무가 수입자에게 있음을 명기한다. 그러나 CIP, CIF인 경우에는 보험증권의 제시가 필수적이므로 수출

입매매계약서에서 약정한 적하보험 부보조건을 정확히 입력해야 한다.

■ 주요부가조건

- 본 신용장에 해당되는 주요부가조건을 선택한다.
- "SHIPMENT BY", "ACCEPTANCE COMMISSION & DISCOUNT CHARGES ARE FOR BUYER'S ACCOUNT", "ALL DOCUMENTS MUST BEAR OUR CREDIT NUMBER", "LATE PRESENTATION B/L ACCEPTABLE" 중에서 하나를 선택한다.

■ 수수료부담자

- 수출상이 부담하는 경우에는 Beneficiary 선택하고 수입상이 부담하는 경우에는 Applicant로 입력한다.
- 수입지역 외에서 발생한 모든 은행비용과 수수료 기타 비용을 누가 부담할 것인지를 명시하지 않으면 후에 비용부담의 문제로 신용장거래 당사자 간에 분쟁이 발생할 수 있다. 따라서 이러한 비용을 누가 부담할 것인지 사전에 명확하게 하여야 한다.

■ 확인지시문언

- 본 전송항목 내의 지시사항을 수행하는 기관을 나타내는 코드를 선택하여 입력한다.
  · 신용장 확인지시 없이 통지할 경우에는 "WITHOUT" 값을 선택한다.
  · 통지은행에 일임할 경우에는 "MAY ADD" 값을 선택한다.
  · 신용장 확인 요구를 할 경우에는 "CONFIRM" 값을 선택한다.

■ 서류 제시기간

- 서류 제시기간을 입력한다.
- 모든 신용장은 선적일 이후부터 매입을 위하여 선적서류가 제시되어야 하는 기간을 표시하여야 하나 만약 입력하지 않았을 때에는 선적일 이후 21일 이내에 제시하여야 한다.
- 서류 제시기간의 최종일이 은행 휴업일인 경우에는 유효기일과 마찬가지로 다음 최초의 영업일까지 연장된다.

출력서식

취 소 불 능 화 환 신 용 장 개 설 신 청 서
(Irrevocable Documentary Credit Application)

> Except so far as otherwise expressly stated, this documentary credit is subject to the "Uniform Customs and Practice for documentary Credits"
> (ICC Publication No 500) and "Uniform Rules for Bank-to-Bank
> Reimbursements under Documentary Credits" (ICC Publication No.525

문서/전자문서번호 : 20091207000005

-------------------------------- < 일 반 정 보 > ----------------------------

개설신청일자 : 09-12-07
개설방법 : By Full Cable
개설(의뢰)은행 : 0004
Industrial Bank of Korea
[Tel No.] KANGNAM BR
(희망)통지은행 : 0027
HSBC Newyork Bank
NEWYORK BR
신용공여주체 : Shipper`s
수입승인번호(금액) : IMPORT-03498 USD 1,000,000
기타정보 :

-------------------------------- < 스 위 프 트 > ----------------------------

40A	Form of Documentary Credit	: 09-12-07
31D	Date and Place of Expiry	: (date) 09-12-12 (place) HSBC BANK NEWYORK BR
50	Applicant	: INCHEON TRADING CO 25 Sinsaeng-dong Jung-gu Incheon
59	Beneficiary	: Dream Trading CO. 115 FREEDOM COURT ROCKWALL TEXAS 75032
32B	Currency Code,Amount	: USD 1,000,000
*39A	Percentage Credit Amount Tolerance	: (±)5.5(%)
42C	Drafts at...	:
43P	Partial Shipments	: PROHIBITED
43T	Transhipments	: ALLOWED
44A	Loading on Board/Dispatch/Taking in Charge at/from ...	: INCHEON
44B	For Transportation to...	: NEWYORK
44C	Latest Date of Shipment	: 09-12-12
	[Terms of price]	Carriage Paid to
	[Place of terms of price]	INCHEON
	[Country of origin]	BR BRAZIL
46A	Document Requird	:

380 SIGNED COMMERCIAL INVOICE IN 3 COPIES
706 FULL SET OF CLEAN ON BOARD OCEAN BILLS OF LADING MADE OUT TO

MARKED FREIGHT COLLECT AND
NOTIFY

530 FULL SET OF INSURANCE POLICIES OR CERTIFICATES, ENDORSED IN BLANK FOR 110% OF THE INVOICE VALUE, EXPRESSLY STIPULATING THAT CLAIMS ARE PAYABLE IN KOREA AND IT MUST INCLUDE : INSTITUTE CARGO CLAUSE

271 PACKING LIST IN 3 COPIES
861 CERTIFICATE OF ORIGIN
2AB ACCEPTANCE COMMISSION DISCOUNT CHARGES ARE FOR BUYER'S ACCOUNT

71B	Charges	: ALL BANKING COMMISSIONS AND CHARGES INCLUDING REIMBURSEMENT CHARGES OUTSIDE KOREA ARE FOR ACCOUNT OF BENEFICIARY

```
48   Period for Presentation     : DOCUMENTS TO BE PRESENTED WITHIN
                                   14  DAYS AFTER THE DATE OF SHIPMENT
                                   BUT WITHIN THE VALIDITY OF THE CREDIT
49   Confirmation Instructions   : CONFIRM
------------------------------ <  전   자   서   명   > ------------------------------
신청업체 전자서명 : INCHEON TRADING CO
                    대표이사 KIM IN CHEON
                    3948173627
               [주소] 25 Sinsaeng-dong Jung-gu Incheon
```

이 전자문서는 무역자동화촉진에 관한법률 제2조 제7항, 제10조 제1항 및 동법 시행령 제12조에 의거 발행된 전자문서 입니다.

```
------------------------------------------------------------------------------------------
END PAGE
```

물품대금결제 방식은 여러 가지 있지만 실무에서 주로 쓰이는 무역대금 결제 방식은 크게 송금 방식, 추심 방식, 신용장 방식이며, 국제팩토링 방식, 포피팅 방식, 오픈어카운트 방식 등의 특수한 결제방식도 있다. 송금방식은 무역물품 대금을 외화로 결제하는 방식을 말하며 물품을 인도하는 시기에 따라 선적 전 송금과 선적 후 송금의 방식으로 나눌 수 있다.

추심 방식은 쉽게 설명하면 신용에 의해서만 거래되는 방식으로 수출자가 수입자의 신용 상태만 믿고 먼저 물품과 화환어음을 보낸 후 결제가 이루어지므로 쌍방이 매매계약을 성실히 이행해야 한다.

신용장 방식은 취소불능화환신용장에 의하여 대금의 전액을 결제하는 조건으로 선적서류의 첨부를 요하는 수출입거래 중 가장 안전한 방식이다. 신용장 방식과 추심방식의 차이점을 살펴보면 다음과 같다.

대금결제 방식

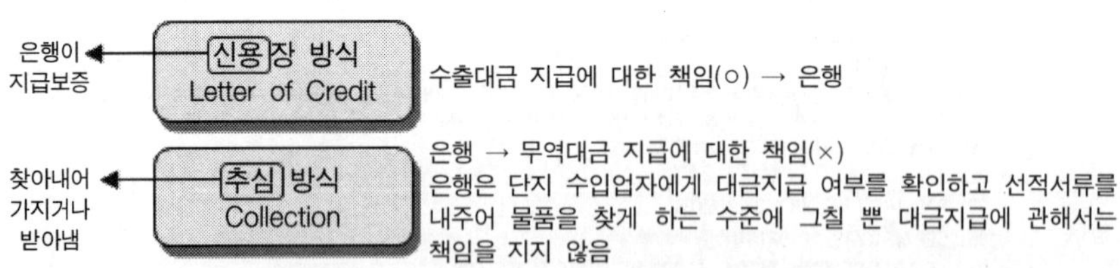

결제방식	종류	내용
송금 방식	사전송금방식 (CWO)	수출품이 가치가 있고, 많은 수입자가 원할 때 수출자 입장에서 가상 유리한 방식으로 무서류 방식으로 먼저 공급대금을 받은 후 수출하는 방식
	사후송금방식 (COD, CAD)	COD: 상품인도결제방식으로 귀금속 등 소액거래에 해당하는 방식으로 많이 쓰이며 수입자가 상품을 인도받으면서 대금을 결제하는 방식 CAD: 서류인도방식으로 수출자가 선적 후 서류를 수입자에게 인도하면서 대금을 결제하는 방식
추심 방식	D/A	수출자가 물품을 선적 후 거래은행을 통해 추심지시서를 활용하여 의뢰하면, 수입자는 해당 환어음을 인수받고, 만기일에 대금을 지급하는 방식
	D/P	수출자가 선적 후 추심지시서를 통해 의뢰하면, 수입자 거래은행이 수입자로부터 대금을 지급받고, 서류를 인도하는 방식
신용장 빙식	At Sight L/C	발행된 환어음을 즉시 결제하는 방식
	Usance L/C	발행된 환어음이 기한부신용장으로 만기일에 지급하는 방식 예를 들어 Usance일 경우 L/C상에는 00 days after sight로 표시 함

결제방식에 따른 업무 흐름도

신용장(Letter of Credit) 방식

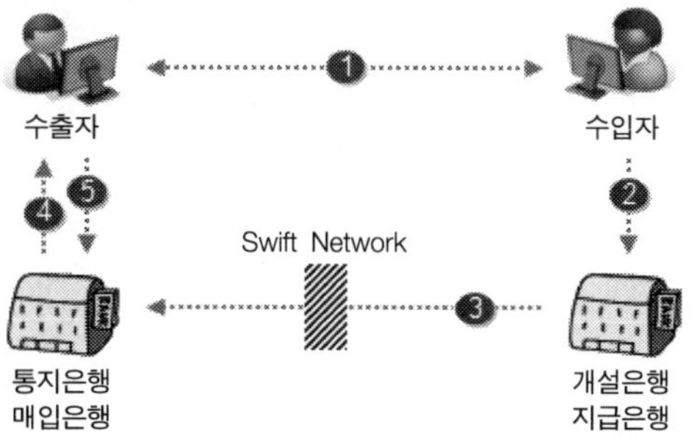

① [매매계약 체결]

② [L/C 개설 의뢰] 수입자는 개설은행을 통해 수입L/C 개설 의뢰

③ [L/C 개설] 개설은행은 통지은행에 L/C 통지

④ [L/C 통지] 통지은행은 수출자에게 L/C 내용 통지

⑤ [매입신청] 전자무역의 경우, 수출자가 수출환어음매입(추심)신청서 문서를 작성하여 은행에 전송

- ④번 이후에 수출자는 수출승인(요건확인) 업무, 원산지증명신청 업무, 적하보험 업무, 수출통관 업무, 물류(S/R, B/L) 업무 등을 수행한다.
- 개설은행이 통지은행으로 신용장 내역을 통지할 때는 Swift Network을 통해서 전송된다.

추심(Collection) 방식

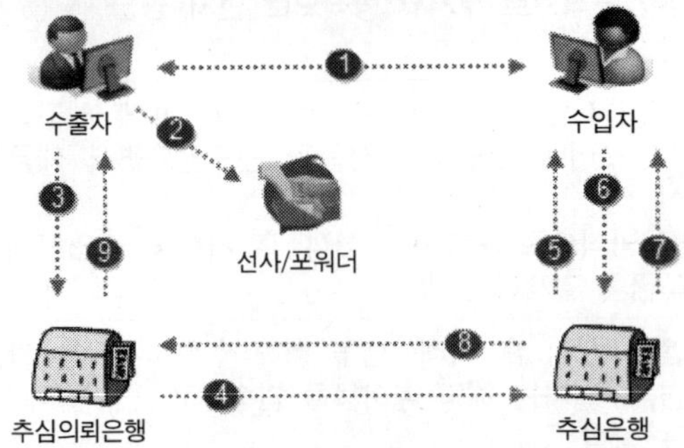

① [매매계약 체결]
② [선적] 선사/포워더에게 S/R 요청 → B/L 발급 후 선적
③ [환어음, 선적서류 제시]
④ [환어음 및 선적서류, 추심의뢰 요청]
⑤ [선적서류 도착 통지]
⑥ 환어음 인수 또는 대금결제
⑦ 선적서류 인도
⑧ 대금 송금
⑨ 수출대금 회수

- ⑥번에서 D/P의 경우는 은행의 대금지급요청에 대금결제 후 선적서류를 인도하지만, D/A의 경우는 환어음 인수 후에 서류를 인도받고 만기일이 도래하면 대금을 지급한다.
- D/A 조건에서 인수의 의미는 '의사표시와 서명날인' 의 행위를 말한다. 쉽게 말해 일정 기일까지 지급하겠다는 의미를 배서하는 행위라고 보면 된다.

(5) 운송 및 보험

무역에서 운송은 내륙운송과 선박, 항공을 이용한 운송을 의미한다. 수출에서는 화주가 포워더 또는 선사에게 선적요청(S/R: Shipping Request)을 하고, 이에 필요한 첨부서류 invoice, Parking List와 Shipping notice를 작성하여 보낸다. 수출하는 물량이 콘테이너 기준으로 선적이 가능할 경우 직접 선사를 이용하여 거래를 한다.

선사는 해당물품에 대해서 선적을 하며, 이때 선하증권(B/L: Bill of Lading)을 발행하며 실무에서는 이를 Master B/L이라고 하며 포워더는 이에 해당하는 물품에 대해서 부킹을 하고 화주에게 선하증권(B/L: Bill of Lading)를 발행한다. 이 때 발행되는 B/L을 House B/L이라고 한다. Master B/L과 House B/L은 같은 용도로 사용하며, 은행에 Nego 시 동일하게 원본으로 활용 할 수 있다.

수입에서는 수입하는 물건이 세관에 도착하고, 하역하여 정식 수입통관이 되기 전에 보세창고에 적재한다. 이때 보세장치장을 이용하게 되며, 반입보고서를 작성하여 반입을 하며, 또한 수입신고 후에는 반출보고를 통하여 보세창고에서 물건을 일반창고로 옮기고, 실무에서는 영업용 장치장을 운영하는 곳에서 보세창고와 일반창고를 같이 운영하므로, 수입통관 후에는 보세창고에서 일반창고로 이동하여 보관한다.

운송 종류	주요 내용
해상운송	운항하는 선박에 의해 수출입 거래되는 상품을 해상으로 운송하는 것으로 대량운송 및 원거리 운송에 적합하며, 오랜 기간 동안 운송에 따라 상품의 변형이나 변질이 없는 경우 주로 활용하며, 항공운소에 비해 상대적으로 운송비가 저렴함
내륙운송	차량운송과 철도운송이 있으며, 혼용하여 운송하는 경우가 있으며, 화물차의 대량보급에 의해 종합적인 운송체계의 역할을 담당함
항공운송	긴급한 상품이나 고가품을 운송하는데 쓰임. 반도체 같은 고가품의 경우 항공운송을 많이 활용함
복합운송	두 종류 이상의 운송수단에 의해 화물을 운송하는 것이며, 전 구간에 통용되는 운임을 적용(Through Rate), 화물이 해상 · 내수로 · 육상 등 여러 가지 운송경로를 통해 운송될 때 전 구간에 통용되는 선하증권(Through B/L), 단일운송 책임하에 적용되며 장점은 여러 운송경로를 사용하므로 환적이 발생하는데 환적할 때마다 운송계약을 맺어야 하는 번거로움을 없애고 비용도 절감됨

항공화물에 대해서 화주로부터 화물을 인수함과 동시에 Air Waybill을 발급한다. 해상운송에서의 선하증권(B/L)과 같은 용도로 쓰이며, 기본적인 성격은 B/L과 동일합니다. 항공화물운송장은 IATA(국제항공운송협회)에서 발행하는 양식과 세부적으로 규정되어 있으며 법률적으로는 항공운송에 대한 Warsaw 조약(국제항공운송의 통일규칙에 관한 조약)을 준수한다.

Air Waybill은 3통의 원본과 6부 이상의 부본으로 구성되어 있으며, 원본은 항공사, 송화주, 수화주용으로 사용된다.

- 화물의 운송계약체결에 의한 증거서류
- 화주로부터 화물 수령에 대한 수령증
- 운임, 제요금의 명세서 및 청구서
- 세관 신고서류
- 운송인에 대한 물품의 취급, 발송, 인도에 대한 지시서
- 송화인이 화주보험에 부보한 보험가입증명서

Air Waybill과 선하증권의 차이점

Air Waybill	Bill of Lading
Non-negotiable(양도성 없다)	Negotiable(양도성이 있다)
창고에 반입되면 AWB 발행	선적 후 B/L 발행
기명식	지시식
송화인이 작성	선사가 작성
유가증권이 아닌 단순 화물수취증	유가증권

선적서류란 무역품의 재산권을 완전히 나타낸 것으로서 국제무역계에서 인정되고 있는 상용(商用) 서류를 의미하며, 선적서류는 상업송장, 포장명세서, 운송서류 및 보험서류 등 거래 시마다 요구되는 기본서류와 그밖에도 주로 신용장상의 이행 조건을 서류화함에 따라 발행하는 보충서류가 있다. 우리나라의 경우 선적방법은 선박과 항공기를 이용하는 2가지 방식이다.

일반적으로 선하증권(船荷證券) · 보험증권 및 상업송장(商 業送狀)의 3가지로 이루어지는데, 국가에 따라서는 그 이외에 영사송장 · 세관송장 · 원산지증명서 · 검사증명서 · 포장명세서 · 중량용적증명명세표 등을 필요로 하는 경우도 있다.

무역실무에서는 invoice, Parking List를 기본적으로 활용하여 포워더 또는 선사에 팩스로 보내주면 운송사가 B/L를 작성하여 화주에게 전달한다. 최근에는 uTradeHub에서 eB/L 업무를 적용하여 선적서류를 간소화하고 선적업무를 진행할 수 있다.

선적서류

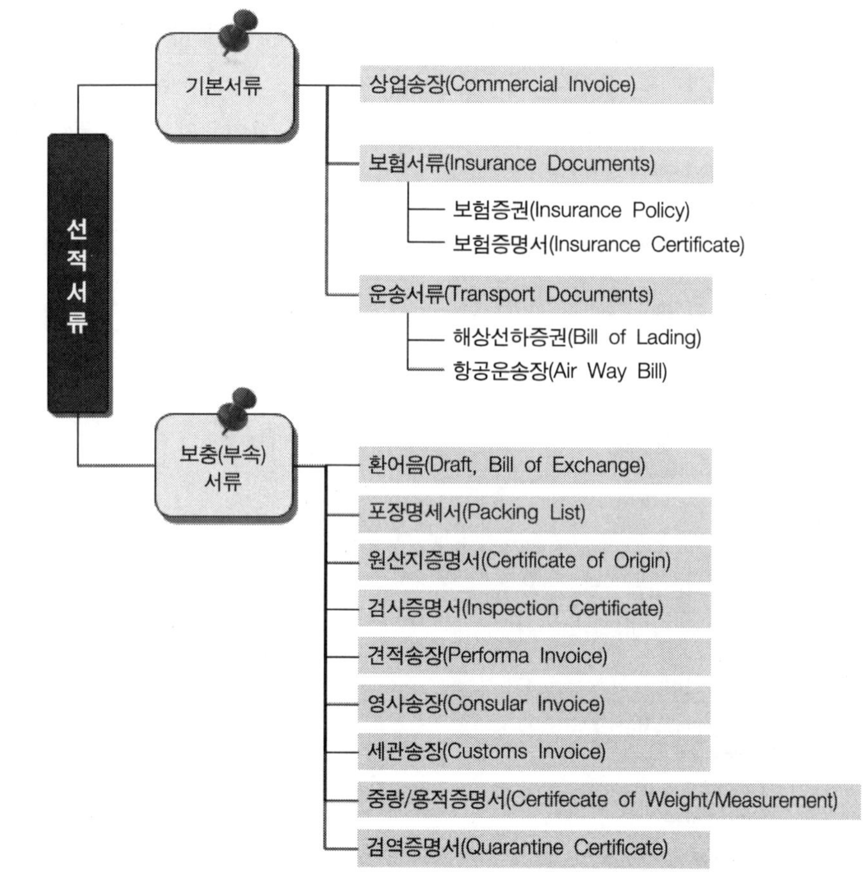

수출 환어음은 매입은행의 서식이다. 수출자가 선적을 이행하면서 발생하는 여러 가지 서류들(선하증권, 상업송장, 포장명세서, 보험증권, 검사증명서 등등의 제반서류)을 선적서류 또는 선적관계서류라고 말하며, 매입은행에 선적서류 일체를 제시하면서 수출대금을 청구하는 시점에서 매입은행의 수출환어음 서식을 작성하여 함께 제시하면 매입은행은 그 환어음을 매입하는 형태로 업무진행이 되면서 수출대금을 수출자에게 지급한다. 그래서 NEGO를 '수출환어음매입'이라고 해석을 하게 되는 것이다.

수출환어음 서식은 간단하므로 네고금액, 신용장개설은행, 개설신청인, 결제은행 정도의 간단한 내용만 작성하면 된다. 참고로, 신용장의 종류가 매입신용장(=by negotiation)이 아니라, (연)지급신용장(=by (deferred) payment)인 경우에는 원칙적으로 무어음신용장이기 때문에 이 경우에는 '수출환어음매입'이 아니라 '선적서류매입'이라고 한다. 그래서 은행의 네고신청서의 제목을 보면, '수출환어음(선적서류)매입 신청서'라고 되어 있다. 그럼 환어음 서식 화면과 환어음의 주요 당사자에 대해 간략히 알아보자.

수출환어음 매입

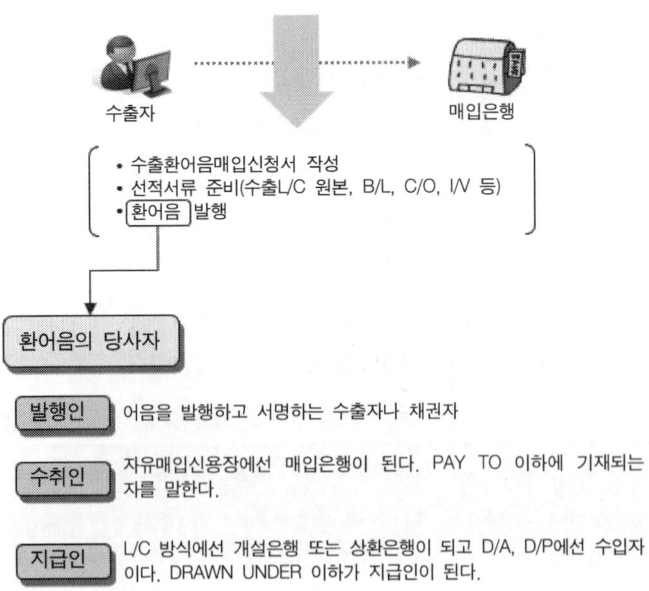

수출환어음 샘플

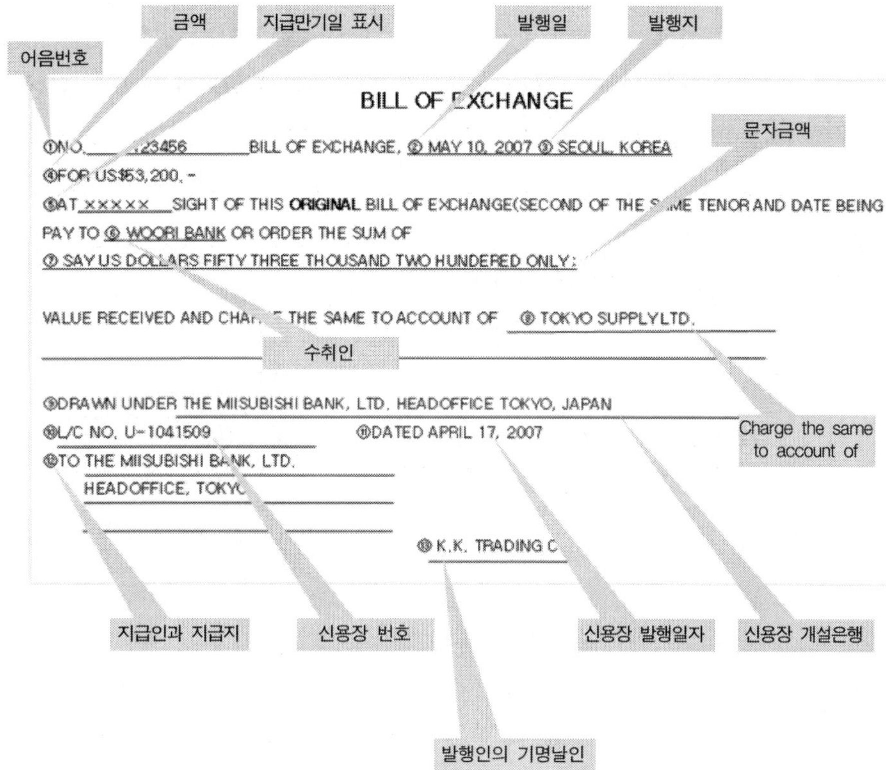

상업송장은 수출자와 수입자 간의 거래계약 및 매매계약 조건 사실을 입증하는 대표적인 선적서류로써 수출자가 작성하며 선적한 물품의 명세서로서의 역할 외에 대금청구서 등의 역할도 겸하고 있다. 상업송장은 선하증권과 함께 무역거래 시 필수적인 선적서류 중 하나이지만 그 자체가 청구권을 갖는 서류는 아니고 다만 거래이행 및 계약의 사실만을 입증해주는 서류이다.

또한 상업송장은 거래상품의 주요사항을 상세히 명기한 것으로 수출자에게는 수출통관에 필요하므로 통관용 상업송장을 작성하여 세관에 제출하게 되는 역할과 대금 청구할 때 네고서류로 활용되며, 수입자에게는 매입명세서로서의 역할을 하여 수입 신고 시 과세가격의 증명자료가 된다.

또한 수입 국가에 따라 상공회의소에서 확인란 것을 요청 하는 경우가 있는데 이는 일반 업체에서 작성한 것을 상공회의소에서 확인 하는 용도로 쓰인다.

상업송장은 물품의 품명, 수량, 단가, 가격 등이 표시되며 포장명세서는 품명, 수량, 순중량, 총중량 등을 자신들의 양식에 맞게 작성을 한다. 상업송장이 포장명세서는 많은 모든 항목이 유사하나 상업송장은 상품의 각각의 단가와 금액을 표현하나 포장명세서는 상품의 포장단위의 표시를 말하며, 상업송장의 보조역할을 한다.

상업송장과 포장명세서 차이

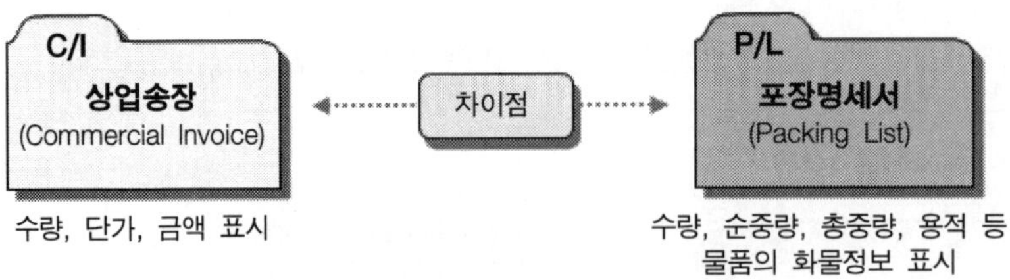

상업송장은 그 용도에 따라 상거래용으로 작성되는 상업송장(Commercial Invoice)과 영사관에서 작성되거나 세관용으로 작성되는 공용송장(Official Invoice)으로 구분할 수 있는데 일반적으로 말하는 송장은 전자의 상업송장을 의미한다.

상업송장의 주요 기능은

1 _ 국내 상거래에서 사용되는 송장과 달리 국제무역에서는 구매서의 역할을 하므로 거래물품의 주요사항인 계약상품의 정확한 규격(Specification of Goods) 및 개수, 포장상태 및 화인(Marks)등이 상세하게 표시되어야 한다.

2 _ 송장은 CIF나 CRF의 경우 선하증권이나, 보험증권이 계약과 일치되었음을 증명하는 등 특정 거래계약의 존재 및 이행의 사실을 입증하는 증거자료가 된다.

3 _ 계약상품의 단가, 부대비용, 할인료, 지불방식, 지불시기 등을 구체적으로 명기한 매매계산서 및 대금청구서로서 송장상의 발행금액은 환어음(Bill of Exchange)의 발행금액과 일치하여야 한다.

4 _ 송장은 모든 무역거래의 필수서류이다. 무역결제는 대부분이 환어음으로 이루어지며 수출지 은행에서 환어음을 매입할 때나 수입지 은행에서 대두(T/R)로 수입물품을 수입업자에게 인도할 때 화환어음의 담보물권이 되는 서류에는 이들 담보물 의 명세서 및 계산서의 역할을 하는 송장이 포함되어야 한다.

<table>
<tr><th colspan="2">구분</th><th>내 용</th></tr>
<tr><td rowspan="2">상업송장</td><td>견적송장</td><td>- 수입허가, 외화배정 등을 받기 위한 수입상의 요청에 의해 수입상에게 장차 그가 매입할 화물에 대해서 시산적으로 작성 발송하는 송장
- 수출상이 거래를 유발 촉진하기 위한 수단으로 사용</td></tr>
<tr><td>선적송장</td><td>선적된 화물의 내용과 가격을 명시한 서류로 목적에 따라 다음의 4가지로 분류됨
- 수출송장(Export I/V)
- 위탁 판매송장
- 매입 위탁 송장
- 견본송장</td></tr>
<tr><td rowspan="2">공용송장</td><td>세관송장</td><td>- 수입지 세관이 수입화물에 대한
① 관세가격의 기준을 결정할 목적
② 덤핑유무를 확인하기 위한 목적
③ 쿼터품목의 통상 기준량의 계산 목적
④ 수입통계의 목적 등으로 사용되는 송장
- 국가별로 세관이 요구하는 양식이 상이하므로 소정의 양식에 따라 작성해야 함</td></tr>
<tr><td>영사송장</td><td>- 수입물품 가격을 높게 책정함에 따른 외화도피나 낮게 책정함에 따른 관세포탈을 규제하기 위하여 수출국에 주재하고 있는 수입국 영사의 확인을 받아야 하는 송장
- 이는 주로 몇몇 후진국에서 이용되고 있으나 점차 폐지되는 추세</td></tr>
</table>

적하보험을 청약하는 이유는 해상운송 중의 화물은 각종 위험에 노출되어 있으며 항해 중 악천후를 만나 침몰해 버리는 일도 많다. 침몰과 같은 대 사고는 드물다고 해도 선창 내에 해수가 침입하여 당하는 사고는 빈번히 발생하며, 선박간의 충돌이나 선박화재 등도 종종 나타난다. 해상운송에 부수해서 발생하는 이러한 각종의 위험에 의해 화물 기타의 재산이 손해를 입은 경우에 보험을 인수한 보험자가 그 손해를 보상할 것을 약속하고, 보험가입자 즉 보험계약자가 그 대가로서 보험료를 지불하는 의무를 부담하는 것을 내용으로 하는 계약이다. 그럼 적하보험에 관련하여 중요한 몇 가지 사항에 대해 알아보자.

적하보험 의미 신약관과 구약관

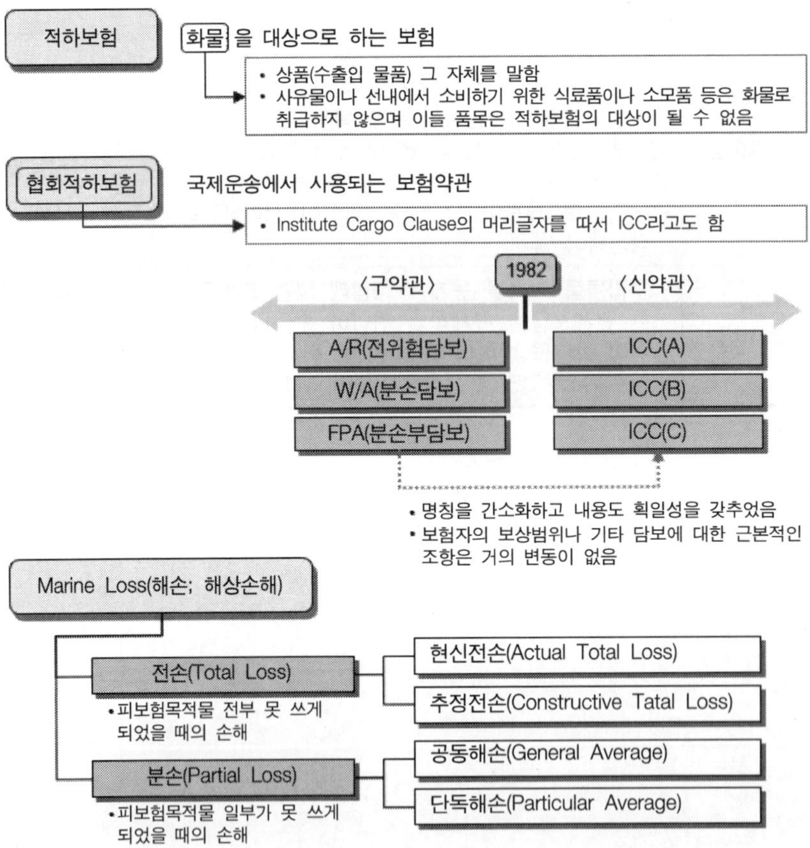

적하보험은 무역조건에 따라 보험의 부도 당사자가 정해진다. 무역조건이란 국제간 무역에 있어 거래 당사자 간의 의무와 한계를 각각 명시하는 것으로 현재 INCOTERMS(무역용어의 해석에 관한 국제규칙)상 개정된 무역조건을 기준으로 삼고 있다. 무역 조건은 거래 당사자 간의 비용부담 관계를 비롯하여 보험계약의 성립요건인 피보험이익의 존재 여부를 규정하는 소유권의 이전 시점을 결정하는 중요한 요소로서, 소유권(피보험 이익)을 가지고 있는 당사자나 무역조건상 보험료를 부담해야 하는 측이 보험부보 당사자가 된다.

부보조건에 대한 적하보험 가입

수출자(매도인)가 부보하는 경우 → CIF, CIP, DES, DEQ, DDU, DDP, DAF

- **수출자**
  - 자기의 비용으로 계약에 정해진 전 운송구간에 대하여 적하보험을 부보해야 함
  - 보험계약 체결 시 수입자가 요구한 신용장의 조건에 일치하도록 보험계약을 체결해야 함
- **수입자**
  - 신용장 개설 시 수입자는 적하보험의 조건을 매수인의 공장까지 담보될 수 있도록 해야 함

수입자(매수인)가 부보하는 경우 → FOB, CFR, EXW, FAS, FCA, CPT

FOB, CFR 조건

- **수출자**
  - 수출자는 수입자가 수배한 본선에 화물이 선적될 때까지 화물의 위험을 담보해야 함
- **수입자**
  - 수입자는 본선 선적 이후(본선 난간 통과)부터 수입자의 공장까지 위험을 부담해야 하므로 이 구간에 대해 스스로 보험에 부보해야 함

EXW 조건

- **수출자**
  - 화물을 자기 창고에서 수입자에게 인도함으로써 위험담보 종료됨
- **수입자**
  - 수출자의 화물보관창고에서 반출 시(트럭 등의 운송용구가 출발할 때)부터 위험을 담보해야 하므로 전 운송구간을 보험에 부보해야 함

1 _ 보험조건과 보상범위

적하보험에서 적용되는 보험조건은 신협회적하 약관에 따른 ICC(A), (B), (C)와 구협회적하 약관에 준한 ICC(F.P.A.), (W.A.), (All Risks) 등 세 가지가 있으며 이외에 우리나라 실무에서 사용 중인 것으로 TL (Total Loss)가 있다.

2 _ 신협회적하 약관(Institute Cargo Clause(NEW)상 보험조건

1982년 1월 1일부터 시행된 신협회약관은 기본약관으로 ICC(A), ICC(B), ICC(C) 약관이 있으며 이는 구약관과 담보상 다소 차이가 있다.

신약관 종류	내 용
ICC(C) (Institute Cargo Clause C) = ICC (FPA) 유사	① 화재 또는 폭발 ② 본선 또는 부선의 좌초, 교사, 침몰, 전복 ③ 육상운송용구의 전복 또는 탈선 ④ 본선, 부선 또는 운송용구와 물 외의 다른 물체와의 충돌 또는 접촉 ⑤ 피난항에서의 화물의 하역 ⑥ 공동해손 희생손해 ⑦ 투하 ⑧ 쌍방과실 충돌약관에 의한 손해 ⑨ 담보위험으로 인한 행해종료 시 양하, 입고, 계반 비용 ⑩ 공동해손, 구조비. 단, 면책위험으로 인해 발생되는 것 제외
ICC(B) (Institute Cargo Clause B) = ICC (WA) 유사	ICC(B)에서는 ICC(C)에서 담보하는 위험에 추가위험을 담보 ① ICC(C) 조건 일체 ② 지진, 화산의 분화, 낙뢰 ③ 투하 또는 갑판유실 ④ 본선, 부선, 선창, 운송용구, 컨테이너, 지게자동차 또는 보관장소에 해수, 호수, 강물이 침입 ⑤ 본선 또는 부선으로의 선적 또는 하역작업 중 바다에 떨어지거나 갑판에 추락한 화물의 포장 당 전손
ICC(A) (Institute Cargo Clause A) = ICC (All Risks) 유사	약관상 규정된 면책사항을 제외한 위험으로 인하여 발생한 손해를 담보하는 조건으로 적하보험 조건 중 가장 담보 범위가 넓은 조건 ① 피보험자의 고의적 비행 ② 통상적인 누손, 부족손, 자연소모 ③ 포장불완전 또는 부적합 ④ 피보험 목적물의 고유의 하자 또는 성질 ⑤ 지연 ⑥ 선박 소유자, 관리자, 용선자 또는 운항자의 채무 불이행 ⑦ 원자력, 핵무기의 사용 ⑧ 선박, 부선의 불내항 ⑨ 화물의 안전 운송을 위한 선박, 부선, 운송용구, 콘테이너 및 리프트 밴의 부적합(단, 피보험자 또는 그 사용인이 상기 사실을 알고 있을 경우에 한함) ⑩ 전쟁, 내란, 혁명, 모반, 반란, 또는 이로 인해 발생한 국내 투쟁, 교전국에 의해 또는 교전국에 대하여 행해진 적대행위 ⑪ 포획, 나포, 강류, 억지, 억류(해적행위 제외) ⑫ 유기된 기뢰, 어뢰, 폭탄 기타 유기된 전쟁병기 ⑬ 동맹파업자, 직장폐쇄 또는 노동분쟁소요와 폭동에 가담한 자의 행위 ⑭ 동맹파업, 직장폐쇄, 노동분쟁, 소요, 폭동의 결과, 테러리스트, 정치적 동기 행위

3 _ 구협회적하 약관(Institute Cargo Clause)상 보험조건

구약관 종류	내용
F.P.A (Free From Particular Average): 단독해손부담보조건	① 현실전손 및 추정전손 ② 본선 또는 부선의 침몰 (Sinking), 좌초 (Stranding), 대화재 (Burnt)로 인한 단독해손, 이 경우 면책비율과 인과관계를 불문하고 보상 ③ 선적, 환적, 하역 중의 매포장당 전부손해 ④ 화재 (Fire), 폭발, 본선 및 부선의 물이외의 물체와의 충돌, 접촉으로 인한 단독해손 ⑤ 피난항에서 적하의 양하에 정당하게 기인한 단독해손 ⑥ 공동해손 ⑦ 손해방지비용 ⑧ 중간기항항이나 피난항에서 양하, 창고보관 및 계반을 위한 특별비용
WA(With Average): 분손담보조건	WA 조건은 FPA 조건에서 담보하는 위험에 추가하여 FPA 조건에서 보상해주지 않는 즉, 해상고유의 위험 중의 하나인 악천후(Heavy Weather)로 야기된 단독해손 또는 해상위험 중 투하나 강도로 인한 단독해손을 보상하여 주는 조건
A/R (All Risks): 전위험담보조건	전 위험을 담보하는 조건이나 모든 손해나 멸실을 담보하는 것은 아니며, 약관상 규정된 면책사항을 제외한 위험으로 인하여 발생한 손해를 담보하는 조건으로 적하보험 조건 중 가장 담보범위가 넓은 조건임 약관상 규정되어 있는 면책사항은 다음과 같다. ① 보험계약자 또는 피보험자의 고의 또는 불법행위로 인한 일체의 손해 ② 보험목적물의 고유의 하자 또는 성질에 기인한 손해 ③ 운송지연으로 인한 손해 ④ 전쟁, 폭동, 파업 등으로 인한 손해 ⑤ 위험요건을 구비하지 않은 사유에 의한 손해 즉, 통상적인 손해 상기 면책사항 중 전쟁, 폭동, 파업으로 인한 손해는 전쟁 및 동맹파업 특별약관을 첨부하여 담보할 수 있다.

수출보험의 사전적 의미로는 수출거래에 수반되는 여러 가지 위험 가운데에서 해상보험과 같은 통상의 보험으로는 구제하기 곤란한 위험 즉, 수입자의 계약파기, 파산, 대금지급지연 또는 거절 등의 신용위험(Commercial Risk)과 수입국에서의 전쟁, 내란, 또는 환거래 제한 등의 비상위험(Political Risk)으로 인하여 수출자, 생산자 또는 수출자금을 대출해준 금융기관이 입게 되는 불의의 손실을 보상함으로써 궁극적으로 수출 진흥을 도모하기 위한 비영리 정책보험이다.

수출보험의 경우는 수출자, 생산자 또는 수출자금을 대출해준 금융기관이 입게 되는 불의의 손실을 보상함으로써 궁극적으로 수출 진흥을 도모하기 위한 비영리 정책보험이며, 수출자가 원할 경우 보험을 청약한다. 주로 전쟁이 빈번한 지역이나, 중동지역 등 수출하는 데 있어 수출품의 유실의 위험도가 높을 경우 수출보험공사에 보험청약을 할 수 있다.

수출보험공사에서 다양하게 보험을 취급하고 있으며, 그 중 무역업체와 긴밀한 관계가 있는 보험은 단기수출보험으로 개별보험과 포괄보험 크게 2가지로 나눠볼 수 있다.

수출보험 적용 단계

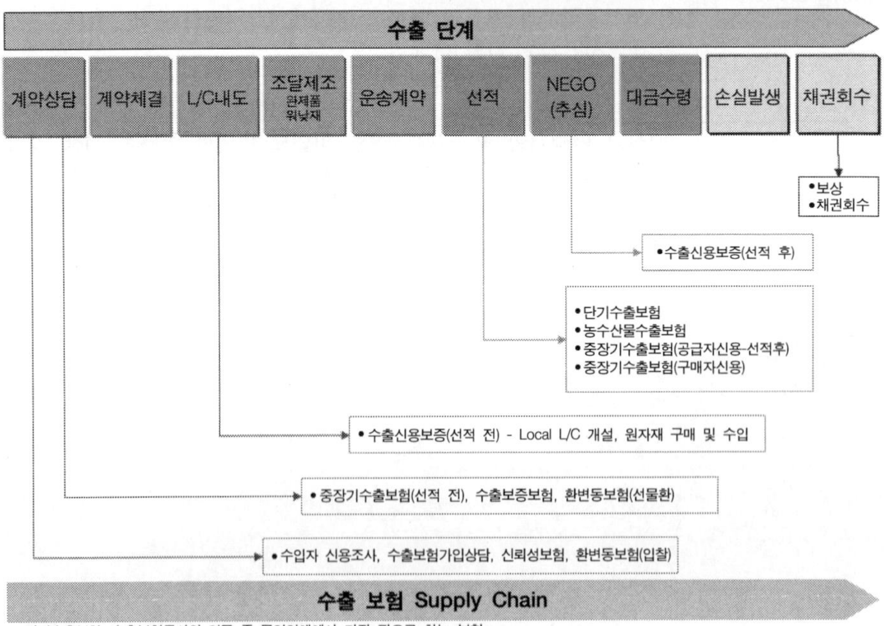

※ 단기수출보험: 수출보험공사의 업무 중 무역업체에서 가장 필요로 하는 보험

수출보험의 주요 기능

1 _ 수출거래상의 불안 제거 기능

수출보험은 수출거래에 따른 수출자의 위험 부담을 해소하여 준다는 측면에서 수출거래의 환경 및 조건을 국내 상거래의 경우와 동일한 정도로 유리하게 조성하는 데에 1차적인 기능을 가지고 있다. 즉 수입국에서 발생하는 비상위험 또는 신용위험 등으로 인하여 수출불능이 되거나 수출상품의 대금회수가 어렵게 되어 수출자나 생산자 등이 입게 되는 손실을 보상함으로써 안심하고 수출활동을 할 수 있도록 하는 기능을 갖는다.

2 _ 금융보완적 기능

수출보험은 수출대금 미회수위험을 담보하므로 금융기관으로 하여금 수출 금융을 공여하게 하는 금융보완적 기능을 가진다. 즉 수출금융에서는 수출대금의 회수가능성 여부가 대출심사의 중요한 기준이 되는바, 수출보험에 의하여 이를 해결할 수 있으므로 금융기관은 수출자에게 담보요건 등에서 보다 유리한 조건으로 과감하게 수출자금을 공급할 수 있게 된다.

3 _ 수출진흥 정책수단으로서의 기능

수출보험은 수출무역, 기타대외거래의 촉진 및 진흥을 위하여 정부의 지원하에 운영됨에 따라 보험요율 등을 정함에 있어 장기적 차원에서의 수지균형을 목표로 하여 가능한 한 저율로 책정하는 한편 보상비율 등에서는 최대한 수출자에게 유리한 형태의 보상제도를 채택하는 등 수출경쟁력을 강화시키고, 결과적으로 수출을 촉진시키는 역할을 하게 되는 수출 진흥 정책수단으로서의 기능을 갖는다.

수출보험의 이러한 기능은, 각국 간 수출지원 경쟁이 심화되고 있는 가운데 수출금융 및 세제상의 우대조치 등의 직접 수출 지원수단에 대한 국제적 규제가 강화되고 있어 국제적으로 용인되고 있는 간접지원수단인 수출보험의 역할이 더욱 중요해지고 있다.

4 _ 해외수입자에 대한 신용조사 기능

수출보험은 효율적인 인수 및 관리를 기하고 보험사고를 미연에 방지하기 위해 다각적으로 해외수입자의 신용상태와 수입국의 정치경제사정에 관한 조사활동을 하게 되는 바, 이러한 해외수입자 및 수입국에 관한 신용정보를 제공하여 수출자로 하여금 효과적으로 활용할 수 있도록 함으로써 수출자의 신규 수입선 확보와 수출거래 확대에 기여함과 동시에 건전한 수출거래를 유도하는 부수적 기능을 가지고 있다.

전자무역 서비스 대상

포괄보험에 가입된 업체를 대상으로 5가지의 업무를 서비스로 하고 있다.

1 _ 수출보험청약신청
2 _ 수출보험결과통지서
3 _ 수입자신용조사의뢰서
4 _ 신용정보자료통보서
5 _ 신용조사통보서

(6) 수출 · 입 통관 및 물류업무

수출통관이라 함은 수출하고자 하는 물품을 세관에 수출신고 한 후 신고 수리를 받아 물품을 외국무역선(기)에 적재하기까지의 절차를 말한다. 수출하고자 하는 모든 물품은 세관의 수출통관 절차를 밟아야 하는데, 당해 물품을 선(기)적 하기 전까지 당해 물품의 소재지 관할세관장에게 수출신고를 하는 수리를 받아야 한다. 일반적인 수출신고는 수출물품을 적재하기 전에 하여야 하나, 수출물품의 특성을 고려하여 다음의 경우에는 적재 후에 수출신고 할 수 있다.

수출신고를 하는데 있어 방법은 관세사에 의뢰하여 진행하는 방법과 화주직접신고(자가통관)로 하는 방법이 있으며, 통관 건수가 많을수록 화주직접신고를 하는 것이 비용 및 시간의 절감을 얻을 수 있다.

수출신고의 보완은 신고사항의 보완 수출신고서 기재사항이나 제출서류가 미비한 경우로서 수리 이후에 보완이 가능하다고 세관장이 인정하는 경우에는 사후적인 보완이 가능하다.

신고취하는 수출신고인 스스로 신고를 철회하는 것으로서 수입자 사정으로 인해 수출물품을 인수하기 어려운 상황이 발생하는 경우 등에 있게 되는데, 이는 정당한 사유가 있는 경우에 한하여 세관장의 승인을 받아야 하며, 취하 시점은 수출신고 이후부터 당해 물품을 선적한 선박이 출항하기 전까지이다.

신고각하는 세관장이 직권으로 수출신고의 효력을 무효화시키는 것으로서 세관장으로부터 신고사항의 보완을 요구받고 지정된 기간 내에 보완하지 않는 경우 등이 이에 해당한다. 신고가 각하된 경우에는 물론 수출이 불가능하다.

수출신고수리는 최소 수출신고일로부터 30일 이내에 선적항의 보세구역에 반입되지 않은 물품에 대하여는 수출신고의 수리가 취소된다. 수출신고가 수리된 물품은 세관장의 보세구역 반입 연장승인을 받는 경우를 제외하고는 수출신고일로부터 30일 이내에 선적항의 보세구역에 반입하여야 하며 수출 신고가 수리된 물품은 언제든지 외국으로 갈 선박에 선적시킬 수 있다

수출신고의 보완 및 각하, 수출신고 취하

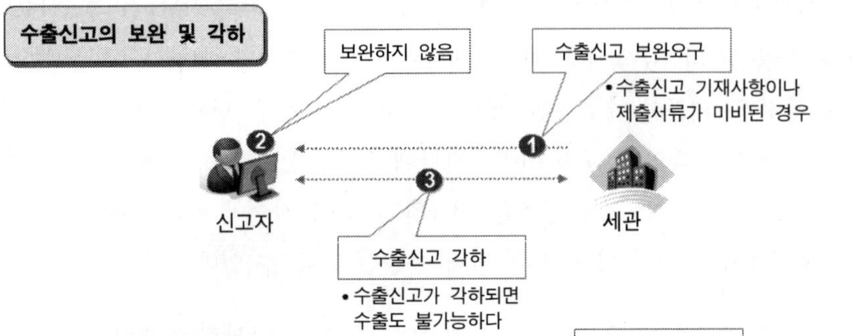

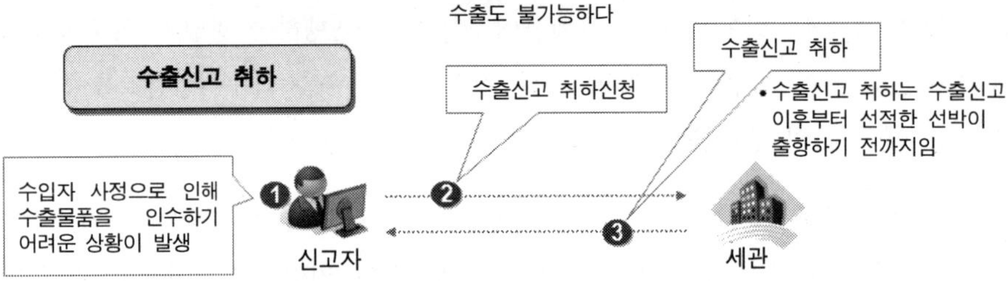

수출신고의 흐름

수출신고는 원칙적으로 전자무역방식과 관세청 Single Window 방식에 의해 진행되고 있으며 예외적인 경우에 한해 수출신고서 및 증빙서류를 세관장에게 제출하도록 하고 있다.

수출통관은 화주직접신고(자가통관)와 관세사의뢰통관 방법이 있으며 관세청 C/S 시스템을 통해 자동수리, 서류심사 후 수리, 물품검사 후 수리 등의 방법으로 신고수리를 해주고 있다.

전자무역을 활용하는 방법 외에 관세청에서 http://portal.customs.go.kr을 오픈하여 관세사 및 화주직접신고하는 업체들이 많이 활용하고 있는 추세이다. 관세청에서 인터넷통관으로 직접 수출신고를 처리할 수 있는 사이트로써 수출신고 외에 관련 통관정보 등을 제공하고 있다.

관세청에서 제공하는 Single Window 방식의 http://portal.customs.go.kr는 송수신에 대한 전송료가 무료이기에, 월 사용 건수가 적은 업체나 관세사 등 대행업체들이 많이 사용하고 있는 추세이다. 단점은 기업의 내부 시스템(Legacy)와 연계처리가 불가능하기 때문에 건수가 많은 업체의 경우 사용의 불편함이 있다.

전자통관 업무 흐름

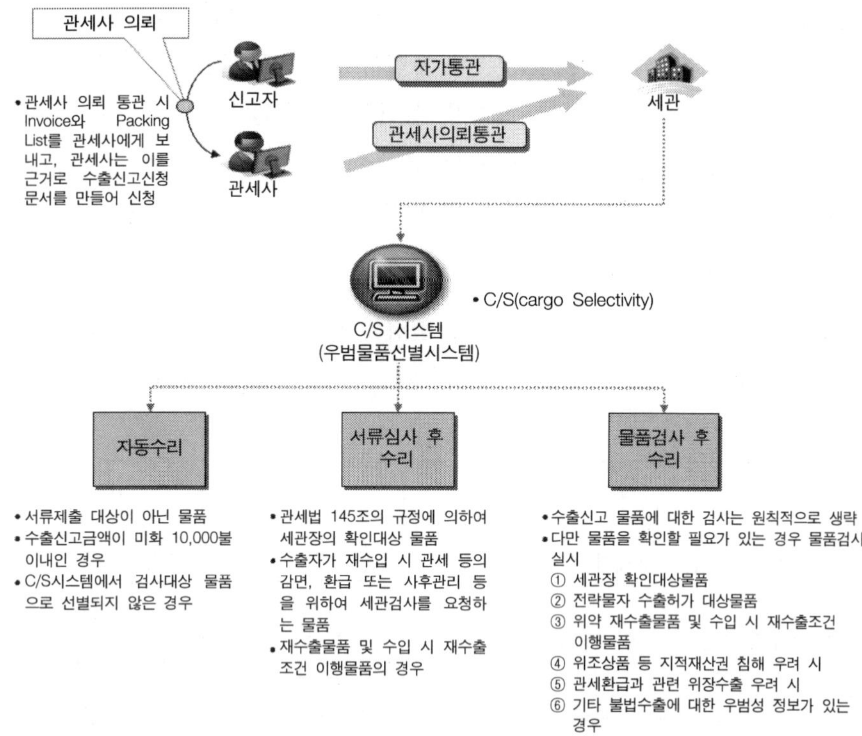

화주직접신고의 장점

화주직접신고하는 방법은 2가지가 있다. 첫 번째는 통관 EDI 시스템을 구입하여 사무실의 PC에 설치하여 수출신고, 임시개청, 수출정정신고 등을 하는 것이고 두 번째는 관세청 통관 포털사이트를 활용하는 방법으로 http://portal.customs.go.kr/에 가입하여 웹에서 직접 수출신고를 하는 방법이 있다. 과거에는 첫 번째 방법으로 많이 활용하였으나 지금은 관세청 통관 포털사이트도 많이 사용하고 있다. 그 이유는 통관 EDI 시스템을 구입하여 적용 시 S/W 구매 비용, 유지보수 비용 그리고 전송료가 발생하는데 관세청 통관 포털사이트를 활용하면 그러한 비용이 절감 된다. 다만 ERP를 보유하고 있으며, 통관 건수가 많은 기업의 경우 ERP에서 생성된 데이터를 통관 EDI 시스템과 Interface하여, 적용하는 것이 업무의 효율성이 높고 사용자 입장에서 편리함으로 첫 번째 방법을 많이 활용한다.

과거에는 관세사 자격증을 보유하고 있는 사람을 채용하여 업무를 하여야 했으나, 지금은 그러한 규제는 없고 신고제도로 변경되어 직접 신고를 할 수 있으므로 기업 입장에서는 비용절감 측면에서 중소기업들도 많은 도움이 된다.

	관세사 이용	화주직접신고 이용
처리 시간	관세사에 요청하여 처리하므로 상대적으로 많은 시간이 소요	수출신고 후 5분 이내에 처리결과 확인
비용	수출신고 건당 약 1만5천원	KTNET 이용 시: 전송료 170원/1KB 1건 전송 시 약 1,500원 통관 포털사이트: 전송료 발생 무료
적용 방법	기업에서Invoice, PackingList를 팩스로 관세사에 보내면 관세사에서 수출신고 후 기업 수출신고서 교부	기업에서 직접 입력한 후 수출신고를 신청하여 수신 받은 수출신고서를 출력하여 사용

화주직접신고 시 비용절감 효과

관세사 대행 및 화주직접신고(자가통관) 비교표

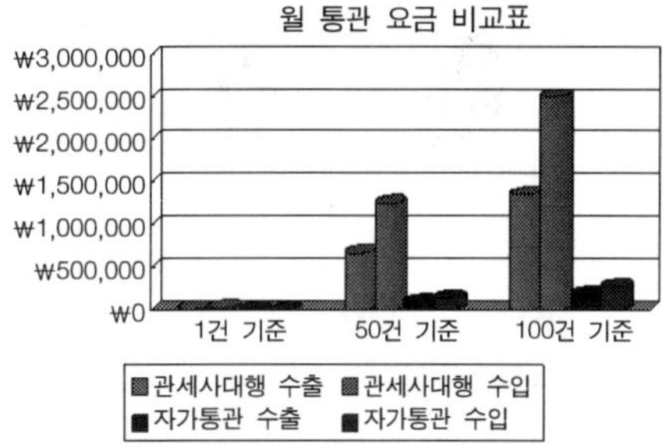

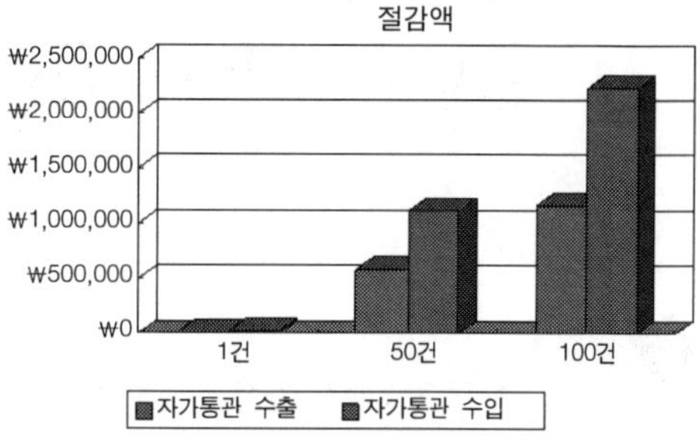

비교조건: 관세사 의뢰 시(최저요금) = 자가통관신고 시(최저요금)

화주직접신고 시 작성하는 내용의 양에 따라 금액은 변동되나 일반적으로 평균적인 기준금액으로 적용함

수출신고를 하고 수리를 받아야 하는 시점

물품을 수출하고자 하는 자는 수출하고자 하는 물품을 선박 또는 항공기에 적재하기 전까지 수출하고자 하는 물품의 소재지를 관할하는 세관장에게 수출신고를 하고 수리를 받아야 한다.

또한 수출신고는 수출물품의 소유자(화주 또는 완제품 공급자)나 수출입통관을 전문으로 하는 국가공인자격인(관세사, 통관취급법인 또는 관세사법인)이 전자자료 교환방식에 의한 수출통관 시스템을 사용하여 전자문서로 수출신고서를 작성하여 관세청 통관시스템에 전송하면 된다.

통관신고 방법

수출신고 내용 정정

전송한 수출신고 내용에 대하여 전산으로 오류사항을 통보받거나 신고내용을 정정하고자 하는 경우에는 신고번호가 부여되기 전까지는 수정한 내용을 포함한 신고자료를 당초의 제출번호에 의하여 다시 전송하면 되고, 신고번호가 부여된 후에 정정사항이 발생한 경우에는 수출신고 정정승인신청서를 작성하여 신고한 세관장에게 제출하면 된다.

화주직접신고로 수출신고 정정 시 주의할 점은 정정을 자주하게 되면 세관에서 기업에게 벌점을 부과하여 일정기간 동안 화주직접신고를 못하게 된다. 정정내용은 품목이 추가되거나 수량이 변경되거나 품목이 빠질 경우에 정정신고를 한다.

정정 처리방법

신고번호가 부여되기 전	신고번호가 부여된 후
수출신고 수정 후 재전송	수출신고정정승인신청서 문서 작성 및 신고

수출신고 및 선적요청(S/R)과 선하증권 발급에 대한 전체적인 흐름도

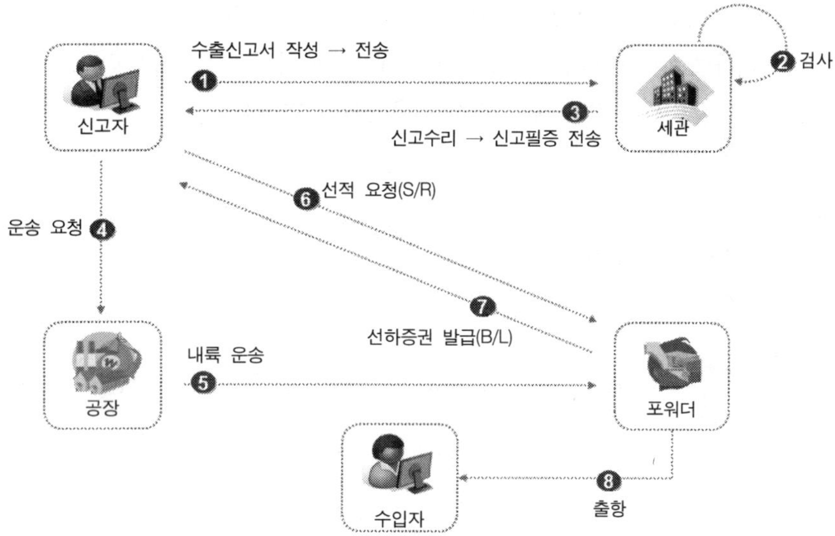

1 _ 신고자(화주 또는 관세사)는 수출신고서를 작성하여 관할지 세관에 전송한다.

2 _ 수출신고서를 수신 받은 해당 세관은 관세청 통관시스템에서 전송 받은 수출신고서를 검사한다.

3 _ 관세청 통관시스템에서 검사 완료 된 수출신고 건에 대해 수출신고필증을 신고자에게 다시 전송한다.

4 _ 수출신고필증을 받은 신고자는 수출물품이 있는 공장에 운송요청을 지시한다.

5 _ 공장에서 수출물품을 출고하여 포워더로 이동한다.

6 _ 신고자는 선적요청서(S/R: Shipping Request)를 포워더에게 전송한다.

7 _ 선적요청서를 수신 받은 포워더는 수출물품을 선적하고 선하증권(B/L: Bill of Lading)을 발급한다.

8 _ 포워더는 수입자 도착항으로 수출물품을 운송한다.

※ 수출신고필증을 받은 수출자는 30일 이내에 수출물품을 선적해야 한다.

수출신고 된 물품에 대한 신고서의 처리방법 3가지

화주(기업)가 수출신고를 하면 세관에서는 해당품목에 따라서 자동처리, 즉시처리, 검사 후 처리하는 3가지 방법으로 수출신고에 대한 처리를 한다. 일반적인 품목으로 지속적으로 수출하는 경우에는 대부분 자동처리 대상이다.

수출신고서 처리방법

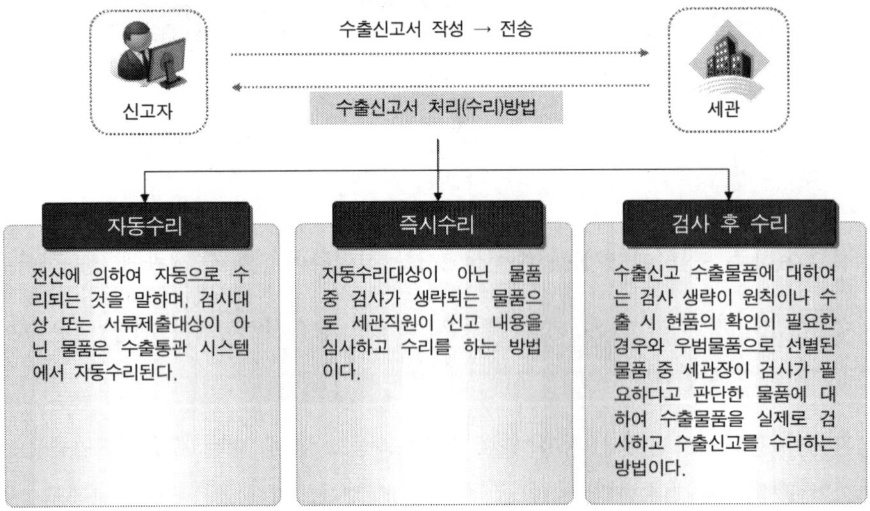

그럼 수출신고 시 수출신고서를 세관에 제출하여야 하는 물품 (서류제출 대상물품)은 어떤 것이 있을까?

✓ 법 제226조(허가, 승인 등의 증명 및 확인)의 규정에 의한 세관장 확인물품 및 확인방법 지정 고시 중 수출신고 수리 전에 요건구비의 증명이 필요한 물품 다만, 수출승인기관과 전산망이 연계된 품목은 제외

✓ 계약 내용과 상이한 물품의 재수출 또는 재수출조건부로 수입통관 된 물품의 수출

✓ 수출자가 재수입 시 관세 등의 감면, 환급 또는 사후관리 등을 위하여 서류제출로 신고하거나 세관검사를 요청하는 물품 수출통관시스템에서 서류제출대상으로 통보된 물품

수입통관하는 모든 수입물품은 세관에 수입신고를 하여야 하며, 세관에서 수입신고를 수리하여야 물품을 국내로 반출할 수 있다. 수입신고는 우리나라에 물품이 도착되기 전에도 가능하다. 이러한 신고를 출항 전 수입신고, 입항 전 수입신고라 한다. 수입을 하고자 할 때에는 해당하는 물품이 관련법령에 의해 수입요건(검사, 검역, 허가, 추천 등)을 구비하여야 하는지를 우선 알아봐야 한다.

왜냐하면 요건구비대상에 해당되는 물품은 요건확인 기관(검사·검역·추천기관 등)의 확인을 받고 해당 구비서류를 갖추어야 세관의 통관이 가능하기 때문이다.

수입통관 개요

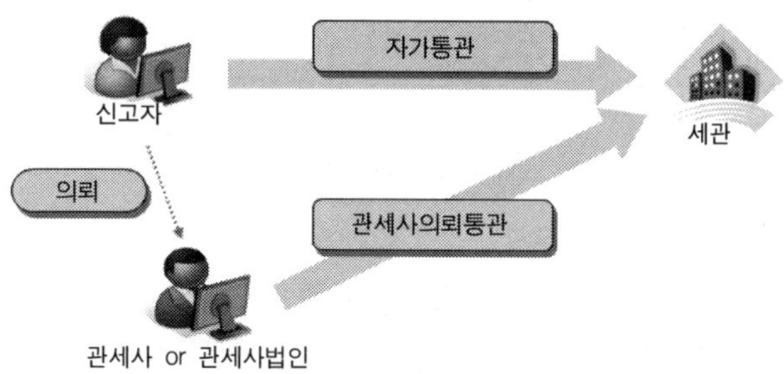

수입신고기간

수입하고자 하는 물품을 지정장치장 또는 보세창고에 반입하거나 타소장치한 자는 반입일 또는 타소장치 허가일로부터 30일 이내에 수입신고를 해야 된다.

서류의 보관

수입관련 서류는 수입신고수리일로부터 5년간 보관해야 된다.
보세화물반출입, 적하목록, 보세운송에 관한 자료는 당해 신고에 대한 수리일로부터 2년동안 보관해야 된다.

일반적으로는 수입통관 업무의 경우 수출통관 업무보다 복잡하고 까다로워서 실제 화주직접신고하는 화주(기업)은 소수에 불과하다. 또한 관련 세부규칙이 자주 변경되는 부분이 있어서 업무를 이해하는 데 있어 화주는 어려운 부분이 많이 있기에 관세사를 대행하는 경우가 90% 이상 된다.

수입통관 절차라 함은 수입하고자 하는 물품을 세관에 수입신고한 후, 필요한 경우 심사와 검사를 거쳐 수입신고 수리를 받고 수입물품을 인수한 후, 신고수리 후 15일 이내에 관세 등을 납부하기까지의 일련의 절차를 말한다. 그럼 다음을 통해 수입통관 절차 흐름도에 대해 알아본다.

수입통관 절차 흐름도

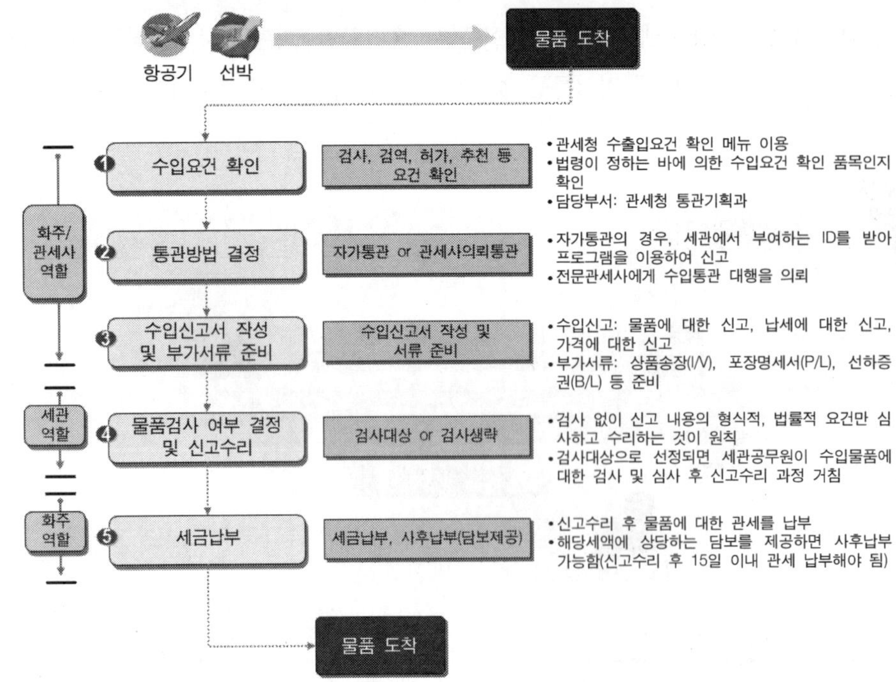

수입신고는 우리나라에 물품이 도착하기 전뿐만 아니라 선박(항공기)이 도착한 후 보세구역에 도착하기 전, 보세구역에 장치한 후 어떠한 시점에서도 신고가 가능하다.

수입신고 시점

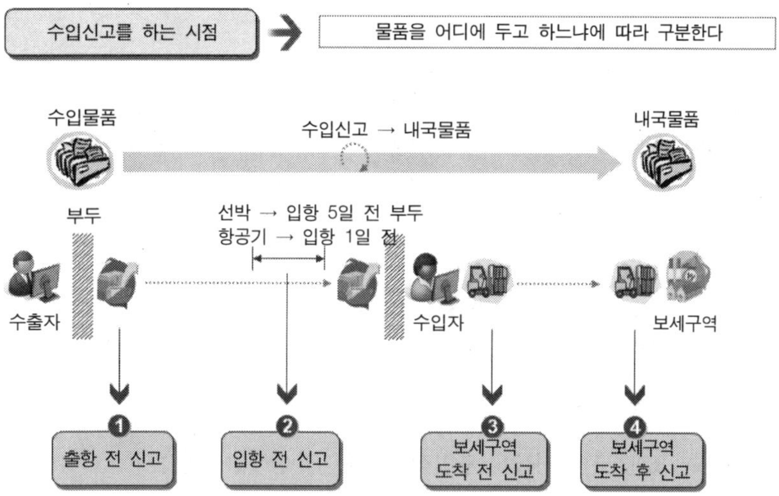

구분	주요내용
출항 전 신고	출항 전 신고는 수입하고자 하는 물품을 적재한 항공기 또는 선박이 당해 물품을 적재한 공항 또는 항구를 출발하기 전에 수입신고를 하는 것을 말하는데 항공기로 수입되는 물품 또는 일본, 중국, 대만, 홍콩으로부터 선박으로 수입되는 물품은 출항전신고가 가능하며, 수입물품을 적재한 선박이 도착할 입항예정지 세관장에게 수입신고를 하여야 한다.
입항 전 신고	입항 전 신고는 수입하고자 하는 물품을 적재한 항공기 또는 선박이 선적지 공항 또는 항구에서 출항 한 후 우리나라 항구(공항)에 입항하기 전에 수입신고 하는 것을 말하는데 출항 전 신고와 같이 수입물품을 적재한 선박(항공기)이 도착할 입항예정지 세관장에게 수입신고를 하여야 한다.
보세구역 도착 전 신고	보세구역도착 전 신고는 수입하고자 하는 물품이 우리나라 항구 또는 공항에 도착한 후 보세창고에 입고하기 전에 수입신고 하는 것을 말하는데, 이때의 보세구역이란 보세창고는 물론 부두 밖 컨테이너 보세창고 및 컨테이너 내륙통관기지, 선상도 포함하여 지칭한다
보세구역 도착 후 신고	보세구역도착 후 신고는 수입하고자 하는 물품이 우리나라 항구 또는 공항에 도착한 후 보세창고에 반입한 이후에 수입신고 하는 것을 말한다. 수입물품을 반입한 보세구역 관할 세관장에게 수입신고를 하여야 한다

수입통관 업무 프로세스

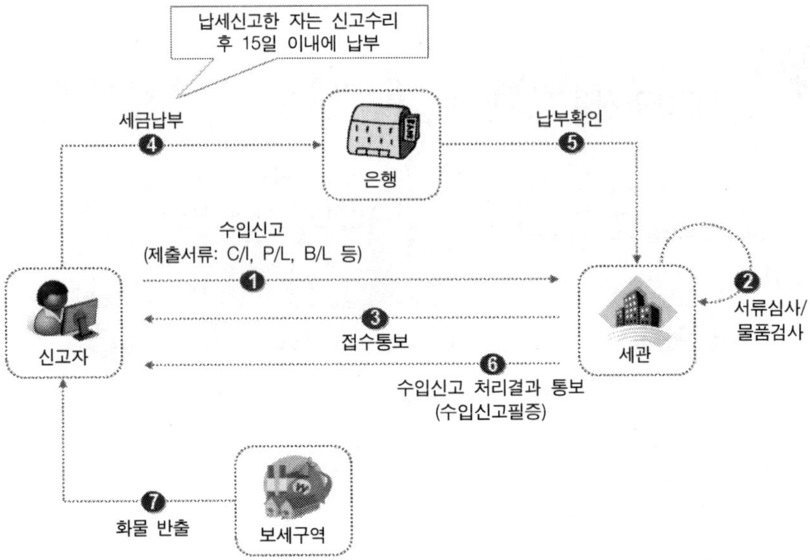

1 _ 신고자(화주 또는 관세사)는 수입신고서를 작성하고 제출서류(C/I; 상업송장, P/L; 패킹리스트, B/L; 선하증권 등)를 준비하여 관할지 세관에 전송한다.

2 _ 수입신고서를 수신받은 해당 세관은 관세청 통관시스템에서 전송받은 수입신고서에 대해 서류심사 및 물품검사를 한다.

3 _ 관세청 통관시스템에서 해당 수입신고 건에 대해 접수통보를 신고자에게 전송한다(오류 시 오류통보 전송).

4 _ 신고자는 은행을 통해 해당 수입신고 건의 세금을 납부한다.

5 _ 은행은 수입신고 세금납부 내역을 세관에 전송한다.

6 _ 세금납부 내역을 확인한 세관은 수입신고 처리결과(수입신고필증)를 통보한다.

7 _ 보세구역에 있는 화물을 반출한다.

※ 수입신고의 취하는 원칙적으로 할 수 없으나 수입된 물품이 위약물품이나 우리나라에서 수입금지조치를 내렸거나 운송 도중에 손상, 변질 등이 일어났을 경

우에 한하여 세관장의 승인을 얻어 취할 수 있다(관세법 제250조). 그러나 장치장에서 물품을 반출한 이후에는 정당한 이유가 있다고 하더라도 취하할 수 없으며 수입신고 수리된 물품이라도 수입신고 취하승인을 얻으면 그 신고수리의 효력이 상실된다.

서류심사 대상일 경우의 프로세스

관세청 전산시스템에서 서류 심사 건을 선별하여 서류제출대상으로 확정하면 신고인 에게 서류제출통지를 한다. 신고인은 관련서류를 취합하여 세관에 직접 방문해서 관련서류에 대한 확인을 받는다.

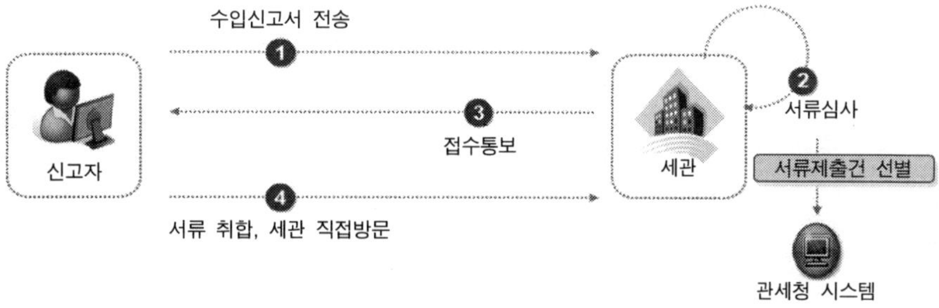

가격신고 제출대상 프로세스

수입신고서 작성 시 가격신고서 제출대상일 경우에는 가격신고서를 작성하여 수입신고서와 함께 관세청에 송신한다.

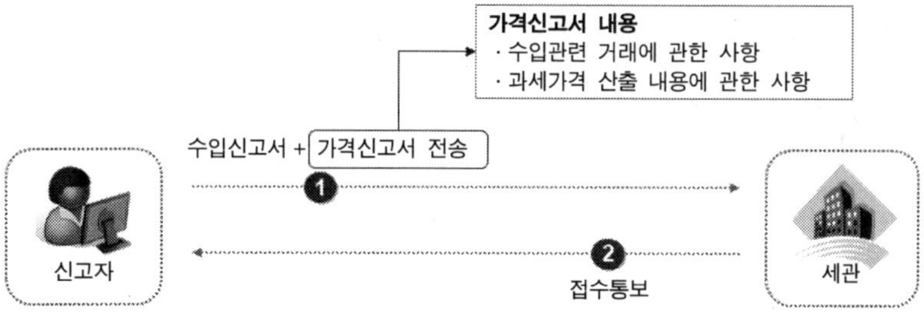

관세감면/분납/용도 세율 적용 대상 프로세스

일반적으로 수입물품에 대하여는 국가재정 수입확보 및 국내산업 보호 육성을 위하여 관세가 부과되는 것이 원칙이나 특정한 국가정책 목적을 달성하기 위하여 일정한 요건을 갖춘 특별한 경우에 관세의 일부 또는 전부를 면제, 분할납부, 용도에 따라 세율을 적용하는 건인 경우 감면/분납/용도세율적용 신청서를 작성하여 세관에 제출한다. 감면/분납/용도세율적용 신청서를 보내는 시점은 수입신고에 대한 접수통보를 받은 이후 시점에 송신하여야 한다.

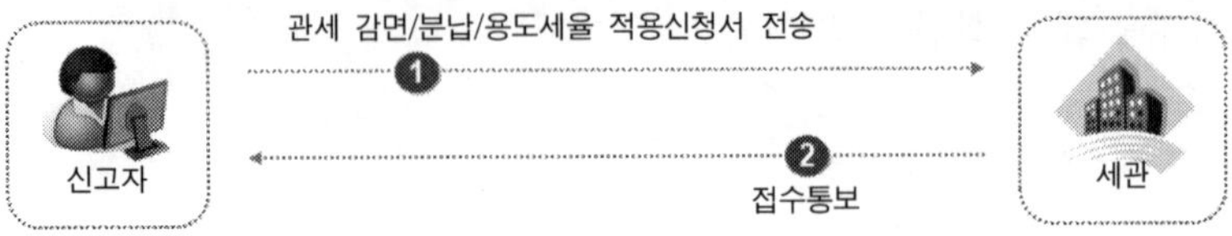

가격신고

관세의 납세의무자는 수입신고를 하는 때에 세관장에게 당해 물품의 가격에 대한 신고를 하여야 하며, 이러한 가격신고는 가격신고서에 의하여야 한다. 관세법은 수많은 수입자의 거래관계내용을 일일이 확인할 수 없는 문제점과 대부분의 수입자가 성실한 납세를 할 것을 예견하여 수입자가 스스로 자기의 거래 내용을 밝히고 법령에 적합한 세액을 신고하도록 규정하고 있다.

그러나 모든 수입물품에 대해서 가격신고를 해야 되는 건 아니며 가격신고 제출생략가능 물품을 경우, 가격신고의 제출이 생략된다. 그럼 가격신고 제출 생략가능 물품과 필수제출 물품에 대해 알아본다.

구분	내용
가격신고 제출 생략가능 물품	① 과세가격이 미화 1만불 이하인 물품(단, 특별소비세, 주세, 교통세가 부과, 분할 신고한 물품은 제외) ② 성실자율심사업체로 지정된 업체가 수입하는 물품 ③ 수입통관 사무 처리에 관한 고시상의 수입신고 생략물품, 간이신고 대상물품, 목록통관 특송 물품, 간이신고 특송물품 ④ 종량세 적용 물품(단, 가격에 따라 세율이 달라지는 물품은 제외) ⑤ 정부 또는 지방자치단체가 수입하는 물품, 정부조달물품, 정부투자기관이 수입하는 물품 ⑥ 관세와 내국세 등이 모두 부과되지 않은 무세 또는 면세인 물품 ⑦ 방위산업용 기계, 그 부분품 및 원재료 ⑧ 수출용 원재료 ⑨ 특정연구기관이 수입하는 물품
가격신고 제출 필수 물품	① 법 제30조 1항 제1호 내지 제5호의 규정에 의하여 가산할 금액이 있거나 법 30조 2항 제1호 내지 4호 규정에 의하여 공제할 금액이 있는 물품 ▣ 가산요소(예시) - 수수료, 중개료(구매수수료 제외) - 용기 포장비 - 생산지원비 - 로열티 및 권리사용료 ▣ 공제요소(예시) - 수입장소 도착 후 운송관련 비용 - 수입 후 행해진 건설, 설치, 정비, 유지 또는 수입물품 관련 기술지원 금액 - 기타 계약과 관련 없이 구매자 자신의 필요에 의해 사용된 검사비용, 구매수수료, 교육훈련비 - 수출세 등 ② 법 31조 내지 제35조 의한 과세가격을 결정하는 물품(2방법 이하) 다만, 수입신고생략물품, 간이신고대상물품, 목록통관 특송 물품은 제출을 생략 ③ 법 제39조에 의한 부과고지 대상 물품(단, 이사화물은 해당 없음) ④ 잠정가격신고물품 수입신고 수리 전 세액심사대상 물품(체납업체, 불성실 신고인, 농수산물 등 가격변동이 심한 물품 중 관세청장이 지정한 물품)

관세감면 및 분할납부 제도

일반적으로 수입물품에 대하여는 국가재정 수입확보 및 국내산업 보호 육성을 위하여 관세가 부과되는 것이 원칙이다. 그러나 특정한 국가정책 목적을 달성하기 위하여 일정한 요건을 갖춘 특별한 경우에 관세의 일부 또는 전부를 면제하는 것을 관세의 감면이라 한다.

또한 특정한 물품에 대하여 부과된 관세를 일정기간 분할하여 납부할 수 있는 분할납부 제도가 있다. 관세는 수입신고 수리 전 또는 수리 후 15일 이내에 관세의 전액을 납부 하여야 하나, 중요산업에 소요되는 시설기계류 등의 관세납부에 따른 수입자의 자금부담을 완화시켜 설비투자를 촉진하기 위하여 이 제도가 마련된 것이다. 다음을 통해 관세감면 신청 시기와 구분, 그리고 사후관리 실시에 대해 알아본다.

관세감면과 분할납부 대상은 학술연구용품, 종교용품/장애인용품, 정부용품, 시설기계류, 중소제조업체 물품 등이 있다.

또한 분할납부기간은 분할납부승인금액에 따라 최장 5년까지 허용될 수 있으며 관세법 시행규칙 제59조 제2항의 별표4의 납부기간과 방법을 참조하자.

관세감면 및 분할납부

감면신청 시기 → 동일 수입물품이라도 물품의 용도 및 상태, 수입신고 시기, 적용법령에 따라 관세감면 여부가 결정되므로 수입자는 해당물품에 대하여 정확하게 수입신고를 하고 신고 수리 전까지 반드시 감면신청을 해야 한다.

관세감면 구분 → 관세감면은 감면승인 시 일정한 용도에 사용할 것을 조건으로 관세를 감면하는 조건부 감면과 지정된 용도 없이 감면하는 무조건 감면으로 구분된다.

사후관리 실시 → 조건부 감면 물품은 일정기간 동안 세관장의 승인 없이 용도 외 사용, 양도, 임대할 수 없으며 이를 방지하기 위하여 사후관리를 실시하고 있다.

사후관리 대상	조건부 감면물품 및 분할납부승인물품이 사후관리 대상 물품이다.
사후관리 기간	관세의 감면을 받은 사후관리 대상 물품은 수입신고수리일로부터 3년의 범위 내에서 관세청장이 정한 기간까지 사후관리를 받아야 하며 감면받은 용도 외로 사용하거나 양도(임대 포함)할 수 없으며, 분할납부승인을 받은 물품은 납부 시까지이다.
사후관리 주의사항	사후관리 대상 물품에 대하여 수입자가 다음 사항 등을 위반하여 관세법에 의하여 벌금이나 과태료 부과를 받게 되므로 유의해야 한다. - 세관장의 승인 없이 용도 외 사용하거나 양도, 임대, 멸각 - 수입신고 수리일로부터 1월 내 설치 또는 사용할 장소에 미반입 - 기타 장부비치 등 사후관리 의무사항의 위반

구분	내 용
관세감면대상	중고용품/장애인용품
	정부용품
	환경오염방지물품
	재수출 면세
관세분할납부대상	시설기계류
	중소제조업체물품

수입물류는 외국화물을 적재한 선박이나 항공기가 국내에 입항하여 하선 또는 하기, 보세운송, 보관, 통관 등의 절차를 거치면서 최초의 수입화물이 중간과정에서 불법 유출됨이 없이 적법하게 통관되어 화주에게 인도될 수 있도록 하는 과정이다.

수입물류는 일반적으로 입항, 하선(하기), 입항지 보세구역 반입, 보세운송, 내륙지 보세구역 반입 등 5단계를 거치면서 진행된다.

적하목록 신고 후에 세관에서 부여 받는 화물관리번호를 기초로 관세청의 화물추적정보시스템에 모든 내용이 기록되기 때문에 화주는 화물관리번호만 알면 시스템을 이용하여 쉽게 화물의 현재 상태(보세운송 중, 도착완료 여부)를 알 수 있다. 그럼 수입물류가 진행되는 5단계에 대해 알아본다.

수입물류 흐름도

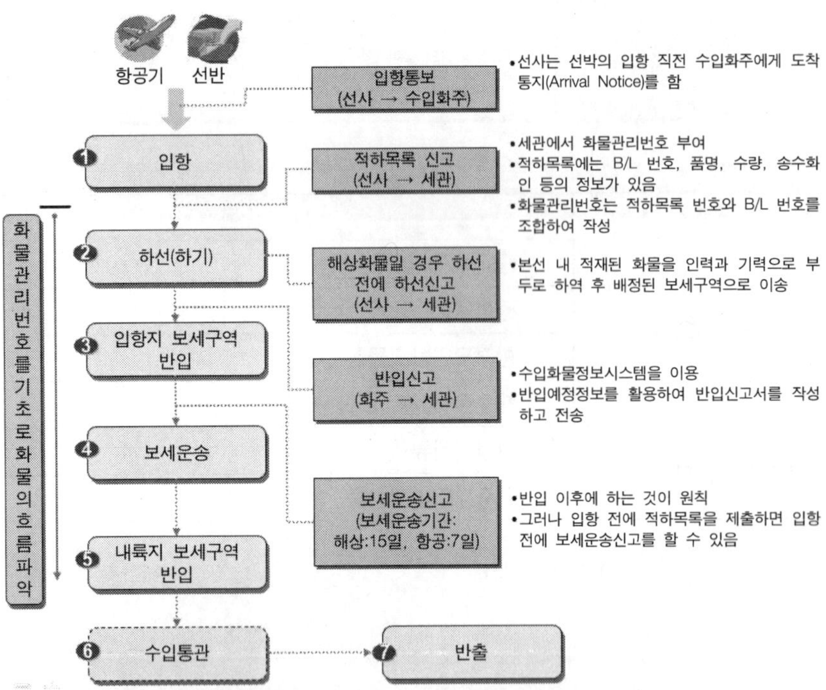

보세운송이란 외국으로부터 수입하는 화물을 입항지에서 통관하지 아니하고 세관장에게 신고하거나 승인을 얻어 외국물품 상태 그대로 다른 보세구역으로 운송하는 것을 말한다.

이러한 보세운송은 수입화물에 대한 관세가 유보된 상태에서 운송되는 것이므로 운송에 제약이 따른다.

보세운송 예시

서울에 공장(포항)을 가진 화주가 포항 항에 도착한 화물을 통관하는 데에는 2가지 방법이 있다.

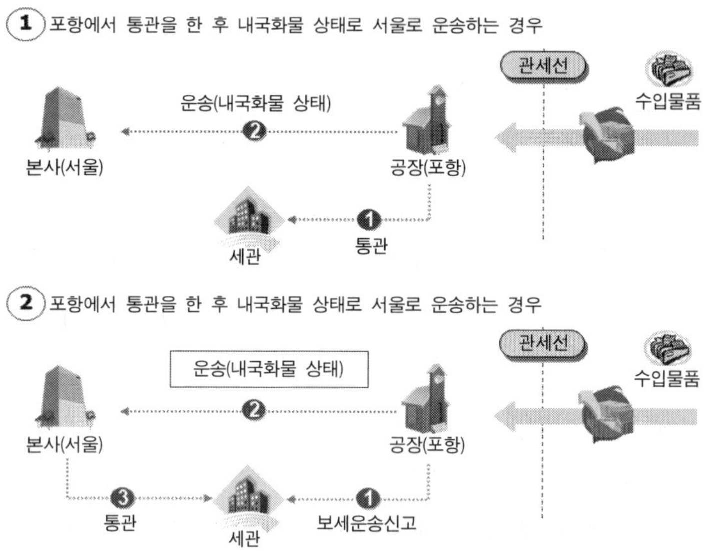

- 이와 같이 보세운송을 하여 서울에 물품을 옮겨 놓은 후에 통관을 하게 되면 화주에게 편리한 면이 있지만, 보세운송할 물품을 세관에 신고(승인신청)를 한 후 보세운송하여 목적지 세관의 보세구역 등에 반입한 후에 관할세관장에게 도착보고를 해야 하는 번거로움이 있다.

- 그러나 보세운송신고(승인신청)와 도착보고 등의 업무가 수입화물 전산시스템에 의하여 이루어지고 있으며 적하목록 등을 사전에 입수하면 하선(기) 전에 보세운송신고가 가능하므로 보세운송으로 인한 수입화주의 불편사항은 거의 없다.

(7) 관세환급 업무

관세환급이란 세관에 납부한 관세를 어떠한 사유로 되돌려 받는 것을 말하며 그 종류는 되돌려 받는 사유에 따라 여러 가지가 있으나 일반적으로 관세환급이라 지칭되고 있는 환급특례법에 의한 관세환급은 우리나라 수출물품에 대한 국제 가격 경쟁력을 제고시키기 위한 수출지원제도로서 수출용원재료를 수입하는 때에 납부하였거나 납부할 관세 등을 관세법 등에 불구하고 수출 등에 제공하였을 경우 수출자 또는 수출물품의 생산자에게 되돌려 주는 제도를 말한다.

일종의 수출을 활성화하기 위한 보조금 정책으로 기업들에게는 매우 유익한 제도이다.

관세환급 진행 시 사전에 확인해야 될 사항

관할지 세관에 관세환급 방법에 대하여 신청이 되었는지 확인해야 한다. 만약 관세환급을 한 번도 하지 않았다면 관할지 세관에 방문하여 간이정액환급 적용 또는 비적용 승인 신청을 해야 한다. 승인신청이 안된 경우 아래 사항을 확인한 후, 본 신청서 및 소요량산정 방법을 관할지 세관에 신고해야 한다.

간이정액환급율표은 관세청에서 확인할 수 있으며 1만원 당 환급액이 정액으로 고시된다. 개별환급의 경우 수출신고서에 기재된 품목을 생산하는데 있어 원자재를 직접 수입하거나, 구매승인서 및 내국신용장로 구매를 할 경우 물품거래증명서(인수증)을 받게 되는데 각 소요되는 원자재를 각각 소요량을 계산하여 관세환급을 받는다.

정액환급과 개별환급

간이정액환급 적용 대상

중소기업기본법 제2조의 규정에 의한 중소기업자로서 전년도 총 환급실적(기초원재료 납세 증명서 발급실적 포함)이 3억원 이하인 자가 제조한 수출물품은 국가가 정한 수출품 H.S 코드에 따라 일정한 금액을 환급받을 수 있다.

개별환급 적용 대상

정액환급율표의 적용대상이 되지 않는 수출품목이나 간이환급율표상의 금액에 비하여 현저히 차이가 날 경우, 물품에 제조하는데 소요된 원재료의 수입 시 납부한 관세 등의 세액을 소요원재료별로 확인, 합계하여 환급금을 산출하는 방법이다.

관세환급 효과

1 _ 외국으로부터 수입되는 원재료가 수출 등에 제공된 후 환급 시까지 관세 등의 금액에 상당한 자금 부담을 주게 되므로, 이런 자금 부담이 없는 국산원재료의 사용 개발을 촉진할 수 있다.

2 _ 수입물품에 부과하는 관세 부담을 제거하여 수출물품의 국제경쟁력을 높이고, 수출지원 및 촉진의 효과를 볼 수 있다.

3 _ 현행 관세환급제도가 실시됨에 따라 사전면세제도는 폐지되었고, 모든 수입물품에 대하여 수입 시에 관세를 부과, 징수함으로써 사후관리절차가 필요 없게 되어 환급업무에 대한 절차가 간소화되었다.

관세환급 업무는 간이정액환급과 개별환급으로 나눌 수 있으며, 수출용 원자재 국내거래 증명방법에는 기초원재료납세증명서, 수익세액 분할증명서, 평균세액증명서 등이 있다.

관세환급 업무의 종류

관세환급 업무

- **관세환급 업무**
  - **간이정액환급**
    - 간이정액환급제도는 중소기업의 수출지원 및 환급절차의 간소화를 위하여 수출물품 생산에 소요된 원재료의 납부세액 확인을 생략하고, 수출 사실만을 확인하여 간단하게 환급하는 제도로서 관세청장이 책정 고시한 일정금액(간이정액환급율표상의 금액)을 수출물품 생산에 소요된 원재료의 수입 시 납부세액으로 보고 환급액을 산출토록 한 제도이다.
  - **개별환급**
    - 수출물품을 생산하는데 소요되는 각각의 원재료별 소요량을 산출하고 각 원재료를 수입하는 때에 납부하였거나 납부할 관세 등을 수입신고필증 등에 의해 계산하여 환급하는 방법으로 납부세액을 정확하게 환급할 수 있는 장점이 있는 반면, 수출물품에 대한 원재료별 소요량 계산 및 환급금 산출이 어렵고 환급 시 관리하는 서류가 복잡한 단점이 있다.
- **수출용 원자재 국내거래 증명방법**
  - **기초원재료납세증명서**
    - 외국으로부터 수입한 원재료를 제조, 가공한 후 이를 수출물품 제조업체에 수출용원재료로 공급하는 때(중간원재료를 제조·가공하여 공급하는 경우 포함)에는 국내거래 공급자의 신청에 의거 등 공급물품에 포함되어 있는 기초원재료의 수입 시 납부세액과 동 물품의 공급사실을 증명하는 제도로서 양수자가 개별환급방법에 의한 관세환급 또는 기초원재료납세증명서(기납증) 발급신청 시 납부세액증빙서류(수입신고필증과 동일한 효과)로 사용한다.
  - **수입세액분할증명서**
    - 외국으로부터 수입한 원재료를 제조·가공하지 않고 수입한 상태 그대로 수출용원재료로 국내 공급하는 경우에 세관장이 증명하는 제도이다.
  - **평균세액증명서**
    - 환급신청을 할 때 수출면장과 소요원재료에 대한 수입면장을 첨부해야 하는데 수출품의 원재료가 복잡하고 가공단계가 복잡한 경우 수출면장상의 원재료의 품목·규격과 수입면장의 품목·규격이 합치하도록 서류를 갖추는 데는 많은 애로가 있어 이를 간소화하기 위해 원재료 수입자의 신청에 의거, 매월 수입한 원재료의 품명별 물량과 단위당 평균세액을 증명하는 서류를 세관장이 발급해 이를 수입면장 등의 대신으로 사용할 수 있도록 한 것이 평균세액증명 제도이다.

관세환급 업무 흐름도

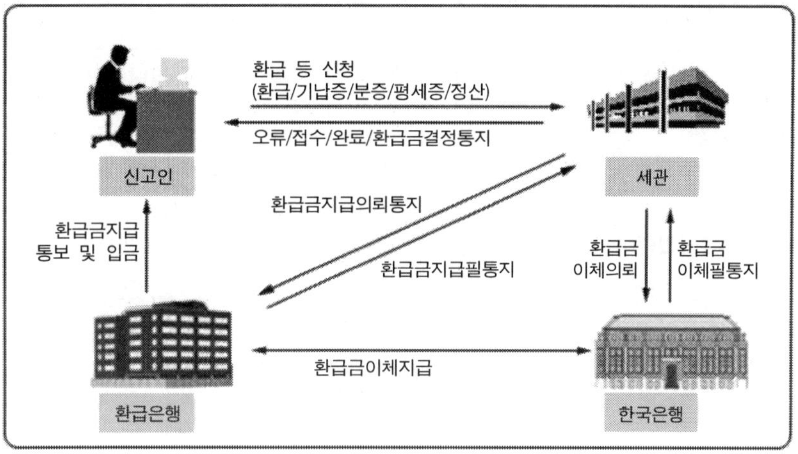

관세환급신청 시 화주 또는 대행사(관세사)에서 전자문서를 작성하여 세관으로 전송하면, 관세청 시스템에서 수출신고내역과 수입신고내역을 cross check하여 이상 유무를 확인한 후 오류 및 접수, 완료, 환급금결정통지를 신청인에게 보내주고, 한국은행에 환급금에 대해 지급지시를 하여 신청인이 개설한 환급신청 계좌로 환급금을 이체하여 대금 지급을 완료한다.

- 오류통보: 내용상의 오류 및 과다환급 신청 등 논리적인 검증을 통해서 문서상의 오류 발생 시 오류 통보를 함
- 접수통보: 환급신청이 이상 없이 접수되었다는 통보
- 완료통보: 접수 후 내용 검증을 통하여 이상 없는 건에 대해서 관세청 내부적으로 업무 처리를 함
- 환급금지급통보: 세관에서 한국은행에 환급금 지급을 지시한 후 신청인에게 환급금지급통보를 함

관세환급 업무 관련 전자문서

송신문서	내용
관세환급신청서 (갑/을/병/정)	갑: 수출신고된 total 내용 및 환급신청 내역 을: 수출신고서별로 수량, 금액을 각각 작성 병: 수입신고서 및 인수증 내역을 각각 작성 정: 부산물 발생 시 부산물에 대한 명시
기초원재료납입증명서	갑: 납품업체에 납품한 양도내역 을: 수입신고에 관련된 계산근거내역 병: 부산물 내역
분할증명서	분할 양도내역
평균세액증명서	갑: 평균세액대상내역을 각각 작성 을: 수입신고서 내역

현재 우리나라는 관세환급 업무를 100% 전산을 통해서 이루어지고 있다. 1997년 5월부터 EDI로 서비스를 시작하였고, 2000년대에 들어서서는 EDI서비스와 함께 관세청에서 인터넷통관포탈 서비스를 통해서 추가적으로 관세환급 업무가 이루어지고 있다.

또한 관세환급 업무의 경우 업무의 표준화가 이루어져 있기 때문에 많은 기업들이 직접 관세환급 S/W를 활용하여 환급업무를 진행하고 있다. 개별환급의 경우 환급 신청서 1건은 같은 HS번호와 같은 월에 발생한 수출신고서를 모아서 1건의 관세 환급 신청을 한다.

또한 자재 및 제품을 등록하고 환급 BOM을 구성하면 소요량계산서 및 조건표, 분할사용기록표, 관센환급 신청서(송신문서)가 자동으로 만들어 주기에 매우 편리하게 활용할 수 있다.

소요량 산출하기

수출물품을 생산하는 데 소요되는 원재료의 양인 단위실량과 생산 과정에서 정상적으로 발생되는 손모량을 포함한 양을 말하며 관세 환급금을 산출하는 데 가장 기본적인 요소이다.

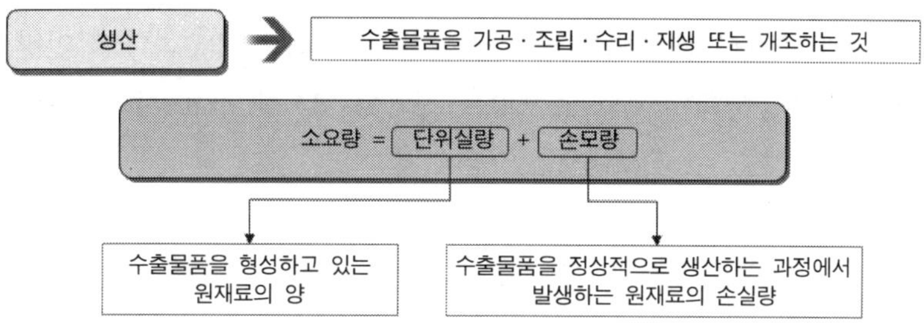

소요량의 종류에는 자율소요량과 표준소요량이 있다. 2가지 방법의 차이점에 대해 알아본다.

자율소요량

자율소요량이란 환급신청자(수출자 또는 생산자)가 수출물품을 생산하는데 소요되는 원재료의 소요량을 생산현장에서 실제 사용되는 양을 기준으로 스스로 산정한 양이다.

수출물품의 생산에 소요되는 원재료의 종류별 양은 기업이 현실적으로 쉽고, 정확하게 산정할 수 있을 것이므로 이를 관세청에서도 수용한 것이며 관세청에서는 과다환급 방지를 위하여 최소한의 산정 및 관리에 대한 기준과 절차만 정하고 있다(소모량의 인정 범위, 산정 방법 신고 등).

자율소요량 제도의 도입 배경은

1 _ 기업관리 소요량과 환급소요량의 동일화

2 _ 기업경영의 여건 변화

3 _ 소요량 관리 여건의 변화

4 _ 기존 제도에 의한 관리, 운영상의 한계 등

표준소요량

표준소요량이란 소요량 계산 업무의 간소화 등을 위하여 필요하다고 인정하는 경우 관세청장이 수출물품별 평균 소요량을 정하여 고시한 소요량을 말하며 현재는 표준 소요량을 별도로 고시 하지 않고 있다.

소요량 산정 방법

소요량 산정방식은 단위실량 산정, 단위설계 소요량 산정, 수출 건 별 등 총 소요량 산정, 일정기간 별 단위소요량 산정, 1회계연도 단위소요량 산정방식으로 크게 5가지가 있으며 화주가 자신에게 맞는 방식을 선택하여 적용한다.

1 _ 단위실량 산정

수출물품을 구성하고 있는 실제 원재료의 양인 단위실량만으로 소요량을 산정하는 방법 즉, 단위실량은 수출물품(견본)을 분해하여 실측하거나, 수출물품 1단위를 생산하는데 사용되는 설계도면상의 원재료의 실 면적이나 부품내역서상의 실량 등을 말한다.

손모량이 적은 기계류, 전자제품 등 부품조립에 의해 생산되는 수출물품에 적합한 방법, 손모량에 대한 환급을 포기하고 단위실량만 환급을 받는다.

2 _ 단위설계 소요량 산정

수출물품을 생산하는데 있어 가장 기본이 되는 자료인 제조사양서상의 원재료 중 환급을 받고자 하는 원재료의 종류별 양을 의미한다.

제조사 양서상 손모량이 표시된 경우 계산 근거가 객관적이고 확인이 가능해야 한다. 제조사양서에 의해 자재의 수급량이 결정되는 업체로 손모량이 안정적인 비료, 염료, 페인트 등 화약제품류를 생산하는 업체에 적합한 방법이다.

3 _ 수출건 별 등 총소요량 산정

수출계약 건별 또는 수출 건별로 수출물품을 생산하는데 사용한 원재료의 종류별 총량으로 소요량을 산정하는 방법으로 당해 수출물품의 실제 소요량을 의미한다.

소요량이 불안정한 농 · 림 · 축 · 수산물 가공업체, 시제품 생산 단계 업체, 수출 계약서별 생산 관리가 용이한 업체에 적합한 방법이다.

4 _ 일정기간별 단위소요량 산정

일정기간(1~6개월) 동안 생산된 수출물품 1단위에 대한 단위실량과 평균 손모량으로 소요량을 산정한다. 수출물품을 생산한 기간이 1년 미만인 업체, 제품 수명주기가 비교적 단기간인 품목을 생산하는 업체에 적합하다.

일정 기간별 단위 소요량은 수출물품에 원재료가 물리적으로 결합되거나, 화학적으로 분해되어 통합되는데 따라 산정방법이 구분된다.

5 _ 1회계연도 단위소요량 산정

회계연도 동안 생산된 수출물품 1단위에 대한 단위실량과 평균손모량으로 소요량을 산정 한다. 제품의 수명주기가 장기적인 석유화학제품, 철강제품, 타이어, 피혁 등을 생산하는 업체, 환급액이 많은 대기업, 국세청 생산 수율 및 원단위 보고서 제출업체에 적합하다.

회계연도 단위 소요량도 수출물품에 원재료가 물리적으로 결합되거나 화학적으로 분해되어 통합되는데 따라 산정방법이 구분된다.

환급신청 방법(개별환급)

수출물품을 생산하는데 소요되는 원재료의 양인 단위실량과 생산과정에서 정상적으로 발생되는 손모량을 포함한 양을 말하며 관세 환급금을 산출하는데 가장 기본적인 요소이다.

① 환급대상 수출신고서 선택

- 수출에 제공된 날로부터 2년 이내에 환급신청하여야 한다.
- 예) 환급신청일자 2008년 10월 01일 경우 환급대상 수출신고서는 2006년 10월 01일부터 2008년 10월 01일이다.

② 수출신고서 분류

- 수출형태별 / H/S번호별 / 월별로 신고서를 분리한 후 제출번호를 생성한다.
- 환급신청 시 제출번호 생성방법은 식별자부호(5자리) - 신청년도(2자리) - 일련번호(6자리) 형식으로 생성한다.

③ 소요량 계산

- 신고한 소요량 산정 방법에 의거 분류된 수출신고서의 제품을 BOM(Bill of Material)에 구성된 환급 원자재별로 계산한다.
- 수출물량 × 단위실량 = 소요량

④ 실환급액 계산

- 환급액 계산 대상 수입신고서 및 기초원재료납세증명서, 분할증명서, 평균세액증명서 등을 계산된 소요량 원자재별로 분리한 후 선입선출방식으로 실환급액을 계산한다.
- 다음과 같은 수출이행기간을 준수하여 실환급액을 계산한다.
- 수입신고서: 2년(원자재 수입일로부터 수출일까지 기간을 의미)
- 기초원재료납세증명서: 2년(기납증 양도일로부터 수출일까지 기간을 의미)
- 분할증명서: 2년(분증양도일로부터 수출일까지 기간을 의미)
- 원자재수입물량: 납부관계 = 소요량 : 실환급액 형식으로 계산한다.

⑤ 환급신청서 계산 (갑/을/병/정)

- 환급대상 수출신고서를 분리하여, 생성된 제출번호별로 환급신청서 갑/을/병/정지를 작성한다.
- 갑지: 환급신청인 정보 및 제출번호별 환급액 정보
- 을지: 환급대상 수출신고서 정보
- 병지: 환급 시 사용한 수입신고서, 기납증/분증 사용량 정보 및 잔량 정보
- 정지: 부산물 정보(부산물이 발생하지 않을 경우 작성하지 않음)

⑥ 환급신청 (EDI 및 직환급)

- EDI 방식으로 관세청에 신청하거나 관세청에서 운영하는 통관 포털사이트를 통해 신청할 수 있다.
- 신청 후 관세청에서 자동심사나 서류심사를 통해서 환급금을 지급받을 수 있다.

환급신청서의 서식구성 및 작성 방법

관세환급신청서는 갑, 을, 병, 정지로 구성되어 있다.

환급신청서(갑)은 환급신청인과 수출물품의 총환급액의 기재 및 환급을 신청하는 수출 신고건(수출 신고필증 또는 수출에 갈음하는 서류)이 10건 이하일 경우에 그 내역까지 기재할 수 있는 서식이다.

환급신청서(을)은 환급을 신청하는 수출신고건이 10건을 초과할 경우 환급신청서(갑)지에 이어서 추가로 기재하는 서식이다. 즉 수출신고서 내역을 기재한다.

환급신청서(병)은 환급을 신청하는 수출신고건의 갑, 을지의 수출물품에 대한 소요원자재별로 환급금의 계산근거와 잔량을 기재하는 서식으로 소요량계산서상 소요원자재별로 란을 구분하여 작성한다. 수입신고서 및 물품수령증명서(인수증)의 내역을 기입한다.

환급신청서(정)은 수출물품 제조과정에서 부산물이 발생되는 경우 발생된 부산물의 내역과 환급신청서(병)지의 계산근거 내역에서 부산물에 대하여 공제된 금액을 기재토록 하여 추후 부산물이 수출 등에 제공되었을 경우 환급금을 산출할 수 있도록 하여주는 서식이다.

환급신청서 양식

환급신청서(갑)

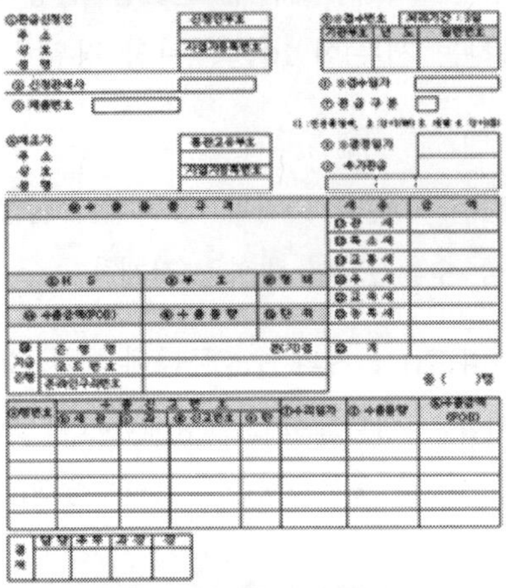

환급신청서(을)

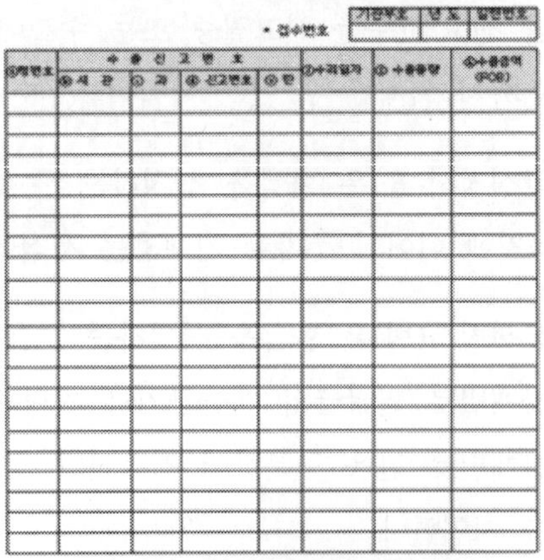

환급신청서(병)

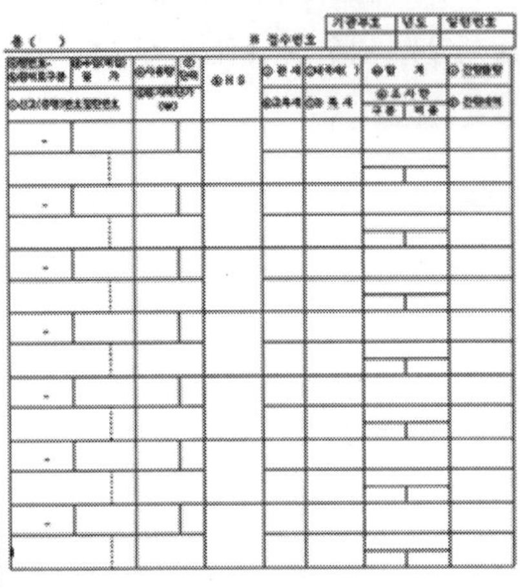

환급신청서(정)

환급신청서 작성 방법

환급신청서는 수출물품의 H.S 10단위별로 수출물품이 수출 등에 제공된 월별로 구분 작성한다.

2012.7.1~2012.7.31까지 동일한 H.S 단위의 물품을 50건 수출하였을 경우 50건의 수출에 대하여 1건의 환급신청서를 작성할 수도 있으며 10건씩 5건으로 환급신청서를 따로 작성할 수 있다.

환급신청서는 수출물품의 제조자별로 환급방법(연산품정액, 간이정액, 개별환급)별로 각각 구분하여 작성한다.

수출물품의 H.S 10단위가 동일하더라도 수출형태가 다를 경우 수출 형태별로 구분하여 환급신청서를 작성한다. (H.S 10단위가 같은 품목이 수출도 하고 보세공장에 물품공급도 하였을 경우 각 수출형태별로 별도의 신청서를 작성)

정액환급(연산품정액, 간이정액) 신청 시에는 환급신청서 병지(계산근거) 및 정지(부산물내역)는 작성하지 않는다.

부산물이 발생되어 병지(계산근거)에서 부산물비율을 공제하였다 하더라도 부산물이 전부내수판매 되고 수출되지 않아 공제하였던 부산물에 대한 세액의 환급이 필요없는 경우에는 정지(부산물내역)는 작성할 필요가 없다.

기납증/분증 발급신청서 작성 방법

기납증과 분증의 차이점은 수입한 물품의 가공 유무에 따라 기납증과 분증을 작성한다. 기납증은 수입한 자재를 가공하여 내국신용장 개설업체는 구매확인서 개설업체에게 납품을 할 경우 기납증을 작성하고, 분증은 수입한 자재를 가공하지 않고 일부만 나눠서 납품을 할 경우 분증을 사용한다.

기초원재료납세증명서 발급 절차

기납증(갑)

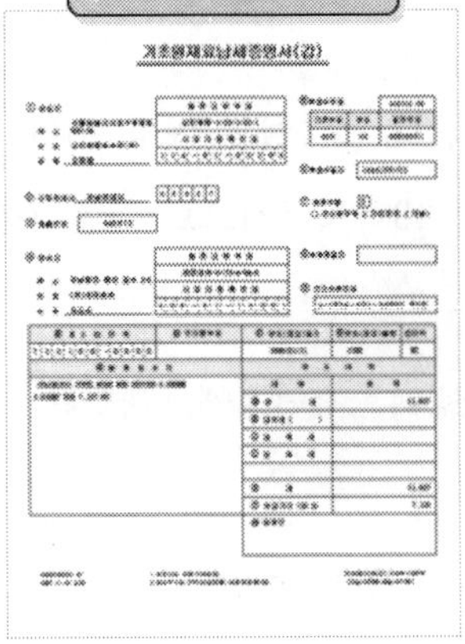

기납증(을)

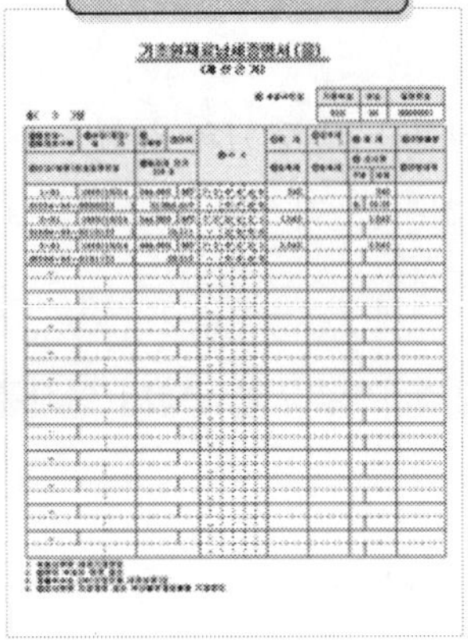

기납증(병)

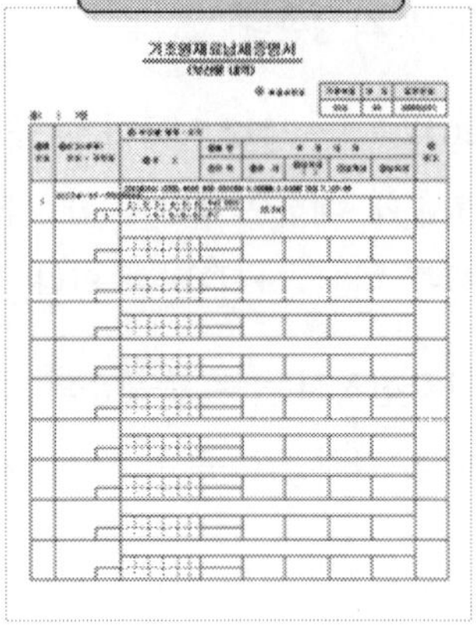

❶ 기납증 발급 근거서류 수령

- 내국신용장, 구매승인서, 수출신용장, 수출계약서 또는 세관장인정서류 등이 기초원재료납세증명서를 발급하는 근거서류이다.
- 근거서류 한 건에 기초원재료납세증명서 한 건 발행된다.
- 양수인도 협의하에 기납증 발급 작업을 진행해야 한다.

❷ 수출신고서 분류

- 신고한 소요량 산정방법에 의거 분류된 수출신고서의 제품을 BOM(Bill of Material)에 구성된 환급 원자재별로 계산한다.
- 수출물량 × 단위실량 = 소요량

❸ 양도세액 계산

- 양도세액 계산 대상 수입신고서 및 기초원재료납세증명서, 분할증명서 등을 계산된 소요량 원자재별로 분리한 후 선입선출 방식으로 실양도세액을 계산한다.
- 다음과 같은 수출이행기간을 준수하여 실양도세액을 계산한다.
- 수입신고서: 1년(원자재 수입일로부터 수출일까지 기간을 의미)
- 기초원재료납세증명서: 1년(기납증 양도일로부터 수출일까지 기간을 의미)
- 분할증명서: 1년(분증 양도일로부터 수출일까지 기간을 의미)
- 원자재수입물량: 납부관세 = 소용량 : 양도세액 형식으로 계산한다.

❹ 기납증 발급 (갑/을/병)

- 근거서류 한 건마다 생성된 제출번호별로 기납증 갑, 을, 병지를 작성한다.
- 갑지: 발급신청인 정보 및 제출번호별 양도세액 정보
- 을지: 발급에 사용된 수입신고서, 기납증/분증 사용량, 잔량 정보
- 병지: 부산물 정도(부산물이 발생하지 않을 경우 작성하지 않음)

기초원재료납세증명서 작성 방법

기초원재료납세증명서(갑): 내국신용장(구매확인서)에 의해 공급하는 물품의 내역 및 총 양도세액을 기재하는 서식이다.

기초원재료납세증명서(을): 공급물품의 소요원재료별로 산출한 세액 및 수입신고필증 등의 원재료에 대한 잔량을 기재하는 서식이다.

기초원재료납세증명서는 품목별(HS 10단위)로 구분하여 작성한다.

한 건의 내국신용장 등에 의하여 거래되는 물품이 2회 이상 분할하여 공급되는 경우에는 최초물품의 거래된 날에 당해 수출용원재료가 전량 거래된 것으로 보아 신청서류를 작성하여야 하나 신청인이 원하지 않을 경우에는 양도일별로 별개의 건을 신청할 수 있다.

2건 이상의 내국신용장 등에 의하여 원재료가 공급되었으나 그 양도일자가 같은 경우에는 1건으로 발급 신청할 수 있다. 다만 내국신용장 등의 건별로 물품인수증이 발행될 경우에는 각각 별건으로 신청해야 한다.

분할증명서 발급 절차

❶ 분증 발급 근서류 수량

- 내국신용장, 구매승인서, 수출신용장, 수출계약서 또는 세관장인정서류 등이 수입세액분할증명서를 발급하는 근거 서류이다.
- 근거 서류별이 아닌, 수입세액분할 대상 신고서별 분증이 발급된다.

❷ 수입세액분할 대상신고서 선택

- 수입세액을 분할할 수입신고서 또는 기납증, 분증을 선택한다.
- 대상 선택 시 발행일로부터 양도된 날이 1년 이내인 신고서를 선택해야 한다.

❸ 분할증명서 발급

- 수입세액분할증명신청서를 작성한다.

분할증명서 작성 방법

수입(구매)한 원재료를 제조·가공 없이 수출품등을 제조·가공하고자 하는 자에게 양도하거나 관세환급 또는 기납증발급을 신청하는데 수입신고필증(기초원재료납세 증명서 및 평균세액증명서 포함)의 분할이 필요한 경우 사용되는 서식이다.

수입신고필증(기초원재료납세증명서 및 평균세액증명서 포함)란별 양도일별로 각각 구분하여 작성하되, 여러 계약건(환급사무처리에 관한 고시 제3-6조 제2항에서 규정한 서류)으로 물량이 양도되었으나 양도일이 같은 1건의 수입신고필증 등을 분할하고자 하는 경우에는 1건으로 발급신청 할 수 있다

시스템을 활용하여 관세환급 받기

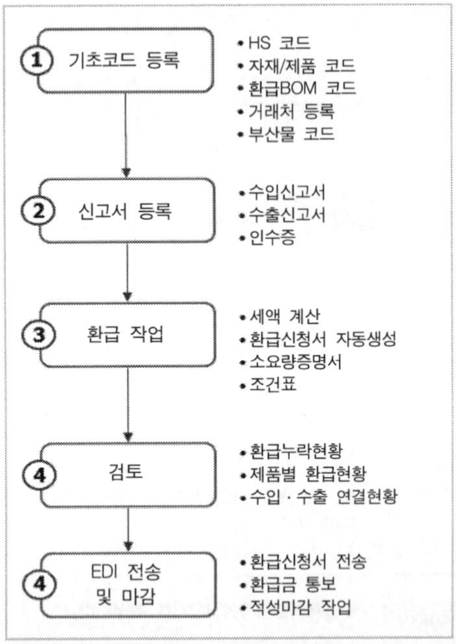

- 기초코드: 환급에 필요한 각종 코드를 환급신청 전에 등록한다.

- 수출신고서 등록: 환급대상 수출신고서를 등록한다.

- 수입신고서 등록: 수입물품 또는 기납증 받은 것을 등록한다.

- 인수증 등록: 기납증 발행을 위해서는 등록한다.

- 세액 계산: 환급신청을 위하여 세액계산을 계산한다. 이때 계산은 선입선출법에 의해서 작업이 이루어진다.

- 환급신청서 자동 생성: 수출신고서 월별, 동일품목별로 분류하여 자동 생성한다.

- 소요량증명서: 실제 환급에 사용되는 소요량을 계산하여 생성된다.

- 조견표: 수출내역과 수입내역이 연결되어 수출현황을 검토할 수 있다.

- 환급누락 현황: 수출은 되었으나 수입자재가 부족한 내역을 확인

- 제품별 환급 현황: 환급에 적용된 제품별로 확인

- 수입수출 연결 현황: 수출신고서와 수입신고서의 연결 현황 확인

- EDI 전송: 환급신청서를 세관에 전송한다.

(8) 부대비용 관리 및 클레임 관리

수출을 하는 데 있어 수출품의 원가 대비 판매 이익률은 매우 중요하다. 좋은 제품을 비싸게 팔 수 있다면 이익이 극대화된다. 그러나 사전원가 계산 및 부대비용 계산을 적절하게 하지 못하면 간접비가 과다하게 발생하여 이익이 줄어들거나 손해를 볼 수도 있다.

무역에 발생하는 각종 비용에 대해서 알아보면 원가계산에 많은 도움이 된다. 즉 가격조건이나 인도조건 등에 따라 발생하는 부대비용이 차지하는 위치가 수입을 하는 것이 더 좋을지, 국내에서 유통하는 것이 좋을지 결정하는 요소가 된다.

어떤 방법이 더 이익일까?

예를 들어 한국의 J패션은 청바지를 제조, 판매하는 소규모 의류회사로 청바지 원단을 국내 업체에게 구입해서 자체 공장에서 제조, 동대문시장 등 대형 도매시장에 납품하고 있다. 최근 원자재값 상승으로 제품 생산에 필요한 비용은 날로 증가되는데 경기악화로 인한 소비심리는 둔화되어 청바지 가격을 올리지도 못하는 어려운 형편에 처해 있다.

이에 J패션은 중국에서 보다 저렴한 원단을 수입해서 제조하는 방안을 고민하고 있다. 알아본 바로는 국내 원단과 품질 면에서는 전혀 차이가 없었다. 과연 원단을 수입하는 것이 더 저렴할까? 만약 원단을 국내업체에게 구매하는 것과 중국에서 수입하는 것에 대한 비용이 다음과 같다면 J패션은 어느 것을 선택하는 것이 더 유리한지 알아본다.

비교해 보기

국내에서 구매	
원단가격(10kg당):	1,000,000원
내륙운송료:	30,000원
총비용	1,030,000원

중국에서 수입	
원단가격(10kg당):	850,000원
해상운송료:	50,000원
적하보험료:	45,000원
수입관세:	68,000원
내륙운송료:	30,000원
총비용	1,043,000원

위에서 본 예와 같이 실제 물품의 가격은 저렴하더라도 그 물품을 얻기까지의 비용이 더 발생한다면 결국 손해를 볼 수밖에 없다. 특히 무역은 타국과의 거래이기 때문에 물품의 이동거리가 길고, 이에 대한 위험부담이 있으며, 각 나라의 세관을 통과해야 하므로 무수히 많은 비용이 발생하며, 이는 모두 다 물품의 실제 유통가격에 영향을 끼치는 요소가 되므로 무역에 있어서 비용 절감은 상당히 중요한 부분을 차지한다.

앞서 살펴보았던 계약의 여러 조건들은 모두 다 이런 비용들을 얼마만큼 절감할 수 있는 지에 대한 조건이라 이야기해도 과언이 아니다. Incoterms뿐만 아니라 L/C, T/T 등에 따른 은행 수수료, 각종 증명서 발급수수료, 화물 수송에 따른 각종 운반료 등이 모두 다 비용에 포함되며, 무역의 형태에 따른 중계무역, 임가공무역 등에서 발생하는 커미션, 가공비 등도 비용에 포함되며, 계약 시점의 환율과 네고 시점의 환율 차이로 인한 환차손도 모두 다 비용으로 볼 수 있다.

따라서 무역 계약 시점에서 이러한 모든 비용들을 파악하여 총 소요비용을 예측할 수 있어야만 제대로 된 계약을 체결할 수 있으며, 이는 물품을 구매하는 경우 즉, 수입이나 물품을 판매하는 경우 즉, 수출 양쪽 모두에게 해당한다.

수출에서 발생하는 비용

수출 시에는 가격조건이나 결제방식에 따라 다음과 같은 비용들을 합산해야 한다.

비용	설명
제조원가	원부자재 소용비용, 생산비용(또는 임가공비), 수출포장비용 등
운송료	가격조건에 따라 부담해야 하는 내륙운송비, 해상운송비, 항공운송비
창고료	제품 생산(혹은 구입) 후 내륙운송 전까지 혹은 내륙운송 후 선적 전까지 소요되는 창고료
통관수수료	관세사에게 지급하는 통관대행수수료
보험료	적하보험료, 수출보험료
은행수수료	신용장통지수수료, 환가료, less charge, delay charge 등
기타 비용	에이전트 커미션, 각종 증빙서류 발급수수료 등

수입에서 발생하는 비용

수입 시에는 가격조건이나 결제방식에 따라 다음과 같은 비용들을 합산해야 한다.

비용	설명
물품대금	수출자에게 직접(송금) 또는 은행(신용장 또는 추심)을 통해 지급하는 물품대금
운송료	가격조건에 따라 부담해야 하는 내륙운송비, 해상운송비, 항공운송비
보세창고료	물건이 항구(공항)에 도착한 후 통관절차를 거쳐 물건을 찾을 때까지 발생하는 창고료
통관수수료	관세사에게 지급하는 통관대행수수료
관세 및 세금	세관에서 부과하는 관세 및 품목에 따라 부과되는 특별소비세, 주세, 교육세, 농어촌특별세
은행수수료	Cable Charge, Term Charge, Delay Charge, 송금수수료 등
기타 비용	에이전트 커미션, 각종 증빙서류 발급수수료 등

해상운송 시 일반적으로 발생하는 비용 항목

- 터미널 화물처리비(THC: Terminal Handling Charge): 화물이 CY에 입고된 순간부터 본선의 선측까지, 반대로 본선의 선측에서 CY의 게이트를 통과하기까지 화물의 이동에 따르는 비용

- CFS 작업료(CFS Charge): 선사가 컨테이너 한 개의 분량이 못 되는 소량화물을 운송하는 경우 선적지 및 도착지의 CFS에서 화물의 혼적 또는 분류작업을 하게 되는데 이때 발생하는 비용

- 서류 발급비(Documentation Fee): 선사에서 선하증권(B/L)과 화물인도지시서(D/O)의 발급 시 소요되는 행정비용을 보전하기 위해 신설한 비용

- 체선(화)할증료 (Port Congestion Surcharge): 입출항 선박의 수에 비해 항구의 하역능력이 부족하여 하역작업을 위한 대기시간이 길어짐으로 인해 선사 측에 추가적인 경비가 발생할 경우에 일정기간 동안 화주에게 부과

무역 부대비용 계산해 보기

무역에서 원가계산은 수출입 업체가 물품을 수출입 할 때 발생하는 비용 즉, 원가 항목을 분석하여 수출입 단가를 산출하는 것을 의미하는 것으로 회사의 이익 실현에 저해되는 물품 및 불합리한 원가 사항을 제거하고 매출에 따른 예상 이익과 판매 계획을 정확하게 수립하는데 필요한 정보를 제공한다.

따라서 비용 항목 하나라도 빠짐없이 정확하게 계산해야 하며, 환율 등 어떤 기준치가 필요한 경우 정확하고 객관적 타당성이 있어야 한다. 또한 무역 원가계산은 포괄적인 계산이므로 상대편 국가의 전반적인 상황, 관세, 부대비용, 보험료 계산, 운송 등 국제 물류비용을 정확히 산출해낼 수 있어야 한다.

이러한 무역원가 분석을 통하여 어느 비용 항목에서 원가 절감이 가능한지, 어느 항목에서 원가에 영향을 미치는지 자세히 분석하여 개선하여야 한다.

원가계산의 목적

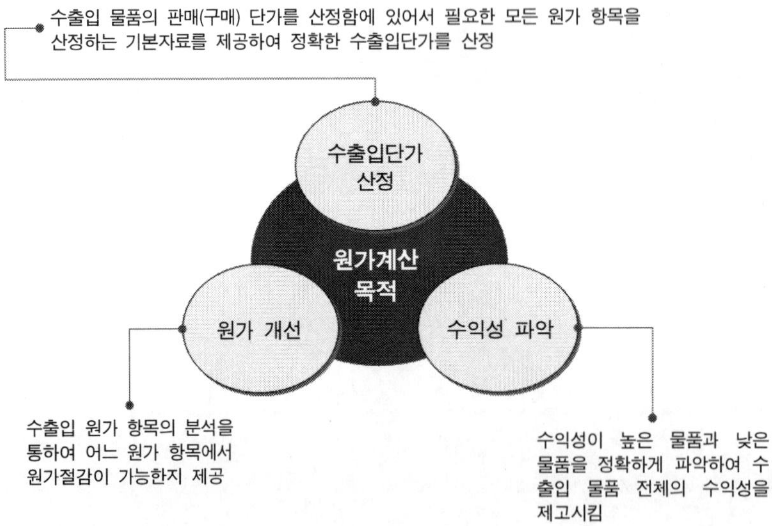

주요 가격조건 별 수출입 부대비용 계산 방법

수출자 및 수입자 입장에서 각각의 비용부담을 살펴보자. 가격조건은 크게 E그룹, F그룹, C그룹, D그룹으로 나눠서 볼 수 있으며, 그 중 우리나라에 가장 많이 쓰이는 가격 위주로 설명을 하고자 한다.

[수출자 부담 비용]

EXW	제조원가(자사제품 수출 시) 또는 공장도가격(타사제품 수출 시)
FOB	EXW 가격 + 수출지 내륙운송비 + 수출지 창고료 + 수출 통관비
CFR	FOB 가격 + 해상(항공) 운임료
CIF	CFR 가격 + 적하보험료

[수입자 부담 비용]

EXW	물품대금 + 수출지 내륙운송비 + 수출지 창고료 + 수출 통관비 + 해상(항공)운임 + 적하보험료 + 수입지 창고료 + 세금 + 내륙운송비
FOB	물품대금 + 해상(항공)운임 + 적하보험료 + 수입지 창고료 + 세금 + 수입지 내륙운송비
CFR	물품대금 + 적하보험료 + 수입지 창고료 + 세금 + 수입지 내륙운송비
CIF	물품대금 + 수입지 창고료 + 세금 + 수입지 내륙운송비

위에서 보이는 것처럼 수출자의 경우 EXW 조건이 가장 유리하고 다음은 FOB, CFR, CIF 조건 순으로 비용이 발생하는 것을 알 수 있다.

수입자의 경우에는 CIF 조건이 가장 유리하고 CFR, FOB, EXW 조건 순으로 비용이 많이 발생하는 것을 알 수 있다.

가격조건에 따라 수출자가 부담하는 범위

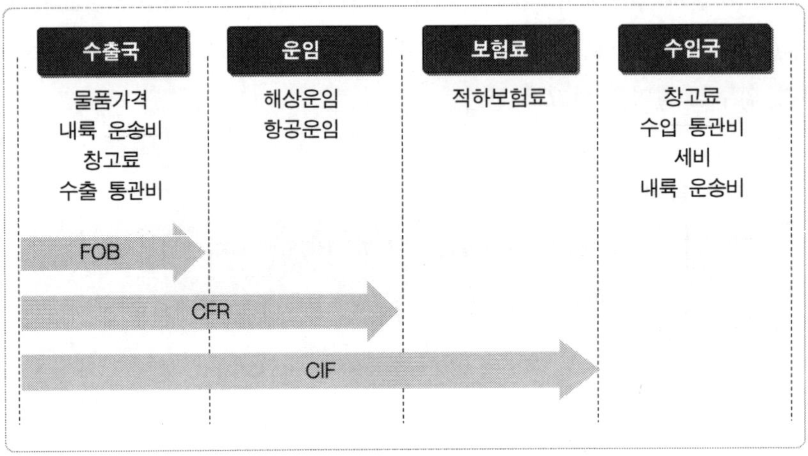

무역거래를 하다 보면 예기치 못한 클레임이 발생하는 경우가 있다. 클레임이란 당사자 간의 거래계약에 따라 이행하면서 그 계약의 일부 또는 전부의 불이행으로 말미암아 발생되는 손해를 상대방에게 청구할 수 있는 권리를 말한다. 클레임의 종류와 발생 원인에 대해 알아보자.

클레임 종류

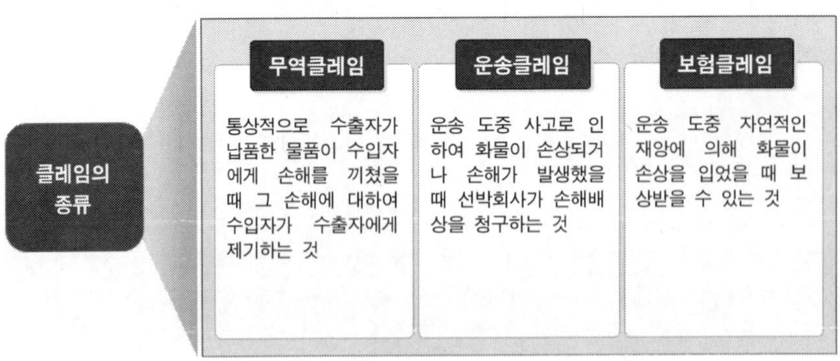

클레임은 왜 발생될까?

무역 클레임은 발생 원인에 따라 직접적 요인과 간접적 요인으로 나눌 수 있다. 직접적인 요인으로는 품질불량, 수량 부족, 선적/운송에 관한 내용, 보험에 관한 내용, 선적불이행이나 선적 지연, 불완전 보험계약 체결, 대금의 지급 지연이나 지급거절, 신용장의 미개설이나 지연, 거래알선에 따른 수수료 미지급 등이 있으며, 간접적인 요인으로는 당사자 간의 의견 차이, 언어의 차이, 각국의 상관습의 차이, 신용조사의 부족, 운송 중의 위험, 가격 덤핑, 국가마다 법령 등이 있다. 다음을 통해 직접적인 요인 중 많이 발생되는 몇 가지에 대해 알아본다.

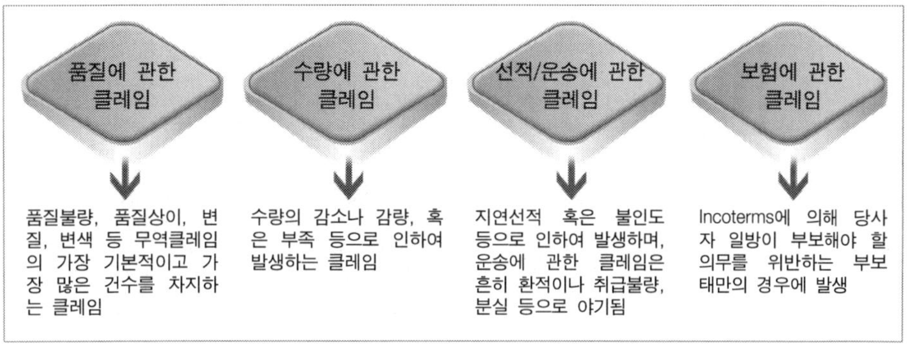

무역 클레임의 예방책

무역 클레임의 발생은 그 해결에 있어 당사자 쌍방에 시간과 비용이 수반하게 되어 원활한 무역거래에 지장을 초래하게 된다. 따라서 사전에 무역 클레임이 발생하지 않도록 예방하는 것이 중요하다. 그 예방 대책으로 다음과 같은 점에 주의할 필요가 있다.

철저한 사전 신용조사 →	무역거래는 격지 간 거래이므로 물품의 인도와 대금의 지급에 시차가 발생하게 된다. 따라서 상대방의 성실성(character), 자본력(capital), 거래능력(capacity), 상대국의 정치/경제적 제반 조건(condition) 등 철저한 신용조사를 통하여 거래처를 선정하는 것이 필수적이다.
계약조건의 확인 →	매매당사자는 계약을 체결할 때 청약이나 승낙의 조건을 충분히 검토하여 애매한 문구나 조건이 있는지를 확인하여야 한다. 만일 이해하기 어려운 조건이나 불명확한 내용이 포함되어 있으면 상대방에게 이를 통보하여 명확히 하여야 한다.
정확한 계약서의 작성 →	계약서 작성에 사용되는 언어는 대부분 영문이다. 따라서 언어가 다르기 때문에 발생하는 불명료하거나 오해를 자아내게 하는 표현은 사전에 발견하여 수정하거나 보완하여야 한다. 특히 당사자 간의 계약서에 무역계약의 기본조건을 명확히 기재하여 불필요한 분쟁을 사전에 방지하여야 한다.

무역 클레임의 해결방법

무역 클레임의 해결방법으로는 당사자 간의 해결방법과 제3자가 개입하여 분쟁을 해결하는 방법이 있다. 당사자 간의 해결방법으로는 청구권의 포기 및 화해 등이 있으며, 제3자의 개입에 의한 해결방법으로는 알선, 조정, 중재, 소송 등이 있다. 다음을 통해 각각의 해결방법에 대해 알아본다.

가장 좋은 방법은 중재를 통해 원만하게 해결하는 것이 바람직하다.

무역클레임해결방법

- **당사자 간 해결**
  - **청구권의 포기(Waiver of Claim)**
    - 피해자가 상대방에게 청구권을 행사하지 않는 경우로서, 이는 대체적으로 상대방이 사전 또는 즉각적으로 손해배상 제의를 통해 해결될 경우에 이루어진다.
  - **화해(Amicable Settlement)**
    - 당사자 간의 자주적인 교섭과 양보로 분쟁을 해결하는 방법으로서, 당사자가 직접적인 협의를 통하여 상호평등의 원칙하에 납득할 수 있는 타협점을 찾는 것임 이 경우 대체적으로 화해계약을 체결한다.
- **제3자의 개입에 의한 해결**
  - **알선(Intercession, Recommendation)**
    - 알선이란, 공정한 제3자(예: 상사중재원)가 당사자의 일방 또는 쌍방의 요청에 의하여 사건에 개입, 원만한 타협이 이루어지도록 협조하는 방법으로 당사자 간 비밀이 보장되고 거래관계 지속을 유지할 수 있는 장점이 있다.
  - **조정(Conciliation, Mediation)**
    - 조정은 양당사자가 공정한 제3자를 조정인으로 선임하고 조정인이 제시하는 해결안(조정안)에 양당사자가 합의함으로써 분쟁을 해결하는 방법이다.
  - **중재(Arbitration)**
    - 중재란, 당사자 간의 합의(중재합의)로 사법상의 법률관계를 법원의 소송절차에 의하지 아니하고 제3자인 중재인(arbitrator)을 선임하여 그 분쟁을 중재인에게 맡겨 중재인의 판단에 양당사자가 절대 복종함으로써 최종적으로 해결하는 방법이다.
  - **소송(Litigation)**
    - 소송은 국가공권력(사법재판)에 의한 분쟁해결 방법이며, 외국과의 사법협정이 체결되어 있지 않기 때문에 그 판결은 외국에서 승인 및 집행이 보장되지 않는다. 따라서 소송에 의하여 클레임을 해결하려는 경우에는 피제기자가 거주하는 국가에서 현지 변호사를 법정대리인으로 선임하여 소송절차를 진행해야 한다.

소송과 중재의 차이

소송은 당사 간에 합의가 없더라도 당사자가 능력만 있으면 절차의 진행이 가능하나 중재는 반드시 성문화된 합의(계약)가 있는 경우에만 절차가 유효하게 법적 보호를 받을 수 있다. 따라서 기본적인 분쟁의 해결방식은 소송이다.

중재는 이를 대체한 새로운 해결수단이라 할 수 있다. 소송은 시간이 많이 걸리고 국제법을 적용하여야 하므로 당사자 간에도 어려운 점이 많이 있다. 매우 중대한 과실로 손해배상을 철저하게 받아야 하는 경우가 아닐 때는 중재로 하는 것이 현실적으로 편리하다. 중재는 소송에 비하여 다음과 같은 유리한 장점을 지니고 있다.

합리적인 무역분쟁 해결제도 중재

중재(Arbitration)란 분쟁 당사자 간의 합의(중재계약)에 따라 사법상의 법률관계에 관한 현존 또는 장래에 발생할 분쟁의 전부 또는 일부를 법원의 판결에 의하지 아니하고 사인인 제3자를 중재인으로 선정하여 중재인의 판정에 맡기는 동시에 그 판정에 복종함으로써 분쟁을 해결하는 자주법정제도로서 국가공권력을 발동하여 강제집행할 수 있는 권리가 법적으로 보장된다. 다음의 몇 가지 질의응답을 통해 중재에 대해 좀 더 자세히 알아보자.

1 소송하기 전에 이용하는 제도다?

- 중재 합의에 의하여 중재가 진행중인 사건에 대하여는 별도로 소송을 제기할 수 없다.
- 또한 중재판정은 법원의 확정판결과 동일한 효력을 가지므로 실체적 사안에 대하여 소송으로 다룰 수 없다.

2 상사분쟁만 해결 가능하다?

- 상거래상 발생한 분쟁뿐만 아니라 민사분쟁 역시 해결이 가능하다.
- 또한 분쟁 당사자가 정부, 공공기관인 경우에도 중재로서 해결할 수 있다.

3 국제사건(무역)에만 적용된다?

- 국제사건뿐만 아니라 국내사건 역시 중재로 해결 가능하다. 또한 무역사건뿐만 아니라 건설, 해사, 금융, 정보통신 등 각종 분야의 분쟁해결에 적용될 수 있다. 최근에는 중재원이 남측의 중재사무처리기관으로 지정되어 남북경제교류 관련 상사분쟁도 중재원에서 해결할 수 있다.

4 소송에 비하여 결과예측이 어렵다

- 중재는 실체적 진실을 파악하기 위하여 법조인 이외의 전문가가 중재판정부에 포함되기도 하나 법률에 근거해 판정하므로 소송과 결과 차이가 없다.

4. 전자무역 기반의 GSCM

학습목표	1 _ SCM 적용분야에 대해서 알아보자. 2 _ 전자무역기반의 글로벌 SCM을 살펴보자.

(1) SCM

Supply Chain이란 고객-소매상-도매상-제조업-부품/자재/운송협력업체 등의 공급활동의 연쇄구조를 나타내며, Supply Chain Management란 불확실성이 높은 시장 변화에 Supply Chain 전체를 긴밀하게 대응시켜 Dynamic하게 최적화를 도모하는 것이다.

국내 많은 제조 기업들이 SCM을 적용하여 수발주 업무 및 유통 업무를 적용하여 진행을 하고 있다. 대부분이 ERP를 도입한 후 기업 내부의 업무통합이 완료한 후 외부 비즈니스 통합을 위해 SCM을 도입 적용한다. 또한 ERP와 연계를 통하여 Process 통합하여 관리를 하고 있다.

일반적인 SCM 모델

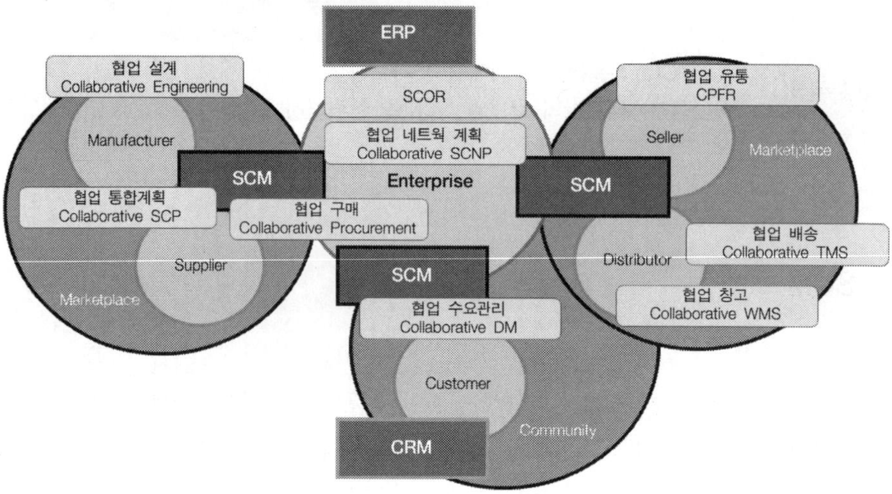

이러한 SCM이 현재는 내국의 비즈니스모델이 아닌 글로벌하게 움직이고 있다. 즉 대한민국 내에서만 적용되었던 것이 지금은 국경이 없이 글로벌하게 적용 및 운영하고 있는 실정이다.

SCM은 협업을 통하여 자재, 부품 조달을 하는데 많이 활용하고 있다.

개별 기업들이 ERP 시스템과 연계하여 주요정보를 협력업체와 실시간 공유할 수 있도록 하여, 재고 감축과 업무 효율성 향상을 달성할 수 있도록 하는 웹 기반 시스템으로 운영 중이다.

SCM 적용 효과

모업체	협력업체
1. 원활한 자재조달관리 생산계획에 맞춘 적절한 구매/외주 품목의 조달 가능 2. 리드타임 단축 출발처리 정보를 활용한 자재 리드타임 단축 3. 신속정확한 입고처리 4. LOT 관리를 통한 안정적 품질수준 유지 5. 적정한 재고수준 유지로 재고비용 감소 생산계획에 맞춘 적기 조달과 적정 재고수준을 유지함으로써 재고비용 감소 효과 6. 원활한 커뮤니케이션 형성 게시판 활성화를 통한 협력업체와의 원활한 커뮤니케이션 형성으로 조직 활성화 유도 7. 설계변경에 의한 혼선 방지 이력정보의 제공으로 인한 설계변경으로 발생하는 혼선 및 부적절한 재고누적 방지 8. 고객만족 강화 원활한 자재조달 활동과 정확한 납품으로 인한 고객으로의 제품인도 가능 → 고객만족경영	1. 적절한 원자재의 조달활동 월 생산계획과 주별 생산활동을 제공함으로써 적절한 원자재의 조달활동 지원 2. 생산계획 변동에 대한 적절한 대처 생산계획 변경 이력을 제공함으로써 생산계획 변동에 능동적으로 대처할 수 있도록 지원함으로써 과잉재고 억제 3. 정보의적절한 활용 정보의 실시간 활용으로 인한 신속한 대등 설계변경에 따른 업무 혼선 방지 4. 원활한 커뮤니케이션 형성 게시판 활성화를 통한 모업체 담당자와의 원활한 커뮤니케이션 형성으로 업무효율 향상

시장 동향

ERP를 도입한 대기업은 정보의 통합성, 실시간 정보처리, 프로세스의 유연성 등 다양한 측면에서 ERP의 활용 효과를 극대화하고 있다. 이러한 ERP의 활용도가 높아질수록 외부 비즈니스에 대한 연결을 통해 정보의 활용도를 극대화시키고자 기업들은 추진한다.

시장 발전주기 측면에서 1999년까지 시장 형성 및 활성화 단계를 거친 SCM 시장은 2000년 기대의 최고점을 지났으며, 2002년부터 SCM 도입에 따른 ROI(Return on Investment)가 나타남에 따라 시장 안정화 단계에 돌입하여 지속적인 성장을 나타내고 있다. 효율적인 Planning과 Execution로부터 오는 이점의 확인, Supply chain solution확대에 대한 사용자의 요구, C-commerce, ERP와 통합기술의 발전, 기업들의 지속적인 효율성과 이익 추구로 인해 세계적인 경기침체에도 불구하고 SCM 시장의 지속적 성장이 예상된다.

SCM 시장은 대형 제조 및 유통/물류 기업을 중심으로 수요가 한정적이어서 높은 성장을 기대하기는 어렵지만 이들 기업들의 수요지속과 함께 글로벌 SCM 이슈가 꾸준하게 제기되면서 5%대의 안정적인 성장세를 유지하고 있는 것으로 분석된다.

SCM은 현재와 같은 경기침체 및 불황기에 더욱 중요한 가치를 지닌다. 왜냐하면 SCM 도입으로 재고 감축과 함께 적기 납품에 성공함으로써 비즈니스 경쟁력을 유지할 수 있기 때문이다. 특히, 부품 및 완성품의 재고 및 공급 관리는 생산 및 판매계획은 물론 나아가 기업의 현금 유동성 문제와 직결되며, 현재와 같은 국내외 경제 변수가 빈번히 발생하는 경우에는 SCM을 통한 기업의 신속한 대응이 경쟁력의 척도가 되기 때문이다.

SCM 시장이 꾸준한 성장을 보일 것으로 예상되는 이유는 경기 침체에 따라 기업들이 매출 및 영업이익을 유지하기 위해 짧아진 제품 수명 주기, 다품목 생산, 납품 기한의 단축 등에 주력하면서 SCM 도입을 확대할 것으로 예상되기 때문이다.

전문가들은 기업의 경쟁력은 단순히 기업의 조달, 생산, 공급 경쟁력으로만 결정되는 것이 아니라 부품 공급, 제품 생산, 운송 등 모든 분야에서 협력사들과 얼마나 효율적인 공급망의 흐름을 구성하느냐에 달려 있다고 지적한다.

따라서 SCM 도입을 통한 진정한 의미의 Time-to-Market 실현은 공급에서 고객까지 이어지는 일련의 프로세스 상에서 비즈니스 불확실성을 최소화하고 최적의 경쟁력을 확보함으로써 궁극적으로는 최소의 비용으로 최고의 고객 만족을 추구하는 경영 패러다임의 혁신을 의미하게 된다.

이러한 분위기 속에서 가시성(Visibility)이 국내 SCM 시장의 가장 주목받는 이슈로 부상하고 있다. 가시성은 한마디로 공급망 전체의 흐름을 정확하게 모니터링하고 공급 흐름에 문제가 발생할 경우 신속한 조치를 취함으로써 원활한 공급망 흐름을 유지하는 것을 말한다.

또한 기업들의 글로벌 비즈니스가 확대되면서 공급망의 복잡화와 개방화가 가속화되고 있는 환경 속에서 주문 충족률을 향상시키고 재고 절감을 위한 수단으로서 그 중요성이 강조되고 있다. 국내에서도 가전, 해운, 반도체, 중공업, 3PL 등 다양한 분야에서 가시성이 실무에 적용되는 사례가 증가하고 있으며, SCM 고도화의 한 축으로 주목받고 있다.

(2) SCM 적용사례

국내 기업과 해외 프로젝트 및 기업의 사례를 벤치마킹하여 향후 발전방향에 대해서 연구해 보자

1) S전자 사례

추진 배경을 살펴보면 OEM 거래선의 확대, 유통거래선의 재고, 결품, Cycle 감축에 대한 요구 등의 경쟁력 강화가 필요하고, 수요/공급관리를 위한 Needs 증가, 경쟁력확보 등 비용절감과 효율성 증대가 필요하였다.

추진 배경

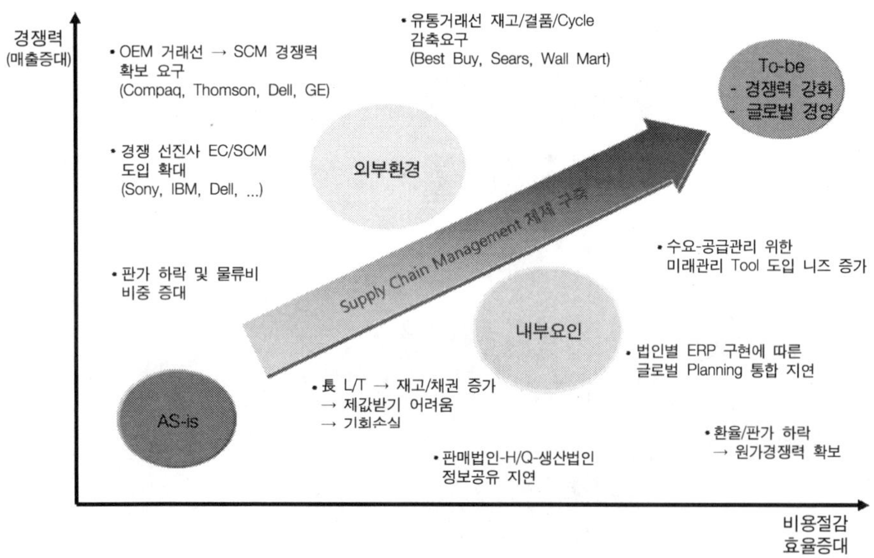

비즈니스 모델을 살펴보면 최종 고객요구에 가장 좋은 제품을 빠르고, 싸게 공급할 수 있도록 고객, 유통 협력회사, 부품 협력회사, 물류 협력회사 및 사내 개발, 판매, 제조, 조달을 포함한 전체 Supply Chain을 대상으로 프로세스, 조직, 시스템을 재구축하는 총체적인 혁신활동이다.

비즈니스 모델

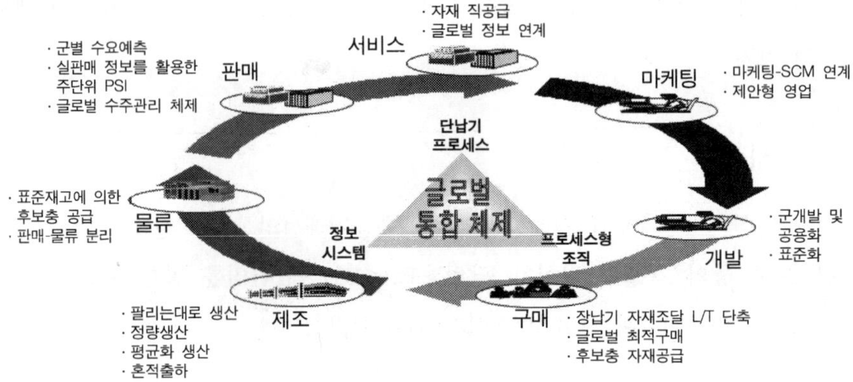

판매거래선, 생산법인이 주요자재에 대해서 효율적인 관리를 통해 상호 협업을 통한 업무 프로세스이다.

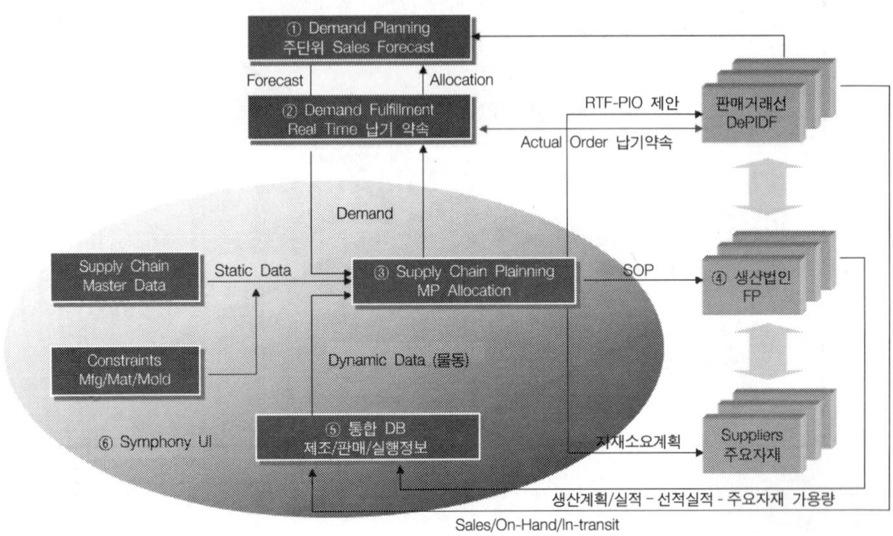

기대 효과

구분	주요내용
Single process, Single data에 의한 경영	Plan Master Data의 Global 통합관리 판매 · 제조 PSI 수작업 작성 배제
수요와 공급의 불확실성 감소	판매법인과 생산현황을 시간단위로 파악할 수 있는 체제 구축 수요와 공급 상황을 본사와 법인이 동시에 공유
주단위 Global Operation 실행(Weekly Plan, Daily Execution)	주단위 글로벌 회의 실시 Early Warning 체제 구축
거래선 Lock-in 효과 - Swithching Cost 유발	Big 거래선에 대한 차별화 된 서비스로 Lock-in
이미지 제고	주요 경쟁사(Sony, Philips 등) Bench Marking 방문 Coporate Account 거래 시 Symphony로 Logistics 경쟁력 과시

향후 공급망 관리뿐만 아니라 고객관리를 XML/EDI를 통합 연계하여 공급, 생산, 물류 및 유통, 고객인도까지 모든 비즈니스 프로세스를 통합 관리하고자 한다.

향후 TO-BE 모델

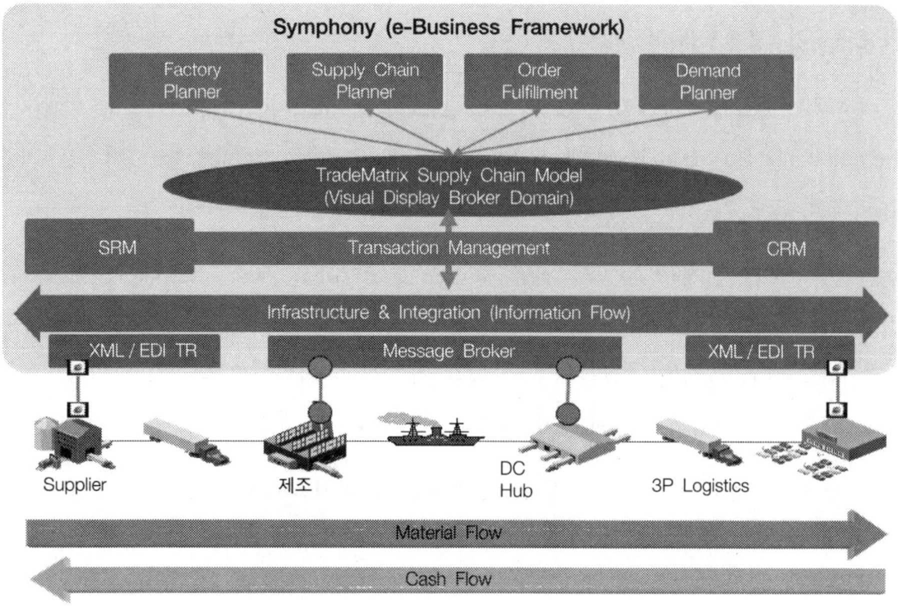

국내기업 사례

구분	P사	S전자	L전자	S전기
추진 배경	- 경영의 신속한 의사결정 필요 - 글로벌 스탠더드에 부합한 시스템 구축 필요	- 법인별 ERP 구현에 따른 글로벌 Planning 통합 지연 - 판매법인 – H/Q – 생산법인 정보공유 지연	- e-Business 대두 - 글로벌 경쟁 심화 - 글로벌 통합의 필요성 증대	- Global 단위의 통합 필요성 증대 - 다품종, 소량주문에 따른 납기 체제 개선의 필요
추진 내용	- 고객, 회사 상호간 Win-Win 가능한 판매 · 생산체제 구축 - 공급사-포스코-고객사 간 Supply Chain 전체를 직결하는 e-Business 체제 구축	- 전 부문 Real-Time 정보공유 - 수요예측의 순차적 가공, 전달 → 단일 Table에서 수요예측 동시 공유 글로벌 재고 및 생산계획에 근거한 납기약속	- 해외법인 업무 프로세스 표준화 주문생산 시스템 구축 - 영업의 Forecast 입력, 조정 및 확정까지의 판매계획 수립 프로세스 - 고객의 주문에 대한 납기약속 체제를 구축	- 전 사업장 통합판매 계획 수립 - 납입지시와 연동된 출하관리 - Global 가용성 Check에 의한 납기 Simulation - 공정생산계획 기준 발주 및 납입지시
효과	- 통합시스템 구축과 정보공유 통한 업무 프로세스 단축 - 시장성을 고려한 상품 개발	- 수요와 공급상황을 본사와 법인이 동시에 공유 - Plan Master Data의 글로벌 통합관리	- Global Visibillity 확보 - Collaboration 기반 확보 - Global 수요/공급의 Match Resource의 균형적 분배	- 주단위 Speed 경영체제 구축 - e-Business 대응을 위한 시스템 기반 구축 - Global 수요, 공급, 재고정보 투명화로 상호 신뢰 구축

2) 대만의 SCM 사례

국제경쟁력 강화와 대만의 Global eBiz Hub化를 하고자 “Chinese Taipei to be the Global e-Business Product & Service Collaboration Center”라는 비전을 가지고 추진하였다.

추진전략으로는 범정부 차원의 전담 추진조직 구성하고 제조, 상거래, 금융, 농업, 건설, 공공부문이며 해당 정부 유관부처가 프로젝트 주관하여 정부는 기술지원, 교육지원, 제도적 지원, 인프라 구축 등을 제공하고 시범업종으로 IT 산업을 선정하고 향후 기타산업으로 확대하여 B2B 부문에 역량을 집중한다.

초기 one-to-many SCM에서 향후 many-to-many SCM으로 발전을 목표로 한다.

사업의 확산 전략

구분	목표	주관	내용
IT	2500개 업체 적용	Ministry of Economic Affairs	- Plan A: HP, Compaq, IBM(3) - Plan B: ACER 등 15개 대만의 주요 제조업체(연간 매출액 US$300million 이상)
제조업	제조부문 70개 Supply Chain 구현 5000개사 참여	The Industrial Development Bureau, Ministry of Economic Affairs	- 자동차, 석유화학, 섬유 등 주요 기간산업 대상 파일럿 프로젝트 수행 중 - 7개 프로젝트 승인
상거래 부문	100개 Supply Chain 구현 20000개사 참여	Dept. of Commerce, MOEA	- 3C Consumer Products, Grocery, Medicine, Content-based Industry(서적, 멀티미디어), Gament, 여행 등 6개 업종 지원 - 6개 국내 소매체인 대상으로 Sales Automation Information System 지원
농업	12개 Supply Chain 구현 1000개사 참여	The Council of Agriculture	- 인터넷 및 e-Commerce 기술을 활용하여 민간부문으로 하여금 신규사업에 투자 유도 - 시범모델로 5개 제품을 선정
건설업	20개 Supply Chain 구현 1000개사 참여	Construction & Planning Administration, MOI	- SCM, ERP 등의 부문에 기술지원 제공 - 선정된 건설사, 투자자 간 Supply Chain 구현
금융업	전자금융제공 및 금융공급망 형성 3년 내 2000개 업체가 Monetary Flow 자동화 구현	Ministry of Finance	- 기업과 금융기관 간 전자금융과 금융서비스 제공 예정 - Internet Fund Transfer, Payment, Inquiry Service 구현 - 은행 간 시스템과 보안시스템에 대해 유관기관이 규격과 표준을 제정
정부조달	전자조달 구현 최소 1만개 기업 참여	Public Construction Commission	- 운영 표준 마련 및 관련법 개정 - 초기 소규모, 정형화된 조달 프로세스에 우선 적용 - 현재 조달공고, Vendor catalogues, 가격, Inquiry, 주문, 결제, CA 서비스 중

▣ 주요내용

- Plan A&B(iAeB Project): IT 업종을 대상으로 하는 SCM 프로젝트/2000년 말 완료

- Plan CDE: 대만에 기반을 둔 다국적 기업이 국내 R&D 활동 및 투자를 지속하도록 하는 한편 글로벌 물류망을 구축하여 업무 효율화와 디자인, 연구, 개발활동의 전산화에 기여할 목적으로 2001년 8월 착수

- New Generation e-Solution Plan: 중국에 진출한 대만기업을 지원하기 위한 'Web Service' 기반의 Global e-Business Infrastructure 구축 진행(2003)

단계별 사업 내용

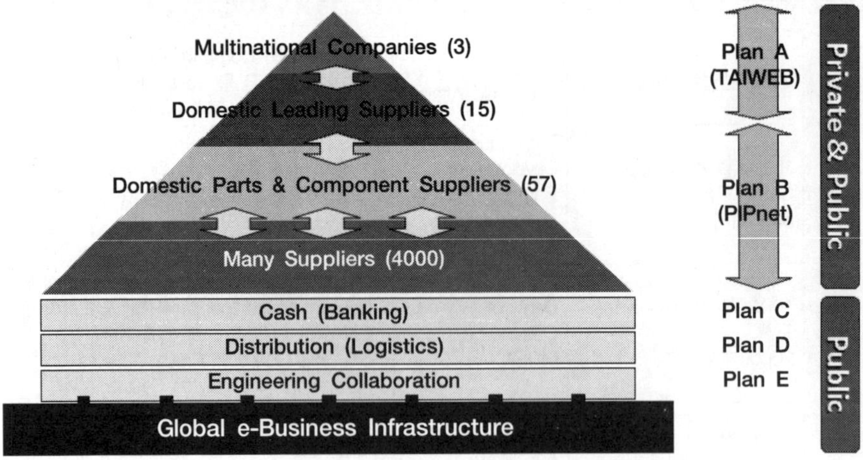

구분	Plan A Project (TaiWeb)	Plan B Project (PIPnet)
Vision	International supply chain hubs	Domestic supply chain network
기대효과	국외 고객과의 협업 증진	국내 공급망의 효율성 향상
Members (Manufacturers)	HP, Compaq, IBM(3)	ACER 등 15개 대만의 주요 제조업체 (연간 매출액 US$ 300 million 이상)
Suppliers	42개 주요 국내 공급업체 참여	약 4000개 국내 공급업체 참여

도입 효과

- 대만의 Plan A(TaiWeb)의 구축으로 인한 비용절감 효과는 총 5천3백만 달러에 달함
- 비용절감 효과는 총 53.9million이고, KPI improvement 효과는 총 24~50%의 효과가 있다.

➲ Cost Saving

Description	Saving(US $)
Suppliers Cost	30million
Finish Goods	18.5million
Labor	3.7million
EDI VAN	1.7million
Total Supply Chain	53.9million

➲ KPI improvement

Description	Before (1999)	After (2001)	Improv. (%)
Order Cycle Time	9days	5.5days	36%
Order Fill Rate	50%	75%	50%
Factory Cycle Time	6.5days	4days	39%
Ship To First Commit	67%	83%	24%

3) 미국기업 HP 사례

HP는 Vancouver 및 싱가포르 공장에서 생산한 DeskJet 프린터를 미국, 유럽, 극동지역의 배송센터에 공급하고 있으며, 긴 수송 리드타임과 표준 전압규격의 차이에 따른 각 배송센터별 안전 재고의 요구수준이 높았다. 또한 제조, 수송 및 재고비용이 증가하고, 각 지역별 고객 수요 변동에 적극적으로 대응하지 못하는 문제가 발생하였다.

이에 HP사는 이런 문제점들을 개선하기 위해서 사용 전압별로 완제품을 만들어 각각의 물류센터로 보내는 방법을 사용하지 않고, 프린터의 설계 단계에서 제품 설계를 변경하여 전원공급장치 부품을 독립적인 부품으로 만들어 지역별 전압에 맞는 전원공급장치를 지역 배송센터에 부품 상태로 보내고, 공용으로 사용되는 부품은 공장에서 조립하여 각 지역 배송 센터로 보내서 고객의 요구가 발생하면 배송센터에서 조립하여 출고하는 방법을 사용하였다.

또한, 한 지역이 다른 지역보다 프린터가 잘 팔리는 경우에는 전원공급장치를 제외한 다른 부품은 공용으로 사용될 수 있기 때문에 부품이 많이 남아있는 배송센터에서 잘 팔리는 배송센터로 이동시킴으로써 재고감소 효과가 발생하고, 이때 사용된 전략은 제품 재설계 전략과 완제품의 완성 시점을 최대한 고객쪽으로 미루는

제품 지연(product postponement) 전략을 활용하였다.

기대효과

전체 Supply Chain에서 재고 비용을 약18% 절감하고 각 지역별 수요 변동에 따른 대응력 및 재고 회전율의 증가, 제조, 수송, 재고 비용을 포함한 총 비용의 약 25%가 절감되는 효과 및 DeskJet 프린터의 점유율을 세계 1위로 성장을 시키는 원동력이 되었다.

HP 4대 프로젝트

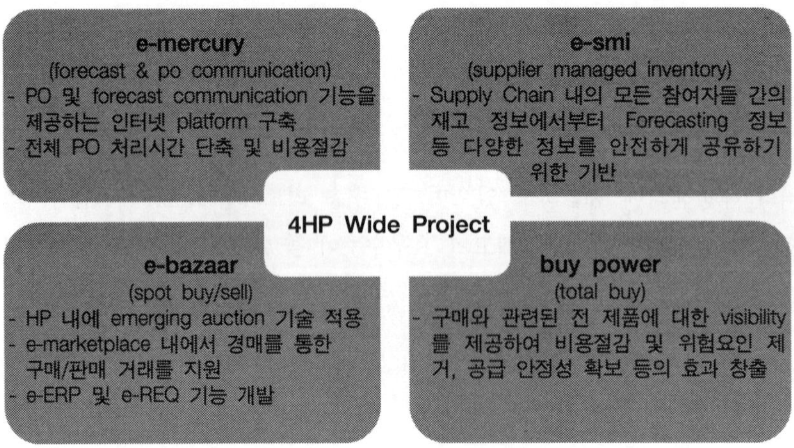

4) Dell의 Supply Chain 통합

Dell의 비즈니스 모델은 'The Dell Direct Mode(DDM)'라는 온라인 판매 방식으로 기존 Off-line 유통망을 통해야만 마케팅이 가능할 것이라는 고정관념을 버리고 온라인으로 승부하겠다는 전략을 실천에 옮긴 것이다.

기존 Supply Chain을 통합한 DDM은 한마디로 고객 주문이 바로 생산 현장으로 직결되는 시스템이다. 일단 고객이 원하는 PC를 온라인을 통해 주문하면 그 정보는 바로 공장으로 전해져 바코드가 부여되고, 이어 부품 협력사에 물품주문서가 전달되고 수 시간 이내에 생산라인에서는 고객이 주문한 컴퓨터 생산이 시작된다.

모든 작업이 실시간으로 진행되기 때문에 주문에서 선적까지 걸리는 시간이 불과 36시간으로 일반 컴퓨터 메이커보다 절반 이상이나 속도가 빠르고, 또한 재고 비용도 타 업체에 비교하여 1/8에 불과하다.

Dell은 판매뿐만 아니라 서비스 기능도 인터넷을 활용하여 통합함으로써 많은 효과를 거두고 있다. Dell은 웹에서 서비스 정보 및 문제 해결 방안, 대화방과 개인별 지원을 위한 커뮤니케이션 기능, 부품 및 소프트웨어 개발업체와의 연계 등의 다양한 온라인서비스를 제품별, 내용별, 개인등록번호별로 제공하고 있다.

고객들은 웹 사이트에 접속하여 스스로 제품에 서비스 기능에 대한 학습이 가능하며, 이를 통해 주당 30,000건 정도의 파일 다운로드를 통해 $15,000/주의 비용 절감, 주당 20,000명의 고객이 서비스 요청을 Call Center가 아닌 온라인으로 조회함으로써 건당 $3~$5의 비용 절감, 30%의 인터넷 고객이 Dell의 광고를 보지 않고도 구매를 결정하는 등 홍보비용의 절감 등의 효과가 나타난다.

Dell은 디지털 기술을 활용하여 기존과는 완전히 다른 새로운 Supply Chain을 구축함으로써 기존 가치사슬 일부를 성공적으로 제거하였고, 이를 통해 업무의 신속성 제고 및 전반적인 비용 감소가 가능하다.

델 SCM의 특징

How Dell Computer defined e-commerce using SCM

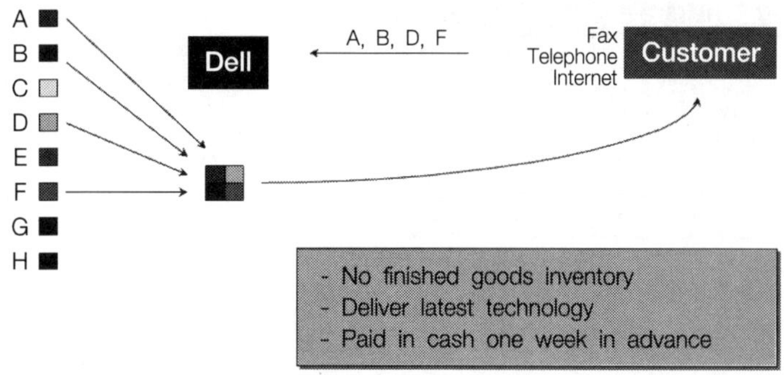

(3) 전자무역 기반의 글로벌 SCM

동북아지역 국가 간 상호 의존이 심화되는 가운데, 대기업에 이어 중소기업의 해외진출이 급증하는 추세에 있어, 중소기업의 해외진출에 따른 비용절감 효과를 극대화하는 동시에 제조업 공동화에 대응하는 국가적 차원의 지원체계가 필요한 배경을 가지고 2003년도부터 동북아 SCM의 업무가 시작되었다.

주요 추진 배경을 살펴보면 동북아 경제중심 추진을 위한 기업 경영의 IT 인프라 필요성을 가지고 있으며 제조업 공동화 대응체제 마련, 본사-현지법인 간 실시간 정보공유 필요성 증대가 절실하였다.

이에 따라 정부에서는 해외진출기업의 본사-생산·판매법인 등 본사-지사 간 글로벌 생산활동을 지원할 수 있는 국가차원의 글로벌 공급망 인프라 확보를 위해, '동북아 GSCM 허브 구축사업' 추진하여 한국 본사-해외 생산법인 및 거래선(고객, 공급자)들을 하나의 Single Business Network에 연계함으로써, 관련 주체 간 Collaboration을 강화하여 기업의 e-Transformation 촉진하고자 한다.

주요 특징

협업 기반의 Collaborative Hub 구현

- 영업, 구매, 생산, 무역, 통관, 물류 등 SCM 전 영역을 포괄하는 기업 업무지원 시스템 구현
- 모든 거래상대와 Single-Window에서 이용 가능한 통합 Supply Chain을 구성
- 기업 및 공급망 상호간 수평, 수직적 거래를 용이하게 하는 협업 기반의 Collaborative Hub 구현

기존 관련사업 성과 활용 및 집대성

- 기존 한일 e-Trade Hub 사업의 표준 전자문서의 국가 간 교환 등 성공적인 성과를 확대 적용
- 유관 국가지원 사업의 성과와 시스템을 본 사업의 기반 인프라로 활용하여 사업 상호간 시너지 효과 극대화

※ERP/SCM 보급사업, 물류 B2B 시범사업, 전자무역 구축사업, 업종별 MP 사업, 전자문서 표준화, ebXML, 로제타넷 등 표준화 지원사업 등

본·지사 간 정보공유 원활화

- 해외진출기업, 특히 중견/중소기업의 본-지사 간 및 본사-생산법인 간 전자무역 공급망 관리 인프라의 지원으로 생산기지 이전 효과를 극대화

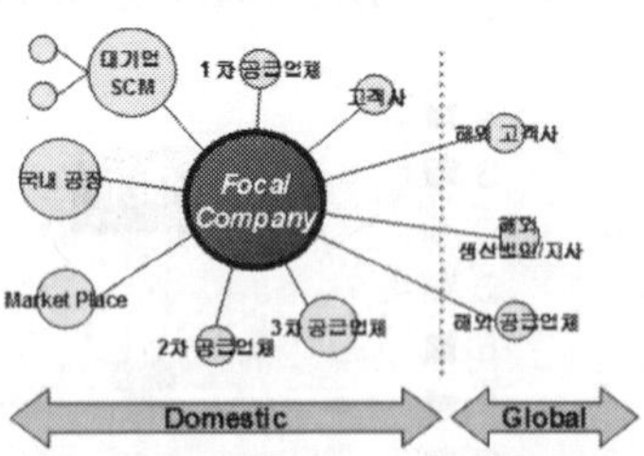

가장 먼저 추진된 것은 한·일간의 eTrade-Hub 구축사업이 시작되면서 정부 주도하에 동북아 GSCM 사업이 본격적으로 시작되었다.

1) 동북아 GSCM 구축

국가 전자무역 플랫폼과 연계하고 PAA 네트워크를 활용하며 해외 전자무역 파트너와 연계함으로써 해외금융, 보험, 세관, 물류, 2nd Vendor 및 Customer와의 연계/통합을 지원하는 국가 전자무역 핵심 인프라로 필요로 하는 다양한 기업들이 주축이 되어 진행되었다.

국내기업으로는 두산(전자), 대우컴퓨터, 부전전자부품, 현대자동차, GM대우자동차, 쌍용자동차, 한국화장품, 한국델파이, 하이텍알씨디, 백금정보통신, 하나로티엔에스, 볼보건설기계코리아, 현대삼호중공업, 신창전기, 쌍용자동차, 엠코테크놀로지 등이 있으며, 해외기업으로는 홍콩의 TAL, 대만의 FORMOSA, TAI-YUNA, BAOTEK, GLOTECH, 중국의 GRACE FABRIC, 일본의 MITSUBISHI, SUMITOMO, 독일의 BOSCH, SIEMENS, INA, 프랑스의 DELPHI DIESEL이 참여하여 전자무역 기반의 글로벌 SCM이 적용되고 있다.

적용 흐름도 및 전자무역 문서

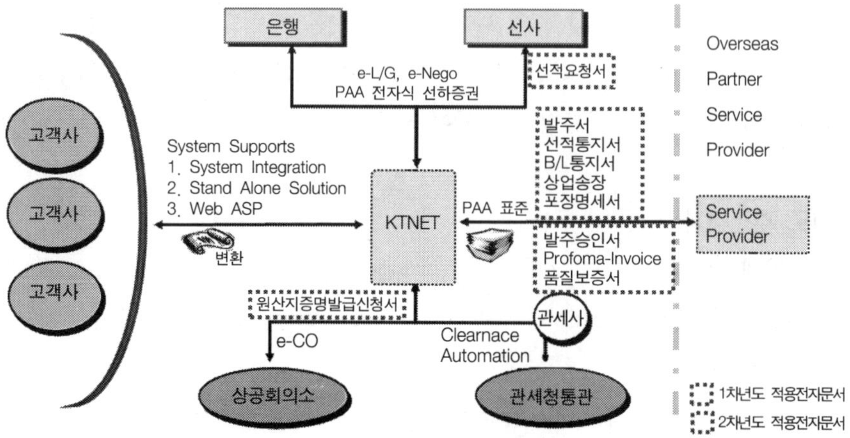

2) ASEM 전자무역 네트워크 구축

ASEM 전자무역 네트워크 구축은 한국과 EU 국가 간 무역거래의 활성화 및 기존 Off-line 상의 무역/물류 업무의 Paperless화를 구현하기 위해 추진하고 있으며, 최종적으로는 ASIA와 EUROPE을 엮는 ASEM 차원의 전자무역 네트워크 구축이다.

추진배경

1 _ EU와의 교역량 증대에 따른 효율적 거래의 모색

2 _ 업무 프로세스 개선을 통한 산업 경쟁력 제고

3 _ 글로벌 전자무역 서비스의 필요성 대두

이러한 추진배경을 바탕으로 ASEM의 협력분야 중 회원국 간의 교역 촉진을 위한 분과회의 중 하나로 TFAP(Trade Facilitation Action Plan) 전자상거래 회의를 구성/운영하여, 2001년 서울에서 개최된 제1차 TFAP 전자상거래 회의에서 전자무역 시범사업을 국제 협력 사업으로 승인하였고, ASEM 회원국 간의 수출입거래에 있어 서류 없는 무역거래(Paperless Trade) 프로세스의 구현을 전제로 하여, 1차 사업년도에는 한국의 현대자동차와 독일의 BOSCH사 간의 부품구매 업무를 Paperless화하는 것을 시범사업으로 추진하고, 그 성과를 바탕으로 적용업무 및 적용대상 기업을 확대 추진 중이다.

2004 TFAP 전자상거래 회의에 전자무역 시범사업의 결과를 보고하고, 전자무역 확산 관련 Basic 가이드라인 제정을 추진하여, 기본 가이드라인을 바탕으로 ASEM 전체 회원국으로 전자무역 확산 추진 중이며 최종적으로는 아시아와 유럽을 엮는 ASEM차원의 전자 무역 네트워크 구현이 최종 목표이다.

1차년도 추진경과

1 _ 상용거래 구축

- 현대자동차-BOSCH, SIEMENS 사간 Invoice, Paking List 실제 상용 거래 체계 구축 및 적용
- 글로비스(현대자동차 물류 담당-MP(현대차의 독일 내 물류담당) 간 선적관련 서류(B/L ADVICE, AIR WAYBILL 등) 상용거래 체계 구축 완료 및 실거래 적용 예정

2 _ 국내외 사용자 확대

- 독일: SIEMENS, INA 베어링사 / 프랑스: DELPHI DIESEL SYSTEM
- 국내: 기존 현대자동차 1개사에서 6 개사 신규 참여 확정
- 볼보건설기계코리아, 현대삼호중공업, (주)신창전기, 쌍용자동차, 하나로T&S(삼성전자 물류/구매 대행업체) 등

3 _ 전자무역 기반 확충을 위한 한-유럽 정부 간 협력 추진

- 영국: KTNET-SITPRO사 간 사업협력 MOU(산자부와 영국 통상산업부 Endorse)
- 독일: '04년 3월 한 -독 경제협력위원회 (한국 산자부, 독일 경제노동부 주관)에서 전자무역 관련 소위원회 설치 추진 합의
- 프랑스: 한-프랑스 정부 차원의 전자무역 협력 합의

4 _ 한-유럽 간 민간협력체 구성 기반 조성

- 독일의 DAKOSY, 영국 SITPRO사와 사업 협력 합의
- 벨기에 SEAGHA사, 프랑스 SOGET사 등을 비롯한 유럽 주요 국가의 통관/물류 자동화 사업자들과의 사업 협력을 통한 한-유럽 간 민간협력체 구성 추진 예정
- EU 집행위 차원의 정책적 지원을 통하여 영국의 SITPRO, 독일의 DAKOSY사 등과 함께 EU 집행위의 IST 프로그램에 가칭 "ASEM 전자무역망" 구축 사업의 제안 추진

적용 전자무역 전자문서

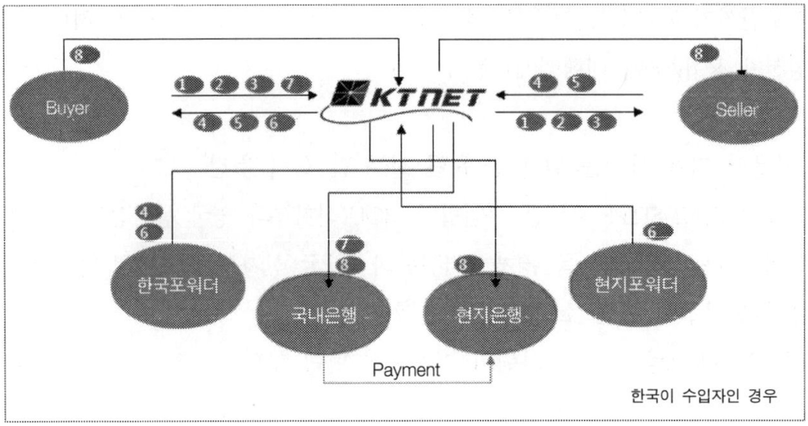

① DELFOR ⑤ ASN
② DELJIT ⑥ B/L ADV Airway Bill
③ P/O ⑦ Payment Request
④ I/V & P/L ⑧ Payment Notice

DELFOR: Delivery Forecast
DELJIT: Delivery Just in Time
P/O: Purchase Order
I/V & P/L: Invoice and Packing List
ASN: Advance Shipping Notice
B/L ADV : Bill of Landing Advice

3) 한 · 일 eTrade-Hub 추진 성과

한 · 일 e-Trade Hub은 상업송장, 물품명세서, 선하증권정보 등의 무역관련 전자문서의 개발 · 적용을 통해 국가 간 서류 없는 전자무역을 구현하였고, 현대자동차의 내부관련 업무는 물론 공급망상의 관련업체에까지 해당 전자문서를 활용 중에 있다.

글로벌 전자무역 부문의 효과로는 현대자동차와 미쓰비시상사 간 수출입에 사용되는 4종의 문서를 전자무역 실거래 서비스에 적용(2월평균 400건 이상 활용)하고 현대자동차의 경우 관련비용이 연간 85억 원으로 절감되었으며, 10개 사로 확산 시 연간 비용절감 총액은 약 400억 원 정도로 예상하고 있다.

적용업체 및 적용 전자문서

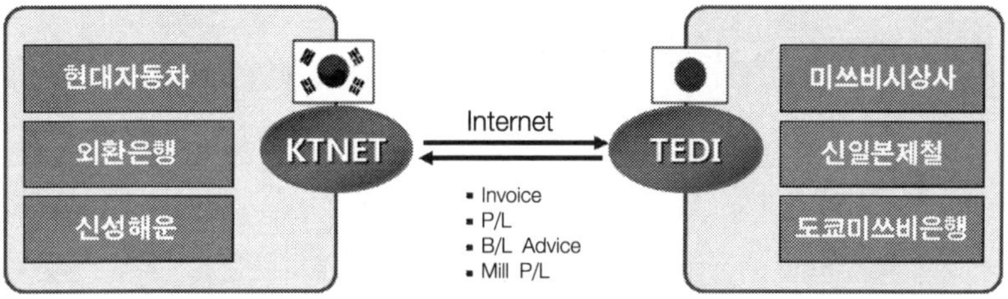

'한 · 일 e-Trade Hub' 사업의 성공적인 성과를 기본 인프라로 하고 공급망 관리, 전자무역, 물류 Visibility를 지원하는 전자무역 및 SCM 통합 인프라의 구축, 운영하고 있다.

전체적인 개념도

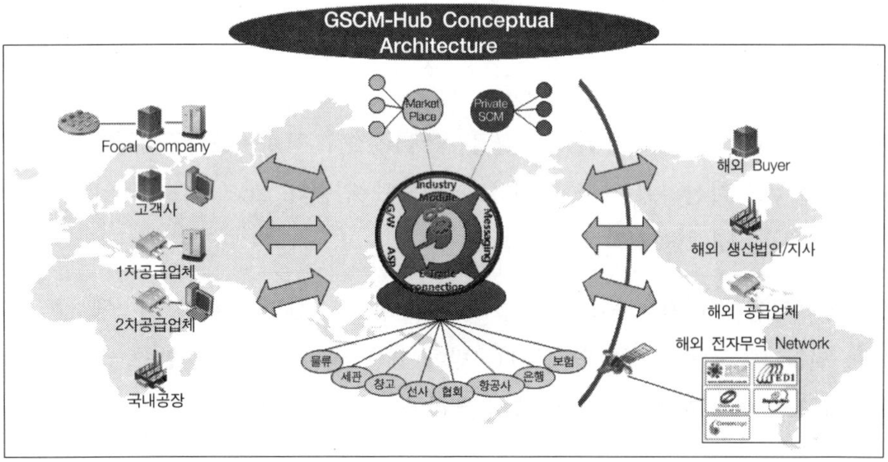

4) 자동차 부품업체 SCM 모델

대기업이 자체적으로 구축 운영 중인 Private SCM망을 동북아 SCM 허브와 연계함으로써 대기업에게는 무역/물류/통관 정보를 제공하고, 협력업체에게는 다국적 Hub & Spoke 형태의 SCM 인프라를 제공한다.

적용 모델

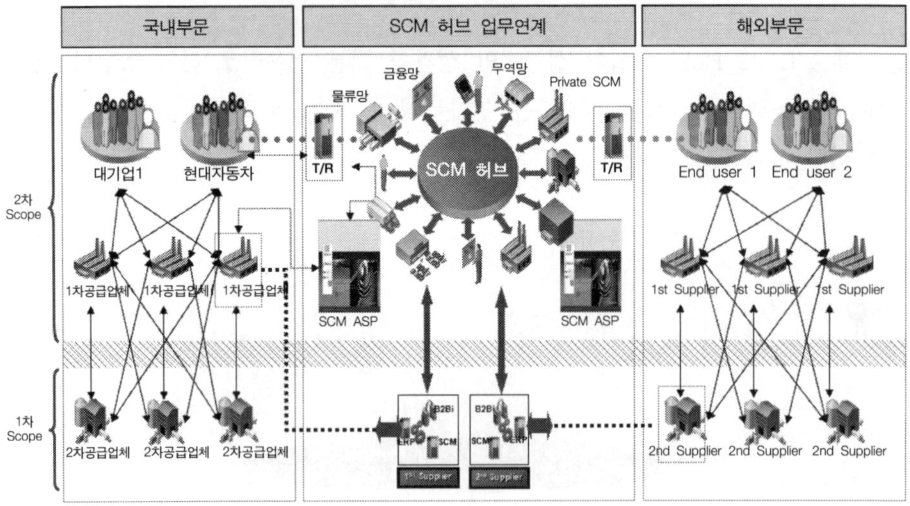

전기/전자업종에 시범 적용된 결과물을 중국 진출 자동차부품업종에 시범 적용함으로써 업종별 확산의 토대를 마련하고, 자동차 업종의 Liner SCM Model을 제시함으로써 산업 경쟁력 강화에 기여하였다.

또한 완성차인 현대자동차와 협력업체의 원활한 생산관리를 위한 시스템 중 정기발주, 일일검수 등을 엑셀 파일로 다운받아 표준 SCM 저장하고 발주-구매-생산-출하의 순으로 본사-지사 간의 업무를 진행한다.

현대자동차의 협력업체에게 수출입 솔루션(외환/상역, 물류, 통관 EDI)을 제공하여 은행, 선사, 세관 등 외부 유관기관과의 EDI 연계 및 KILC 연계를 통한 화물추적 정보를 제공하고, 관련 데이터를 해외공장과 교환하도록 시스템을 구성하여 운영하고 있다.

적용 업무 프로세스

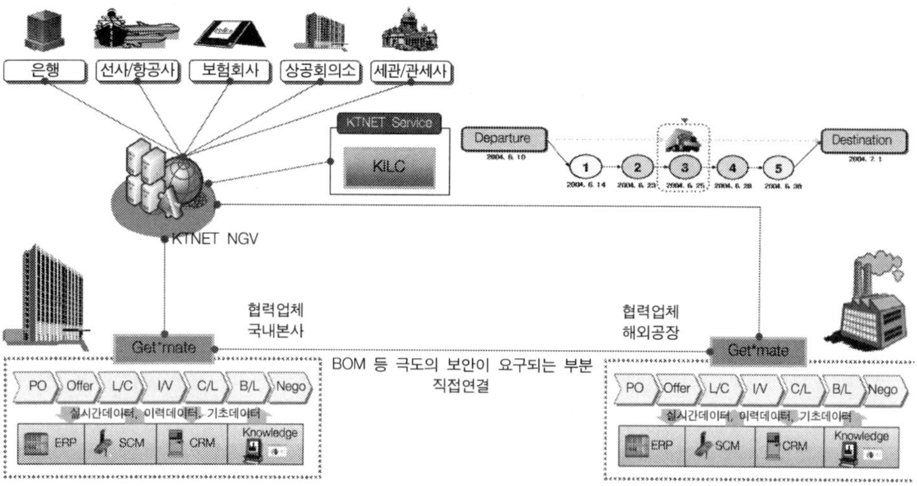
은행
선사/항공사
보험회사
상공회의소
세관/관세사
KTNET Service
KiLC
Departure
Destination
KTNET NGV
협력업체
국내본사
협력업체
해외공장
Get*mate
Get*mate
BOM 등 극도의 보안이 요구되는 부분
직접연결
PO
Offer
L/C
I/V
C/L
B/L
Nego
실시간데이터, 이력데이터, 기초데이터
ERP
SCM
CRM
Knowledge

부 록

대외무역법

중소기업진흥에 관한 법률

전자무역촉진에 관한 법률

대외무역법

[시행 2008.12.26] [법률 제9221호, 2008.12.26, 일부개정]
산업통상자원부(무역정책과) 02-2110-5313

제1장 총칙

제1조 (목적) 이 법은 대외 무역을 진흥하고 공정한 거래 질서를 확립하여 국제 수지의 균형과 통상의 확대를 도모함으로써 국민 경제를 발전시키는 데 이바지함을 목적으로 한다.

제2조 (정의) 이 법에서 사용하는 용어의 뜻은 다음과 같다.

1. "무역"이란 다음 각 목의 어느 하나에 해당하는 것(이하 "물품 등"이라 한다)의 수출과 수입을 말한다.
   가. 물품
   나. 대통령령으로 정하는 용역
   다. 대통령령으로 정하는 전자적 형태의 무체물(無體物)
2. "물품"이란 다음 각 목의 것을 제외한 동산(動産)을 말한다.
   가. 「외국환거래법」에서 정하는 지급수단
   나. 「외국환거래법」에서 정하는 증권
   다. 「외국환거래법」에서 정하는 채권을 화체(化體)한 서류
3. "무역거래자"란 수출 또는 수입을 하는 자, 외국의 수입자 또는 수출자에게서 위임을 받은 자 및 수출과 수입을 위임하는 자 등 물품 등의 수출행위와 수입행위의 전부 또는 일부를 위임하거나 행하는 자를 말한다.

제3조 (자유롭고 공정한 무역의 원칙 등) ①우리나라의 무역은 헌법에 따라 체결·공포된 무역에 관한 조약과 일반적으로 승인된 국제법규에서 정하는 바에 따라 자유롭고 공정한 무역을 조장함을 원칙으로 한다.

②정부는 이 법이나 다른 법률 또는 헌법에 따라 체결·공포된 무역에 관한 조약과 일반적으로 승인된 국제 법규에 무역을 제한하는 규정이 있는

경우에는 그 제한하는 목적을 달성하기 위하여 필요한 최소한의 범위에서 이를 운영하여야 한다.

제4조 (무역의 진흥을 위한 조치) ①지식경제부장관은 무역의 진흥을 위하여 필요하다고 인정되면 대통령령으로 정하는 바에 따라 물품 등의 수출과 수입을 지속적으로 증대하기 위한 조치를 할 수 있다. 〈개정 2008.2.29〉

②지식경제부장관은 제1항에 따른 무역의 진흥을 위하여 필요하다고 인정되면 대통령령으로 정하는 바에 따라 다음 각 호의 어느 하나에 해당하는 자에게 필요한 지원을 할 수 있다. 〈개정 2008.2.29〉

1. 무역의 진흥을 위한 자문, 지도, 대외 홍보, 전시, 연수, 상담 알선 등을 업(業)으로 하는 자
2. 무역전시장이나 무역연수원 등의 무역 관련 시설을 설치 · 운영하는 자
3. 과학적인 무역업무 처리기반을 구축 · 운영하는 자

제5조 (무역에 관한 제한 등 특별 조치) 지식경제부장관은 다음 각 호의 어느 하나에 해당하는 경우에는 대통령령으로 정하는 바에 따라 물품 등의 수출과 수입을 제한하거나 금지할 수 있다. 〈개정 2008.2.29〉

1. 우리나라 또는 우리나라의 무역 상대국(이하 "교역상대국"이라 한다)에 전쟁 · 사변 또는 천재지변이 있을 경우
2. 교역상대국이 조약과 일반적으로 승인된 국제법규에서 정한 우리나라의 권익을 인정하지 아니할 경우
3. 교역상대국이 우리나라의 무역에 대하여 부당하거나 차별적인 부담 또는 제한을 가할 경우
4. 헌법에 따라 체결 · 공포된 무역에 관한 조약과 일반적으로 승인된 국제법규에서 정한 국제평화와 안전유지 등의 의무를 이행하기 위하여 필요할 경우
5. 인간의 생명 · 건강 및 안전, 동물과 식물의 생명 및 건강, 환경보전 또는 국내 자원보호를 위하여 필요할 경우

제6조 (무역에 관한 법령 등의 협의 등) ①무역에 관하여는 이 법에서 정하는 바에 따른다.

②관계 행정기관의 장은 물품 등의 수출 또는 수입을 제한하는 법령이나 훈령 · 고시 등(이하 "수출 · 수입요령"이라 한다)을 제정하거나 개정하려면

미리 지식경제부장관과 협의하여야 한다. 이 경우 지식경제부장관은 관계 행정기관의 장에게 그 수출·수입요령의 조정을 요청할 수 있다. 〈개정 2008.2.29〉

제2장 통상의 진흥

제7조 (통상진흥 시책의 수립) ①지식경제부장관은 무역과 통상을 진흥하기 위하여 매년 다음 연도의 통상진흥 시책을 세워야 한다. 〈개정 2008.2.29〉

②제1항에 따른 통상진흥 시책에는 다음 각 호의 사항이 포함되어야 한다.

1. 통상진흥 시책의 기본 방향
2. 국제통상 여건의 분석과 전망
3. 무역 관련 협상 추진 방안과 대외산업 협력 추진 방안
4. 통상진흥을 위한 자문, 지도, 대외 홍보, 전시, 상담 알선, 전문인력 양성 등 해외시장 개척 지원 방안
5. 통상 관련 정보수집·분석 및 활용 방안
6. 그 밖에 대통령령으로 정하는 사항

③지식경제부장관은 제1항에 따른 통상진흥 시책의 수립을 위한 기초 자료를 수집하기 위하여 교역상대국의 통상 관련 제도·관행 등과 기업이 해외에서 겪는 고충 사항을 조사할 수 있다. 〈개정 2008.2.29〉

④지식경제부장관은 해외에 진출한 기업에 제1항에 따른 통상진흥 시책의 수립에 필요한 자료를 요청하고, 필요한 경우 지원할 수 있다. 〈개정 2008.2.29〉

⑤지식경제부장관은 제1항에 따라 통상진흥 시책을 세우는 경우에는 미리 특별시장, 광역시장, 도지사 또는 특별자치도지사(이하 "시·도지사"라 한다)의 의견을 들어야 하고, 통상진흥 시책을 수립한 때에는 이를 시·도지사에게 알려야 한다. 이를 변경한 경우에도 또한 같다. 〈개정 2008.2.29〉

⑥제5항에 따라 통상진흥 시책을 통보받은 시·도지사는 그 관할 구역의 실정에 맞는 지역별 통상진흥 시책을 수립·시행하여야 한다.

⑦시·도지사는 제6항에 따라 지역별 통상진흥 시책을 수립한 때에는 이를 지식경제부장관에게 알려야 한다. 이를 변경한 때에도 또한 같다. 〈개정 2008.2.29〉

제8조 (민간 협력 활동의 지원 등) ①지식경제부장관은 무역·통상 관련 기관 또는 단체가 교역상대국의 정부, 지방정부, 기관 또는 단체와 통상, 산업, 기술, 에너지 등에서 협력활동을 추진하는 경우 대통령령으로 정하는 바에 따라 필요한 지원을 할 수 있다. 〈개정 2008.2.29〉

②지식경제부장관은 기업의 대외 진출을 지원하기 위하여 무역·통상 관련 기관 또는 단체로부터 정보를 체계적으로 수집하고 분석하여 지방자치단체와 기업에 필요한 정보를 제공할 수 있다. 〈개정 2008.2.29〉

제9조 (종합무역상사 등의 지정) ①지식경제부장관은 해외시장을 개척하고 무역기능을 다양화하며, 중소기업과의 계열화 등을 통한 중소기업의 무역활동을 지원하기 위하여 무역거래자 중에서 종합무역상사를 지정할 수 있다. 〈개정 2008.2.29〉

②지식경제부장관은 첨단산업 제품의 해외시장 진출을 지원하기 위하여 무역거래자 중에서 전문무역상사를 지정할 수 있다. 〈개정 2008.2.29〉

③제1항과 제2항에 따른 지정의 기준 및 절차 등에 필요한 사항은 대통령령으로 정한다.

④지식경제부장관은 제1항 또는 제2항에 따라 지정을 받은 종합무역상사 또는 전문무역상사가 제3항에 따른 지정 기준에 맞지 아니하게 되면 그 지정을 취소할 수 있다. 〈개정 2008.2.29〉

제3장 수출입 거래

제1절 수출입 거래 총칙

제10조 (수출입의 원칙) ①물품 등의 수출입과 이에 따른 대금을 받거나 지급하는 것은 이 법의 목적의 범위에서 자유롭게 이루어져야 한다.

②무역거래자는 대외신용도 확보 등 자유무역질서를 유지하기 위하여 자기 책임으로 그 거래를 성실히 이행하여야 한다.

제11조 (수출입의 제한 등) ①지식경제부장관은 헌법에 따라 체결·공포된 조약과 일반적으로 승인된 국제법규에 따른 의무의 이행, 생물자원의 보호 등을 위하여 필요하다고 인정하면 물품 등의 수출 또는 수입을 제한하거나 금지할 수 있다. 〈개정 2008.2.29〉

②지식경제부장관이 헌법에 따라 체결·공포된 조약과 일반적으로 승인된 국제법규에 따른 의무의 이행, 생물자원의 보호 등을 위하여 지정하는 물품 등을 수출하거나 수입하려는 자는 지식경제부장관의 승인을 받아야 한다. 다만, 긴급히 처리하여야 하는 물품등과 그 밖에 수출 또는 수입 절차를 간소화하기 위한 물품 등으로서 대통령령으로 정하는 기준에 해당하는 물품 등의 수출 또는 수입은 그러하지 아니하다. 〈개정 2008.2.29〉

③제2항에 따라 승인을 받은 자가 승인을 받은 사항 중 대통령령으로 정하는 중요한 사항을 변경하려면 지식경제부장관의 변경승인을 받아야 하고, 그 밖의 경미한 사항을 변경하려면 지식경제부장관에게 신고하여야 한다. 〈개정 2008.2.29〉

④지식경제부장관은 필요하다고 인정하면 제1항과 제2항에 따른 승인 대상 물품 등의 품목별 수량·금액·규격 및 수출 또는 수입지역 등을 한정할 수 있다. 〈개정 2008.2.29〉

⑤지식경제부장관은 제1항부터 제4항까지의 규정에 따른 제한·금지, 승인, 신고, 한정 및 그 절차 등을 정한 경우에는 이를 공고하여야 한다. 〈개정 2008.2.29〉

⑥제19조 또는 제32조에 따라 수출허가를 받거나 수출승인을 받은 자는 제2항에 따른 수출승인을 받은 것으로 본다.

제12조 (통합 공고) ①관계 행정기관의 장은 수출·수입요령을 제정하거나 개정하는 경우에는 그 수출·수입요령이 그 시행일 전에 제2항에 따라 공고될 수 있도록 이를 지식경제부장관에게 제출하여야 한다. 〈개정 2008.2.29〉

②지식경제부장관은 제1항에 따라 제출받은 수출·수입요령을 통합하여 공고하여야 한다. 〈개정 2008.2.29〉

제13조 (특정 거래 형태의 인정 등) ①지식경제부장관은 물품 등의 수출 또는 수입이 원활히 이루어질 수 있도록 대통령령으로 정하는 물품 등의 수출입 거래 형태를 인정할 수 있다. 〈개정 2008.2.29〉

②기획재정부장관이 외국환 거래 관계 법령에 따라 무역대금 결제 방법을 정하려면 미리 지식경제부장관과 협의하여야 한다. 〈개정 2008.2.29〉

제14조 (수출입 승인 면제의 확인) 지식경제부장관은 승인을 받지 아니하고 수출되거나 수입되는 물품 등(제11조 제2항 본문에 해당하는 물품 등만을 말

한다)이 제11조 제2항 단서에 따른 물품 등에 해당하는지를 확인하여야 한다. 〈개정 2008.2.29〉

제15조 (과학적 무역업무의 처리기반 구축) ①지식경제부장관은 물품 등의 수출입 거래가 질서 있고 효율적으로 이루어질 수 있도록 전자문서 교환체제 등 과학적 무역업무의 처리기반을 구축하기 위하여 노력하여야 한다. 〈개정 2008.2.29〉

②지식경제부장관은 제1항에 따른 과학적 무역업무의 처리기반을 구축하기 위하여 필요하다고 인정되면 관계 행정기관의 장에게 통관기록 등 물품 등의 수출입 거래에 관한 정보를 제공하도록 요청할 수 있다. 이 경우 관계 행정기관의 장은 이에 협조하여야 한다. 〈개정 2008.2.29〉

③관계 행정기관의 장은 이 법의 목적의 범위에서 필요하다고 인정되면 지식경제부장관에게 제1항과 제2항에 따라 구축된 물품 등의 수출입 거래에 관한 정보를 제공하도록 요청할 수 있다. 이 경우 지식경제부장관은 이에 협조하여야 한다. 〈개정 2008.2.29〉

제2절 외화획득용 원료 · 기재의 수입과 구매 등

제16조 (외화획득용 원료 · 기재의 수입 승인 등) ①지식경제부장관은 원료, 시설, 기재(機材) 등 외화획득을 위하여 사용되는 물품 등(이하 "원료 · 기재"라 한다)의 수입에 대하여는 제11조 제4항을 적용하지 아니할 수 있다. 다만, 국산 원료 · 기재의 사용을 촉진하기 위하여 필요한 경우에는 그러하지 아니하다. 〈개정 2008.2.29〉

②지식경제부장관은 제1항에 따른 원료 · 기재의 범위, 품목 및 수량을 정하여 공고할 수 있다. 〈개정 2008.2.29〉

③제1항에 따라 원료 · 기재를 수입한 자와 수입을 위탁한 자는 그 수입에 대응하는 외화획득을 하여야 한다. 다만, 제17조에 따라 지식경제부장관의 승인을 받은 경우에는 그러하지 아니하다. 〈개정 2008.2.29〉

④제3항에 따른 외화획득의 범위, 이행기간, 확인방법, 그 밖에 필요한 사항은 대통령령으로 정한다.

제17조 (외화획득용 원료 · 기재의 목적을 벗어난 사용 등) ①제16조 제1항에 따라 원료 · 기재를 수입한 자는 그 수입한 원료 · 기재 또는 그 원료 · 기재로

제조된 물품 등을 부득이한 사유로 인하여 당초의 목적 외의 용도로 사용하려면 대통령령으로 정하는 바에 따라 지식경제부장관의 승인을 받아야 한다. 다만, 대통령령으로 정하는 원료 · 기재 또는 그 원료 · 기재로 제조된 물품 등에 대하여는 그러하지 아니하다. 〈개정 2008.2.29〉

②제16조 제1항에 따라 수입한 원료 · 기재 또는 그 원료 · 기재로 제조된 물품 등을 당초의 목적과 같은 용도로 사용하거나 수출하려는 자에게 양도(讓渡)하려는 때에는 양도하려는 자와 양수(讓受)하려는 자가 함께 지식경제부장관의 승인을 받아야 한다. 다만, 대통령령으로 정하는 원료 · 기재 또는 그 원료 · 기재로 제조된 물품 등에 대하여는 그러하지 아니하다. 〈개정 2008.2.29〉

③제2항에 따라 원료 · 기재 또는 그 원료 · 기재로 제조된 물품 등을 양수한 자에 관하여는 제16조 제3항 및 제4항을 준용한다.

제18조 (구매확인서의 발급 등) ①지식경제부장관은 외화획득용 원료 · 기재를 구매하려는 자가 「부가가치세법」 제11조 제1항 제4호에 따른 영(零)의 세율을 적용받기 위하여 확인을 신청하면 외화획득용 원료 · 기재를 구매하는 것임을 확인하는 서류(이하 "구매확인서"라 한다)를 발급할 수 있다. 〈개정 2008.2.29〉

②지식경제부장관은 구매확인서를 발급받은 자에 대하여는 외화획득용 원료 · 기재의 구매 여부를 사후관리하여야 한다. 〈개정 2008.2.29〉

③제1항과 제2항에 따른 구매확인서의 신청 · 발급절차 및 사후관리 등에 필요한 사항은 대통령령으로 정한다.

제3절 전략물자의 수출입

제19조 (전략물자의 고시 및 수출허가 등) ①지식경제부장관은 대통령령으로 정하는 다자간 국제수출통제체제의 원칙에 따라 국제평화 및 안전유지와 국가안보를 위하여 수출허가 등 제한이 필요한 물품 등을 지정하여 고시하여야 한다. 〈개정 2008.2.29〉

②제1항에 따라 지정 · 고시된 물품 등(이하 "전략물자"라 한다)을 수출하려는 자는 대통령령으로 정하는 바에 따라 지식경제부장관이나 관계 행정기관의 장의 허가(이하 "수출허가"라 한다)를 받아야 한다. 〈개정 2008.2.29〉

③전략물자에는 해당되지 아니하나 대량파괴무기와 그 운반수단인 미사일(이하 "대량파괴무기 등"이라 한다)의 제조·개발·사용 또는 보관 등의 용도로 전용될 가능성이 높은 물품 등을 수출하려는 자는 그 물품 등의 수입자나 최종 사용자가 그 물품 등을 대량파괴무기 등의 제조·개발·사용 또는 보관 등의 용도로 전용할 의도가 있음을 알았거나 그 수출이 다음 각 호의 어느 하나에 해당되어 그러한 의도가 있다고 의심되면 대통령령으로 정하는 바에 따라 지식경제부장관이나 관계 행정기관의 장의 허가(이하 "상황허가"라 한다)를 받아야 한다. 〈개정 2008.2.29〉

1. 수입자가 해당 물품 등의 최종 용도에 관하여 필요한 정보 제공을 기피하는 경우
2. 수출하려는 물품 등이 최종 사용자의 사업 분야에 해당되지 아니하는 경우
3. 수출하려는 물품 등이 수입국가의 기술수준과 현저한 격차가 있는 경우
4. 최종 사용자가 해당 물품 등이 활용될 분야의 사업경력이 없는 경우
5. 최종 사용자가 해당 물품 등에 대한 전문적 지식이 없으면서도 그 물품 등의 수출을 요구하는 경우
6. 최종 사용자가 해당 물품 등에 대한 설치·보수 또는 교육훈련 서비스를 거부하는 경우
7. 해당 물품 등의 최종 수하인(受荷人)이 운송업자인 경우
8. 해당 물품 등에 대한 가격 조건이나 지불 조건이 통상적인 범위를 벗어나는 경우
9. 특별한 이유 없이 해당 물품 등의 납기일이 통상적인 기간을 벗어난 경우
10. 해당 물품 등의 수송경로가 통상적인 경로를 벗어난 경우
11. 해당 물품 등의 수입국 내 사용 또는 재수출 여부가 명백하지 아니한 경우
12. 해당 물품 등에 대한 정보나 목적지 등에 대하여 통상적인 범위를 벗어나는 보안을 요구하는 경우
13. 그 밖에 국제정세의 변화 또는 국가안전보장을 해치는 사유의 일시적 발생 등으로 지식경제부장관이나 관계 행정기관의 장이 한시적으로 수출허가를 받도록 정하여 고시하는 경우

④지식경제부장관이나 관계 행정기관의 장은 수출허가 신청이나 상황허가 신청을 받으면 국제평화 및 안전유지와 국가안보 등 대통령령으로 정하는 기준에 따라 수출허가나 상황허가를 할 수 있다. 〈개정 2008.2.29〉

제20조 (전략물자의 제조자 및 무역거래자의 확인의무 등) ①물품 등의 제조자나 무역거래자는 사전에 그 물품 등이 전략물자에 해당하는지를 확인하여야 한다. 다만, 제19조 제2항 및 제3항에 해당할 가능성이 없는 물품 등으로서 대통령령으로 정하는 경우에는 그러하지 아니하다.

②제1항의 제조자나 무역거래자는 대통령령으로 정하는 바에 따라 지식경제부장관이나 관계 행정기관의 장에게 전략물자에 해당하는지에 대한 판정을 신청할 수 있다. 이 경우 지식경제부장관이나 관계 행정기관의 장은 제29조에 따른 전략물자관리원장에게 판정을 위임하거나 위탁할 수 있다. 〈개정 2008.2.29〉

③제1항의 제조자나 무역거래자는 다음 각 호의 서류를 5년간 보관하여야 한다.

1. 제1항에 따른 확인에 관한 서류
2. 제2항에 따른 판정을 신청한 경우에는 그 판정에 관한 서류
3. 전략물자 또는 상황허가 대상인 물품 등을 수출하거나 전략물자를 중개한 자의 경우 그 수출허가 · 상황허가 또는 중개허가에 관한 서류
4. 그 밖에 대통령령으로 정하는 서류

제21조 (전략물자의 제조자 · 수입자의 신고 및 통보 의무) ①전략물자를 제조하거나 수입하는 자는 전략물자를 제조하거나 수입하는 경우 출고일 또는 「관세법」 제248조 제1항에 따른 수입신고의 수리일부터 30일 이내에 대통령령으로 정하는 바에 따라 관계 행정기관의 장에게 신고하여야 한다. 다만, 제22조에 따라 수입목적확인서를 발급받은 경우에는 신고하지 아니한다.

②전략물자를 제조하거나 수입한 자가 그 전략물자를 다른 사람에게 인도할 때에는 대통령령으로 정하는 바에 따라 상대방에게 그 물품 등이 전략물자라는 사실을 통보하여야 한다.

제22조 (수입목적확인서의 발급) 전략물자를 수입하려는 자는 대통령령으로 정하는 바에 따라 지식경제부장관이나 관계 행정기관의 장에게 수입목적 등의 확인을 내용으로 하는 수입목적확인서의 발급을 신청할 수 있다. 이 경우

지식경제부장관과 관계 행정기관의 장은 확인 신청 내용이 사실인지 확인한 후 수입목적확인서를 발급할 수 있다. 〈개정 2008.2.29〉

제23조 (전략물자 등에 대한 이동중지명령 등) ①지식경제부장관과 관계 행정기관의 장은 전략물자나 상황허가 대상인 물품 등(이하 이 조에서 "전략물자 등"이라 한다)이 허가를 받지 아니하고 수출되거나 거짓이나 그 밖의 부정한 방법으로 허가를 받아 수출되는 것(이하 "불법수출"이라 한다)을 막기 위하여 필요하면 적법한 수출이라는 사실이 확인될 때까지 전략물자 등의 이동중지명령을 할 수 있다. 〈개정 2008.2.29〉

②제1항에도 불구하고 지식경제부장관과 관계 행정기관의 장은 전략물자 등의 불법수출을 막기 위하여 긴급하게 그 이동을 제한할 필요가 있으면 적법한 수출이라는 사실이 확인될 때까지 직접 그 이동을 중지시킬 수 있다. 〈개정 2008.2.29〉

③지식경제부장관과 관계 행정기관의 장은 국제기구나 외국 정부가 국내 항만이나 공항을 경유하거나 국내에서 옮겨 싣는 외국의 전략물자 등의 이동중지에 관한 협조를 요청하면 전략물자 등의 이동중지명령을 할 수 있으며, 긴급하게 이동을 제한할 필요가 있으면 직접 이동을 중지시킬 수 있다. 〈개정 2008.2.29〉

④지식경제부장관과 관계 행정기관의 장은 직접 제2항이나 제3항에 따른 이동중지조치를 하기가 적절하지 아니하면 다른 행정기관에 협조를 요청할 수 있다. 이 경우 협조를 요청받은 행정기관은 국내 또는 외국의 전략물자 등의 국가 간 불법수출을 막을 수 있도록 협조하여야 한다. 〈개정 2008.2.29〉

⑤제2항부터 제4항까지의 규정에 따라 이동중지조치를 하는 공무원은 그 권한을 표시하는 증표를 지니고 이를 관계인에게 내보여야 한다.

⑥제1항부터 제4항까지의 규정에 따른 이동중지명령 및 이동중지조치의 기간과 방법은 전략물자 등의 국가 간 불법수출을 막기 위하여 필요한 최소한도에 그쳐야 한다.

제24조 (전략물자의 중개) ①국내에 거주하는 대한민국 국민(국내법에 따라 설립된 법인을 포함한다)이 전략물자를 제3국에서 다른 제3국으로 이전하거나 매매하기 위한 중개를 하려면 대통령령으로 정하는 바에 따라 지식경제부

장관이나 관계 행정기관의 장의 허가를 받아야 한다. 다만, 그 전략물자의 이전·매매가 수출국으로부터 제19조 제1항의 다자간 국제수출통제체제의 원칙에 따른 수출허가를 받은 것이면 그러하지 아니하다. 〈개정 2008.2.29〉

②지식경제부장관과 관계 행정기관의 장은 제1항 본문에 따라 중개허가의 신청을 받으면 국제평화 및 안전유지와 국가안보 등 대통령령으로 정하는 기준에 따라 중개허가를 할 수 있다. 〈개정 2008.2.29〉

제25조 (자율준수무역거래자) ①지식경제부장관은 기업의 자율적인 전략물자 관리 능력을 높이기 위하여 전략물자 여부에 대한 판정능력, 수입자 및 최종 사용자에 대한 분석능력 등 대통령령으로 정하는 능력을 갖춘 무역거래자를 자율준수무역거래자로 지정할 수 있다. 〈개정 2008.2.29〉

②지식경제부장관은 제1항에 따라 지정을 받은 자율준수무역거래자(이하 이 조에서 "자율준수무역거래자"라 한다)에게 대통령령으로 정하는 바에 따라 전략물자에 대한 수출통제업무의 일부를 자율적으로 관리하게 할 수 있다. 〈개정 2008.2.29〉

③자율준수무역거래자는 제2항에 따라 자율적으로 관리하는 전략물자의 수출실적 등을 대통령령으로 정하는 바에 따라 지식경제부장관에게 보고하여야 한다. 〈개정 2008.2.29〉

④지식경제부장관은 다음 각 호의 어느 하나에 해당하는 경우에는 자율준수무역거래자의 지정을 취소할 수 있다. 〈개정 2008.2.29〉

1. 제1항에 따른 대통령령으로 정하는 능력을 유지하지 못하는 경우
2. 고의나 중대한 과실로 제19조 제2항에 따른 수출허가를 받지 아니하고 전략물자를 수출한 경우
3. 고의나 중대한 과실로 제19조 제3항에 따른 상황허가를 받지 아니하고 상황허가 대상인 물품 등을 수출한 경우
4. 고의나 중대한 과실로 제20조 제1항에 따른 확인의무를 이행하지 아니한 경우
5. 고의나 중대한 과실로 제20조 제3항에 따른 보관의무를 이행하지 아니한 경우
6. 고의나 중대한 과실로 제21조 제1항에 따른 신고의무를 이행하지 아니한 경우

7. 고의나 중대한 과실로 제21조 제2항에 따른 통보의무를 이행하지 아니한 경우
8. 고의나 중대한 과실로 제24조에 따른 중개허가를 받지 아니하고 전략물자를 중개한 경우
9. 제3항에 따른 보고의무를 이행하지 아니한 경우

제26조 (전략물자·기술 수출입 통합고시) 지식경제부장관은 관계 행정기관의 장과 협의하여 제19조부터 제25조까지의 규정에 관한 요령과 「기술개발촉진법」 제13조 제5항에 따른 전략기술에 관한 내용 등을 통합하여 전략물자·기술 수출입 통합고시로 고시하여야 한다. 〈개정 2008.2.29〉

제27조 (비밀 준수 의무) 이 법에 따른 전략물자의 수출입통제업무와 관련된 공무원, 제29조에 따른 전략물자관리원의 임직원과 제29조 제5항 제1호의 사전확인 업무와 관련된 자는 전략물자 수출입통제업무의 수행과정에서 알게 된 영업상 비밀을 그 업체의 동의 없이 외부에 누설하여서는 아니된다.

제28조 (전략물자 수출입관리 정보시스템의 구축·운영) ①지식경제부장관은 다음 각 호의 업무를 수행하기 위하여 관계 행정기관의 장 및 제29조에 따른 전략물자관리원과 공동으로 전략물자 수출입관리 정보시스템을 구축·운영할 수 있다. 〈개정 2008.2.29〉

1. 수출허가, 상황허가, 제20조 제2항에 따른 판정, 제21조 제1항에 따른 신고, 제22조에 따른 수입목적확인서의 발급 등에 관한 업무
2. 전략물자의 수출입통제에 필요한 정보의 수집·분석 및 관리 업무

②제1항에 따른 전략물자 수출입관리 정보시스템의 구축·운영에 필요한 사항은 대통령령으로 정한다.

제29조 (전략물자관리원의 설립 등) ①전략물자의 수출입 업무와 관리 업무를 효율적으로 지원하기 위하여 전략물자관리원을 설립한다.

②전략물자관리원은 법인으로 한다.

③전략물자관리원은 정관으로 정하는 바에 따라 임원과 직원을 둔다.

④전략물자관리원은 그 주된 사무소의 소재지에서 설립등기를 함으로써 성립한다.

⑤전략물자관리원은 정부의 전략물자 관리정책에 따라 다음 각 호의 업무

를 수행한다.

1. 제20조 제2항 후단에 따른 사전확인 업무
2. 제28조 제1항에 따른 전략물자 수출입관리 정보시스템의 운영 업무
3. 전략물자의 수출입자에 대한 교육 업무
4. 그 밖에 대통령령으로 정하는 업무

⑥전략물자관리원의 장은 지식경제부장관의 승인을 받아 제5항 각 호의 업무에 관하여 관리원을 이용하는 자에게 일정한 수수료를 징수할 수 있다. 〈개정 2008.2.29〉

⑦전략물자관리원에 관하여 이 법에서 정한 것 외에는 「민법」 중 재단법인에 관한 규정을 준용한다.

⑧정부는 전략물자관리원의 설립·운영에 필요한 경비를 예산의 범위에서 출연하거나 지원할 수 있다.

제30조 (전략물자 수출입통제 협의회) ①지식경제부장관과 관계 행정기관의 장은 전략물자의 수출입통제와 관련된 부처 간 협의를 위하여 공동으로 전략물자 수출입통제 협의회(이하 이 조에서 "협의회"라 한다)를 구성할 수 있다. 〈개정 2008.2.29〉

②협의회의 회의는 관계 행정기관의 소관 업무별로 그 소관 관계 행정기관의 장이 주재한다.

③협의회는 협의회의 안건에 관하여 필요하면 대통령령으로 정하는 정보수사기관의 장에게 조사·지원을 요청할 수 있다.

④협의회의 구성과 운영에 필요한 사항은 대통령령으로 정한다.

제31조 (전략물자의 수출입 제한 등) ①지식경제부장관은 관계 행정기관의 장과 협의하여 다음 각 호의 어느 하나에 해당하는 자에게 3년 이내의 범위에서 일정 기간 동안 전략물자의 전부 또는 일부의 수출이나 수입을 제한할 수 있다. 〈개정 2008.2.29〉

1. 제19조 제2항에 따른 수출허가를 받지 아니하고 전략물자를 수출한 자
2. 제19조 제3항에 따른 상황허가를 받지 아니하고 상황허가 대상인 물품등을 수출한 자
3. 전략물자의 수출이나 수입에 관한 제19조 제1항의 다자간 국제 수출통제체제의 원칙을 위반한 자로서 대통령령으로 정하는 자

②관계 행정기관의 장은 제1항 각 호의 어느 하나에 해당하는 자가 있음을 알게 되면 즉시 지식경제부장관에게 통보하여야 한다. 〈개정 2008.2.29〉

③지식경제부장관은 제1항에 따라 전략물자의 수출입을 제한한 자와 외국정부가 자국의 법령에 따라 전략물자의 수출입을 제한한 자의 명단과 제한 내용을 공고할 수 있다. 〈개정 2008.2.29〉

제4절 산업설비수출

제32조 (산업설비수출의 승인 등) ①지식경제부장관은 다음 각 호의 어느 하나에 해당하는 수출(이하 "산업설비수출"이라 한다)을 하려는 자가 신청하는 경우에는 대통령령으로 정하는 바에 따라 그 산업설비수출을 승인할 수 있다. 승인한 사항을 변경할 때에도 또한 같다. 〈개정 2008.2.29〉

1. 농업 · 임업 · 어업 · 광업 · 제조업, 전기 · 가스 · 수도사업, 운송 · 창고업 및 방송 · 통신업을 경영하기 위하여 설치하는 기재 · 장치 및 대통령령으로 정하는 설비 중 지식경제부장관이 정하는 일정 규모 이상의 산업설비의 수출
2. 산업설비 · 기술용역 및 시공을 포괄적으로 행하는 수출(이하 "일괄수주방식에 의한 수출"이라 한다)

②지식경제부장관은 제1항에 따른 승인 또는 변경승인을 하기 위하여 필요하면 산업설비수출의 타당성에 관하여 관계 행정기관의 장의 의견을 들어야 한다. 이 경우 의견을 제시할 것을 요구받은 관계 행정기관의 장은 정당한 사유가 없으면 지체 없이 지식경제부장관에게 의견을 제시하여야 한다. 〈개정 2008.2.29〉

③지식경제부장관이 일괄수주방식에 의한 수출에 대하여 승인 또는 변경승인하려는 때에는 미리 노동부장관과 국토해양부장관의 동의를 받아야 한다. 이 경우 노동부장관의 동의를 받은 때에는 「직업안정법」에 따른 국외 취업자의 모집이 신고된 것으로 본다. 〈개정 2008.2.29〉

④지식경제부장관은 일괄수주방식에 의한 수출로서 건설용역 및 시공부문의 수출에 관하여는 「해외건설촉진법」에 따른 해외건설업자에 대하여만 승인 또는 변경 승인할 수 있다. 〈개정 2008.2.29〉

⑤지식경제부장관은 제1항에 따른 산업설비수출의 승인 또는 변경승인을

한 경우에는 이를 관계 행정기관의 장에게 지체 없이 알려야 한다. 〈개정 2008.2.29〉

⑥산업설비수출을 하려는 자는 그에 관한 시장조사, 정보교환, 수주, 협동화사업을 추진할 수 있다. 이 경우 지식경제부장관은 산업설비수출 관련 기관 또는 단체를 지정하여 이들 사업을 촉진시키기 위한 활동을 수행하게 할 수 있다. 〈개정 2008.2.29.〉

제5절 원산지의 표시 등

제33조 (수출입 물품 등의 원산지의 표시) ①지식경제부장관이 공정한 거래 질서의 확립과 소비자 보호를 위하여 원산지를 표시하여야 하는 대상으로 공고한 물품 등(이하 "원산지표시대상물품"이라 한다)을 수출하거나 수입하려는 자는 그 물품 등에 대하여 원산지를 표시하여야 한다. 〈개정 2008.2.29〉

②제1항에 따른 원산지의 표시방법 · 확인, 그 밖에 표시에 필요한 사항은 대통령령으로 정한다.

③무역거래자 또는 물품 등의 판매업자는 다음 각 호의 어느 하나에 해당하는 행위를 하여서는 아니 된다. 다만, 제3호의 경우에는 무역 거래자의 경우만 해당된다.

1. 원산지를 거짓으로 표시하거나 원산지를 오인(誤認)하게 하는 표시를 하는 행위
2. 원산지의 표시를 손상하거나 변경하는 행위
3. 원산지표시대상물품에 대하여 원산지 표시를 하지 아니하는 행위

④지식경제부장관은 제1항부터 제3항까지의 규정을 위반하였는지 확인하기 위하여 필요하다고 인정하면 수입한 물품등과 대통령령으로 정하는 관련 서류를 검사할 수 있다. 〈개정 2008.2.29〉

⑤지식경제부장관은 제2항에 따른 원산지 표시방법을 위반하거나 제3항을 위반하는 행위가 있으면 그 행위자에게 원상복구 등 대통령령으로 정하는 시정조치를 명하거나 3천만원 이하의 과징금을 부과할 수 있다. 〈개정 2008.2.29〉

⑥제5항에 따라 과징금을 부과하는 위반 행위의 종류와 정도에 따른 과징금의 금액과 그 밖에 필요한 사항은 대통령령으로 정한다.

⑦지식경제부장관은 제5항에 따른 과징금을 내야 하는 자가 납부기한까지 내지 아니하면 국세 체납처분의 예에 따라 징수한다. 〈개정 2008.2.29〉

제34조 (원산지 판정 등) ①지식경제부장관은 필요하다고 인정하면 수출 또는 수입 물품 등의 원산지 판정을 할 수 있다. 〈개정 2008.2.29〉

②원산지 판정의 기준은 대통령령으로 정하는 바에 따라 지식경제부장관이 정하여 공고한다. 〈개정 2008.2.29〉

③무역거래자 또는 물품 등의 판매업자 등은 수출 또는 수입 물품 등의 원산지 판정을 지식경제부장관에게 요청할 수 있다. 〈개정 2008.2.29〉

④지식경제부장관은 제3항에 따라 요청을 받은 경우에는 해당 물품 등의 원산지 판정을 하여서 요청한 사람에게 알려야 한다. 〈개정 2008.2.29〉

⑤제4항에 따라 통보를 받은 자가 원산지 판정에 불복하는 경우에는 통보를 받은 날부터 30일 이내에 지식경제부장관에게 이의를 제기할 수 있다. 〈개정 2008.2.29〉

⑥지식경제부장관은 제5항에 따라 이의를 제기 받은 경우에는 이의 제기를 받은 날부터 150일 이내에 이의 제기에 대한 결정을 알려야 한다. 〈개정 2008.2.29〉

⑦원산지 판정의 요청, 이의 제기 등 원산지 판정의 절차에 필요한 사항은 대통령령으로 정한다.

제35조 (수입원료를 사용한 국내생산 물품 등의 원산지 판정 기준) ①지식경제부장관은 공정한 거래질서의 확립과 소비자 보호를 위하여 필요하다고 인정하면 수입원료를 사용하여 국내에서 생산되어 국내에서 유통되거나 판매되는 물품 등(이하 이 조에서 "국내생산물품 등"이라 한다)에 대한 원산지 판정에 관한 기준을 관계 중앙행정기관의 장과 협의하여 정할 수 있다. 다만, 다른 법령에서 국내생산물품 등에 대하여 다른 기준을 규정하고 있는 경우에는 그러하지 아니하다. 〈개정 2008.2.29〉

②지식경제부장관은 제1항에 따라 국내생산물품 등에 대한 원산지 판정에 관한 기준을 정하면 이를 공고하여야 한다. 〈개정 2008.2.29〉

제36조 (수입물품 등의 원산지증명서의 제출) ①지식경제부장관은 원산지를 확인하기 위하여 필요하다고 인정하면 물품 등을 수입하려는 자에게 그 물품 등의 원산지 국가 또는 물품 등을 선적(船積)한 국가의 정부 등이 발행하

는 원산지증명서를 제출하도록 할 수 있다. 〈개정 2008.2.29〉

②제1항에 따른 원산지증명서의 제출과 그 확인에 필요한 사항은 대통령령으로 정한다.

제37조 (수출물품의 원산지증명서의 발급 등) ①헌법에 따라 체결·공포된 조약과 일반적으로 승인된 국제법규를 이행하기 위하여 또는 교역상대국 무역거래자의 요청으로 수출물품의 원산지증명서를 발급받으려는 자는 지식경제부장관에게 원산지증명서의 발급을 신청하여야 한다. 이 경우 수수료를 내야 한다. 〈개정 2008.2.29〉

②제1항에 따른 원산지증명서의 발급기준·발급절차, 유효기간, 수수료와 그 밖에 발급에 필요한 사항은 대통령령으로 정한다.

제38조 (외국산 물품 등을 국산 물품 등으로 가장하는 행위의 금지) 누구든지 원산지증명서를 위조 또는 변조하거나 거짓된 내용으로 원산지증명서를 발급받거나 물품 등에 원산지를 거짓으로 표시하는 등의 방법으로 외국에서 생산된 물품 등(외국에서 생산되어 국내에서 대통령령으로 정하는 단순한 가공활동을 거친 물품 등을 포함한다. 이하 제53조 제2항 제8호에서도 같다)의 원산지가 우리나라인 것처럼 가장(假裝)하여 그 물품 등을 수출하거나 외국에서 판매하여서는 아니 된다.

제4장 수입수량 제한조치

제39조 (수입수량 제한조치) ①지식경제부장관은 특정 물품의 수입 증가로 인하여 같은 종류의 물품 또는 직접적인 경쟁 관계에 있는 물품을 생산하는 국내산업(이하 이 조에서 "국내산업"이라 한다)이 심각한 피해를 입고 있거나 입을 우려(이하 이 조에서 "심각한 피해 등"이라 한다)가 있음이 「불공정무역행위 조사 및 산업피해구제에 관한 법률」 제27조에 따른 무역위원회(이하 "무역위원회"라 한다)의 조사를 통하여 확인되고 심각한 피해 등을 구제하기 위한 조치가 건의된 경우로서 그 국내산업을 보호할 필요가 있다고 인정되면 그 물품의 국내산업에 대한 심각한 피해 등을 방지하거나 치유하고 조정을 촉진하기 위하여 필요한 범위에서 물품의 수입수량을 제한하는 조치(이하 "수입수량제한조치"라 한다)를 시행할 수 있다. 〈개정 2008.2.29〉

②지식경제부장관은 무역위원회의 건의, 해당 국내산업 보호의 필요성, 국제통상 관계, 수입수량제한조치의 시행에 따른 보상수준 및 국민경제에 미치는 영향 등을 검토하여 수입수량제한조치의 시행 여부와 내용을 결정한다. 〈개정 2008.2.29〉

③정부는 수입수량제한조치를 시행하려면 이해 당사국과 수입수량제한조치의 부정적 효과에 대한 적절한 무역보상에 관하여 협의할 수 있다.

④수입수량제한조치는 조치 시행일 이후 수입되는 물품에만 적용한다.

⑤수입수량제한조치의 적용 기간은 4년을 넘어서는 아니 된다.

⑥지식경제부장관은 수입수량제한조치의 대상 물품, 수량, 적용기간 등을 공고하여야 한다. 〈개정 2008.2.29〉

⑦지식경제부장관은 수입수량제한조치의 시행 여부를 결정하기 위하여 필요하다고 인정하면 관계 행정기관의 장 및 이해관계인 등에게 관련 자료의 제출 등 필요한 협조를 요청할 수 있다. 〈개정 2008.2.29〉

⑧지식경제부장관은 수입수량제한조치의 대상이었거나 「관세법」 제65조에 따른 긴급관세(이하 "긴급관세"라 한다) 또는 같은 법 제66조에 따른 잠정긴급관세(이하 "잠정긴급관세"라 한다)의 대상이었던 물품에 대하여는 그 수입수량제한조치의 적용기간, 긴급관세의 부과기간 또는 잠정긴급관세의 부과기간이 끝난 날부터 그 적용 기간 또는 부과기간에 해당하는 기간(적용기간 또는 부과기간이 2년 미만인 경우에는 2년)이 지나기 전까지는 다시 수입수량제한조치를 시행할 수 없다. 다만, 다음 각 호의 요건을 모두 충족하는 경우에는 180일 이내의 수입수량제한조치를 시행할 수 있다. 〈개정 2008.2.29〉

1. 해당 물품에 대한 수입수량제한조치가 시행되거나 긴급관세 또는 잠정긴급관세가 부과된 후 1년이 지날 것
2. 수입수량제한조치를 다시 시행하는 날부터 소급하여 5년 안에 그 물품에 대한 수입수량제한조치의 시행 또는 긴급관세의 부과가 2회 이내일 것

제40조 (수입수량제한조치에 대한 연장 등) ①지식경제부장관은 무역위원회의 건의가 있고 필요하다고 인정하면 수입수량제한조치의 내용을 변경하거나 적용기간을 연장할 수 있다. 이 경우 변경되는 조치 내용 및 연장되는 적

용기간 이내에 변경되는 조치 내용은 최초의 조치 내용보다 완화되어야 한다. 〈개정 2008.2.29〉

②제1항에 따라 수입수량제한조치의 적용기간을 연장하는 때에는 수입수량제한조치의 적용기간과 긴급관세 또는 잠정긴급관세의 부과기간 및 그 연장기간을 전부 합산한 기간이 8년을 넘어서는 아니 된다.

제41조 (특정국 물품에 대한 특별 수입수량 제한조치의 시행 등) ①지식경제부장관은 헌법에 따라 체결·공포된 조약 또는 일반적으로 승인된 국제법규에 따라 허용되는 한도에서 대통령령으로 정하는 국가를 원산지로 하는 물품의 수입으로 인하여 다음 각 호의 어느 하나에 해당하는 경우가 초래된다고 무역위원회의 조사를 통하여 확인되고 이를 구제하기 위한 조치가 건의되는 경우에는 피해를 구제하거나 방지하기 위하여 필요한 범위에서 특별 수입수량 제한조치(이하 이 조에서 "특별수입수량제한조치"라 한다)를 시행할 수 있다. 〈개정 2008.2.29〉

1. 그 물품의 수입 증가로 인하여 같은 종류의 물품 또는 직접적인 경쟁관계에 있는 물품의 국내 시장이 교란되거나 교란될 우려가 있는 경우
2. 세계무역기구 회원국이 해당 물품의 수입 증가에 대하여 자국의 시장교란을 구제하거나 방지하기 위하여 취한 조치로 인하여 중대한 무역전환이 발생하여 그 물품이 우리나라로 수입되거나 수입될 우려가 있는 경우
3. 해당 물품이 「섬유 및 의류에 관한 협정」의 대상이 되는 품목인 경우에는 그 물품의 수입이 국내 시장을 교란하여 같은 품목의 교역 발전을 해치거나 해칠 우려가 있는 경우

②정부는 특별수입수량제한조치를 시행하려는 때에는 이해 당사국과 해결방안을 모색하기 위하여 사전협의를 할 수 있다.

③지식경제부장관은 무역위원회가 제1항 제1호에 관한 조사가 시작된 물품에 대하여 잠정적인 조치를 건의한 경우로서 그 조사기간에 발생하는 피해 등을 방지하지 아니하면 회복하기 어려운 피해 등이 초래되거나 초래될 우려가 있다고 판단되면 피해의 구제 등을 위하여 잠정 특별수입수량제한조치(이하 이 조에서 "잠정특별수입수량제한조치"라 한다)를 시행할 수 있다. 이 경우 잠정특별수입수량제한조치의 적용기간은 200일 이내로

한다. 〈개정 2008.2.29〉

④지식경제부장관은 제1항 제1호에 관한 무역위원회의 조사 결과 국내 시장이 교란되거나 교란될 우려가 있다고 판단되지 아니한다는 무역위원회의 통보가 있으면 잠정특별수입수량제한조치를 해제하여야 한다. 〈개정 2008.2.29〉

⑤지식경제부장관은 제1항 제2호에 따른 경우에 해당되어 시행한 특별수입수량제한조치의 원인이 된 다른 세계무역기구 회원국의 조치가 종료된 때에는 해당 조치의 종료일부터 30일 이내에 그 특별수입수량제한조치를 해제하여야 한다. 〈개정 2008.2.29〉

⑥지식경제부장관은 특별수입수량제한조치 또는 잠정특별수입수량제한조치를 시행하는 때에는 그 대상 물품, 수량, 적용기간 등을 공고하여야 한다. 〈개정 2008.2.29〉

⑦특별수입수량제한조치의 시행에 관하여는 제39조 제2항·제4항·제7항 및 제40조 제1항을 준용한다.

⑧잠정특별수입수량제한조치의 시행에 관하여는 제39조 제2항·제4항 및 제7항을 준용한다.

제5장 수출입의 질서 유지

제42조 삭제 〈2008.12.19〉

제43조 (수출입 물품 등의 가격 조작 금지) 무역거래자는 외화도피의 목적으로 물품 등의 수출 또는 수입 가격을 조작(造作)하여서는 아니 된다.

제44조 (무역거래자간 무역분쟁의 신속한 해결) ①무역거래자는 그 상호 간이나 교역상대국의 무역거래자와 물품 등의 수출·수입과 관련하여 분쟁이 발생한 경우에는 정당한 사유 없이 그 분쟁의 해결을 지연시켜서는 아니 된다.

②지식경제부장관은 제1항에 따른 분쟁이 발생한 경우 무역거래자에게 분쟁의 해결에 관한 의견을 진술하게 하거나 그 분쟁과 관련되는 서류의 제출을 요구할 수 있다. 〈개정 2008.2.29〉

③지식경제부장관은 제2항에 따라 서류를 제출받거나 의견을 들은 후에 필요하다고 인정하면 그 분쟁에 관하여 사실 조사를 할 수 있다. 〈개정

2008.2.29〉

④지식경제부장관은 제1항에 따른 분쟁을 신속하고 공정하게 처리하는 것이 필요하다고 인정하거나 무역분쟁 당사자의 신청을 받으면 대통령령으로 정하는 바에 따라 분쟁을 조정하거나 분쟁의 해결을 위한 중재(仲裁) 계약의 체결을 권고할 수 있다. 〈개정 2008.2.29〉

제45조 (선적 전 검사와 관련한 분쟁 조정 등) ①수입국 정부와의 계약 체결 또는 수입국 정부의 위임을 받아 기업이 수출하는 물품 등에 대하여 국내에서 선적 전에 검사를 실시하는 기관(이하 "선적전검사기관"이라 한다)은 「세계무역기구 선적 전 검사에 관한 협정」을 지켜야 한다. 이 경우 선적전검사기관은 선적 전 검사가 기업의 수출에 대한 무역장벽으로 작용하도록 하여서는 아니 된다.

②지식경제부장관은 선적 전 검사와 관련하여 수출자와 선적전검사기관 간에 분쟁이 발생하였을 경우에는 그 해결을 위하여 필요한 조정(調整)을 할 수 있다. 〈개정 2008.2.29〉

③제2항의 분쟁에 관한 중재(仲裁)를 담당할 수 있도록 대통령령으로 정하는 바에 따라 독립적인 중재기관을 설치할 수 있다.

제46조 (조정명령) ①지식경제부장관은 다음 각 호의 어느 하나에 해당하는 경우에는 무역거래자에게 수출하는 물품 등의 가격, 수량, 품질, 그 밖에 거래조건 또는 그 대상지역 등에 관하여 필요한 조정(調整)을 명할 수 있다. 〈개정 2008.2.29〉

1. 헌법에 따라 체결·공포된 조약과 일반적으로 승인된 국제법규에 따른 의무 이행을 위하여 필요한 경우
2. 우리나라 또는 교역상대국의 관련 법령에 위반되는 경우
3. 그 밖에 물품 등의 수출의 공정한 경쟁을 교란할 우려가 있거나 대외신용을 손상하는 행위를 방지하기 위한 것으로서 다음 각 목의 어느 하나에 해당하는 경우
   가. 물품 등의 수출과 관련하여 부당하게 다른 무역거래자를 제외하는 경우
   나. 물품 등의 수출과 관련하여 부당하게 다른 무역거래자의 상대방에 대하여 다른 무역거래자와 거래하지 아니하도록 유인하거나 강제

하는 경우

다. 물품 등의 수출과 관련하여 부당하게 다른 무역거래자의 해외에서의 사업활동을 방해하는 경우

②지식경제부장관은 제1항에 따라 조정을 명하는 경우에는 다음 각 호의 사항을 고려하여야 한다. 〈개정 2008.2.29〉

1. 수출기반의 안정, 새로운 상품의 개발 또는 새로운 해외시장의 개척에 기여할 것
2. 다른 무역거래자의 권익을 부당하게 침해하거나 차별하지 아니할 것
3. 물품 등의 수출·수입의 질서 유지를 위한 목적에 필요한 정도를 넘지 아니할 것

③제1항에 따라 조정을 명하는 절차 등에 필요한 사항은 대통령령으로 정한다.

④지식경제부장관은 제1항에 따라 조정을 명하는 경우에 필요하다고 인정하면 제11조 제2항에 따른 승인을 하지 아니하거나 관계 기관의 장에게 승인에 관련된 절차를 중지하게 할 수 있다. 〈개정 2008.2.29〉

제6장 보칙

제47조 (청문) 지식경제부장관은 다음 각 호의 어느 하나에 해당하는 처분을 하려면 청문을 하여야 한다. 〈개정 2008.2.29〉

1. 제9조 제4항에 따른 종합무역상사 또는 전문무역상사의 지정취소
2. 제46조 제1항에 따른 조정명령

제48조 (보고와 검사 등) ①지식경제부장관은 제5조 제4호에 따라 수출이 제한되거나 금지된 물품 등, 전략물자 또는 제19조 제3항에 따른 물품 등에 대한 수출허가나 상황허가를 받은 자 또는 수출허가나 상황허가를 받지 아니하고 수출하거나 수출하려고 한 자에게 다음 각 호의 사항에 관한 보고 또는 자료의 제출을 명할 수 있다. 〈개정 2008.2.29〉

1. 수입국
2. 수입자·최종사용자 또는 그의 위임을 받은 자 및 그 소재지, 사업분야, 주요 거래자 및 사용 목적
3. 수입자와 최종사용자 또는 그의 위임을 받은 자를 확인하기 위한 수입

국의 권한 있는 기관이 발급한 납세증명서 등 관련 자료 또는 대외 공표자료

4. 그 밖에 운송 수단, 환적국(換積國), 대금 결제방법 등 지식경제부장관이 정하여 고시하는 사항

②지식경제부장관은 이 법의 시행을 위하여 필요하다고 인정하면 그 소속 공무원에게 제1항에 규정된 자의 사무소, 영업소, 공장 또는 창고 등에서 장부·서류나 그 밖의 물건을 검사하게 할 수 있다. 〈개정 2008.2.29〉

③제2항에 따라 검사를 하는 공무원은 그 권한을 표시하는 증표를 지니고, 이를 관계인에게 내보여야 한다.

제49조 (교육명령 등) 지식경제부장관은 제48조에 따른 보고·자료제출 또는 검사 결과 제20조 제1항에 따른 확인 의무를 위반한 자에게 대통령령으로 정하는 바에 따라 교육명령 등의 조치를 할 수 있다. 〈개정 2008.2.29〉

제50조 (「독점규제 및 공정거래에 관한 법률」과의 관계) ①제46조에 따른 지식경제부장관의 조정명령의 이행에 대하여는 「독점규제 및 공정거래에 관한 법률」을 적용하지 아니한다. 〈개정 2008.2.29〉

②지식경제부장관은 제46조에 따른 조정명령이 「독점규제 및 공정거래에 관한 법률」 제2조 제1호에 따른 사업자 간의 국내 시장에서의 경쟁을 제한하는 것이면 공정거래위원회와 미리 협의하여야 한다. 〈개정 2008.2.29〉

제51조 (「국가보안법」과의 관계) 이 법에 따른 물품 등의 수출·수입행위에 대하여는 그 행위가 업무수행상 정당하다고 인정되는 범위에서 「국가보안법」을 적용하지 아니한다.

제52조 (권한의 위임·위탁) ①이 법에 따른 지식경제부장관의 권한은 대통령령으로 정하는 바에 따라 그 일부를 소속기관의 장, 시·도지사에게 위임하거나 관계 행정기관의 장, 세관장, 한국은행 총재, 한국수출입은행장, 외국환은행의 장, 그 밖에 대통령령으로 정하는 법인 또는 단체에 위탁할 수 있다. 〈개정 2008.2.29〉

②지식경제부장관은 제1항에 따라 위임하거나 위탁한 사무에 관하여 그 위임 또는 위탁을 받은 자를 지휘·감독한다. 〈개정 2008.2.29〉

③지식경제부장관은 제1항에 따라 위임하거나 위탁한 사무에 관하여 그 위임 또는 위탁을 받은 자에게 필요한 자료의 제출을 요청할 수 있다.

〈개정 2008.2.29.〉

제7장 벌칙

제53조 (벌칙) ①전략물자의 국제적 확산을 꾀할 목적으로 다음 각 호의 어느 하나에 해당하는 위반행위를 한 자는 7년 이하의 징역 또는 수출·중개하는 물품 등의 가격의 5배에 해당하는 금액 이하의 벌금에 처한다.

1. 제19조 제2항에 따른 수출허가를 받지 아니하고 전략물자를 수출한 자
2. 제19조 제3항에 따른 상황허가를 받지 아니하고 상황허가 대상인 물품 등을 수출한 자
3. 제24조에 따른 중개허가를 받지 아니하고 전략물자를 중개한 자

②다음 각 호의 어느 하나에 해당하는 자는 5년 이하의 징역 또는 수출·수입하는 물품 등의 가격의 3배에 해당하는 금액 이하의 벌금에 처한다.

1. 제5조 각 호의 어느 하나에 따른 수출 또는 수입의 제한이나 금지조치를 위반한 자
2. 제19조 제2항에 따른 수출허가를 받지 아니하고 전략물자를 수출한 자
3. 거짓이나 그 밖의 부정한 방법으로 제19조 제2항에 따른 수출허가를 받은 자
4. 제19조 제3항에 따른 상황허가를 받지 아니하고 상황허가 대상인 물품 등을 수출한 자
5. 거짓이나 그 밖의 부정한 방법으로 제19조 제3항에 따른 상황허가를 받은 자
6. 제24조에 따른 중개허가를 받지 아니하고 전략물자를 중개한 자
7. 거짓이나 그 밖의 부정한 방법으로 제24조에 따른 중개허가를 받은 자
8. 제38조에 따른 외국산 물품 등의 국산 물품 등으로의 가장(假裝) 금지 의무를 위반한 자
9. 제43조를 위반하여 물품 등의 수출과 수입의 가격을 조작한 자
10. 제46조 제1항에 따른 조정명령을 위반한 자

제54조 (벌칙) 다음 각 호의 어느 하나에 해당하는 자는 3년 이하의 징역 또는 3천만원 이하의 벌금에 처한다.

1. 거짓이나 그 밖의 부정한 방법으로 제11조 제2항 또는 제3항에 따른

승인 또는 변경승인을 받거나 그 승인 또는 변경승인을 면제받고 물품 등을 수출하거나 수입한 자

2. 제16조 제3항 본문(제17조 제3항에서 준용하는 경우를 포함한다)에 따른 수입에 대응하는 외화획득을 하지 아니한 자
3. 제17조 제1항 본문에 따른 승인을 받지 아니하고 목적 외의 용도로 원료·기재 또는 그 원료·기재로 제조된 물품 등을 사용한 자
4. 제17조 제2항에 따른 승인을 받지 아니하고 원료·기재 또는 그 원료·기재로 제조된 물품 등을 양도한 자
5. 제27조에 따른 비밀 준수 의무를 위반한 자
6. 거짓이나 그 밖의 부정한 방법으로 제32조에 따른 승인 또는 변경 승인을 받은 자
7. 제33조 제3항 제1호 또는 제2호를 위반한 무역거래자 또는 물품 등의 판매업자
8. 제33조 제3항 제3호를 위반하여 원산지표시대상물품에 대하여 원산지 표시를 하지 아니한 무역거래자
9. 제33조 제5항에 따른 시정조치 명령을 위반한 자
10. 삭제 〈2008.12.19〉
11. 삭제 〈2008.12.19〉

제55조 (미수범) 제53조 제1항, 같은 조 제2항 제2호·제4호·제6호 또는 제8호의 미수범은 각각 해당하는 본죄에 준하여 처벌한다. 〈개정 2008.12.19〉

제56조 (과실범) 중대한 과실로 제54조 제7호 또는 제8호에 해당하는 행위를 한 자는 2천만원 이하의 벌금에 처한다. 〈개정 2008.12.19〉

제57조 (양벌규정) 법인의 대표자나 법인 또는 개인의 대리인, 사용인, 그 밖의 종업원이 그 법인 또는 개인의 업무에 관하여 제53조부터 제56조까지의 어느 하나에 해당하는 위반행위를 하면 그 행위자를 벌하는 외에 그 법인 또는 개인에게도 해당 조문의 벌금형을 과(科)한다. 다만, 법인 또는 개인이 그 위반행위를 방지하기 위하여 해당 업무에 관하여 상당한 주의와 감독을 게을리하지 아니한 경우에는 그러하지 아니하다.

[전문개정 2008.12.26]

제58조 (벌칙 적용 시의 공무원 의제) 제29조 제5항의 업무를 수행하는 전략물자

관리원의 임직원과 지식경제부장관이 제52조에 따라 위탁한 사무에 종사하는 한국은행, 한국수출입은행, 외국환은행, 그 밖에 대통령령으로 정하는 법인 또는 단체의 임원 및 직원에게 「형법」과 그 밖의 법률에 따른 벌칙을 적용할 때에는 그 임원 및 직원을 공무원으로 본다. 〈개정 2008.2.29〉

제59조 (과태료) ①다음 각 호의 어느 하나에 해당하는 자에게는 2천만원 이하의 과태료를 부과한다.

1. 제44조 제2항을 위반하여 관련되는 서류를 제출하지 아니한 자
2. 제44조 제3항에 따른 사실 조사를 거부, 방해 또는 기피한 자
3. 제48조 제1항에 따른 보고 또는 자료의 제출을 하지 아니하거나 거짓으로 보고 또는 자료를 제출한 자
4. 제48조 제2항에 따른 검사를 거부, 방해 또는 기피한 자

②다음 각 호의 어느 하나에 해당하는 자에게는 1천만원 이하의 과태료를 부과한다.

1. 제20조 제1항에 따른 확인의무를 위반한 자(제53조 제1항 제1호·제2호, 같은 조 제2항 제2호부터 제5호까지의 규정 중 어느 하나에 해당하는 경우는 제외한다)
2. 제20조 제3항에 따른 서류 보관의무를 위반한 자
3. 제21조 제1항에 따른 신고의무를 위반한 자
4. 제21조 제2항에 따른 통보의무를 위반한 자
5. 원산지의 표시를 하여야 할 물품 등을 수입하여 분할·재포장 또는 단순 제조가공을 거쳐 거래하거나 낱개 또는 산물(散物)로 거래할 때 제33조 제1항에 따른 원산지의 표시를 하지 아니한 상태로 판매를 목적으로 유통시킨 무역거래자 또는 판매업자
6. 제33조 제4항에 따른 검사를 거부, 방해 또는 기피한 자

③제1항과 제2항에 따른 과태료는 대통령령으로 정하는 바에 따라 지식경제부장관이 부과·징수한다. 〈개정 2008.2.29〉

④제3항에 따른 과태료 처분에 불복하는 자는 그 처분을 고지받은 날부터 30일 이내에 지식경제부장관에게 이의를 제기할 수 있다. 〈개정 2008.2.29〉

⑤제3항에 따라 과태료 처분을 받은 자가 제4항에 따라 이의를 제기하면

지식경제부장관은 지체 없이 관할 법원에 그 사실을 통보하여야 하고, 그 통보를 받은 관할 법원은 「비송사건절차법」에 따른 과태료 재판을 한다. 〈개정 2008.2.29〉

⑥제4항에 따른 기간에 이의를 제기하지 아니하고 과태료를 내지 아니하면 국세 체납처분의 예에 따라 징수한다.

부칙 〈제9221호, 2008.12.26〉

이 법은 공포한 날부터 시행한다.

중소기업 진흥에 관한 법률

[시행 2013.3.23] [법률 제11690호, 2013.3.23, 타법개정]
중소기업청(정책총괄과) 042-481-4541

제1장 총칙

제1조 (목적) 이 법은 중소기업의 구조 고도화를 통하여 중소기업의 경쟁력을 강화하고 중소기업의 경영 기반을 확충하여 국민경제의 균형 있는 발전에 기여함을 목적으로 한다. 〈개정 2009.5.21〉

제2조 (정의) 이 법에서 사용하는 용어의 뜻은 다음과 같다. 〈개정 2007.12.27, 2012.12.11〉

1. "중소기업자"란 다음 각 목의 어느 하나에 해당하는 자를 말한다.
   가. 「중소기업기본법」 제2조에 따른 중소기업자
   나. 「중소기업협동조합법」 제3조에 따른 중소기업협동조합
   다. 「산업기술연구조합 육성법」에 따른 산업기술연구조합 중 대통령령으로 정하는 것
   라. 그 밖에 대통령령으로 정하는 중소기업 진흥을 위한 단체
2. "중소기업의 자동화"란 중소기업자가 생산성과 품질의 향상을 위하여 각종 자동화설비를 통하여 생산공정을 합리적으로 개선하는 것을 말한다.
3. "중소기업의 정보화"란 중소기업자가 컴퓨터 또는 각종 제어장치를 이용하여 경영관리와 유통관리를 전산화하는 등 중소기업의 전산망을 구축하는 것을 말한다.
4. "기술개발"이란 다음 각 목의 어느 하나에 해당하는 것을 말한다.
   가. 중소기업자가 생산·판매 또는 서비스를 제공하는 기술에 관한 연구개발을 하는 것
   나. 가목에 따른 연구개발의 성과를 이용하는 것
5. "사업전환"이란 「중소기업 사업전환 촉진에 관한 특별법」 제2조 제2호에 따른 사업전환을 말한다.
6. "협동화"란 여러 중소기업자가 공동으로 행하는 다음 각 목의 어느 하나

에 해당하는 것을 말한다.

가. 공장 등 사업장을 집단화하는 것

나. 생산설비, 연구개발설비, 환경오염방지시설 등을 공동으로 설치·운영하는 것

다. 제품 및 상표의 개발과 원자재 구입 및 판매 등 경영활동을 공동으로 수행하는 것

7. "물류현대화"란 중소기업자가 생산하는 제품의 원활한 유통을 도모하고 물류비용을 절감하기 위하여 유통시설을 설치하거나 개선하는 것을 말한다.

8. "공공기관"이란 다음 각 목의 기관 또는 법인을 말한다.

가. 국가기관

나. 지방자치단체

다. 삭제 〈2007.12.27〉

라. 삭제 〈2007.12.27〉

마. 특별법에 따라 설립된 법인 중 대통령령으로 정하는 자

바. 삭제 〈2007.12.27〉

사. 「공공기관의 운영에 관한 법률」 제5조에 따른 공공기관 중 대통령령으로 정하는 자

9. "협업"이란 여러 개의 기업이 제품 개발, 원자재 구매, 생산, 판매 등에서 각각의 전문적인 역할을 분담하여 상호보완적으로 제품을 개발·생산·판매하거나 서비스를 제공하는 것을 말한다.

10. "가업승계"란 중소기업이 동일성을 유지하면서 상속이나 증여를 통하여 그 기업의 소유권 또는 경영권을 친족에게 이전하는 것을 말한다. 이 경우 업종, 고용, 가업승계 후 기업유지기간 등 동일성 유지의 기준은 대통령령으로 정한다.

11. "사회적 책임경영"이란 기업의 의사결정과 활동이 사회와 환경에 미치는 영향에 대하여 투명하고 윤리적인 경영활동을 통하여 기업이 지는 책임을 말한다.

제2장 중소기업의 구조 고도화

제3조 (구조고도화지원계획 등) ①정부는 경제 여건의 변화에 따라 중소기업의 경영의 어려움을 해소하고 중소기업의 경쟁력을 높이기 위하여 사업규모, 경영기법 또는 생산방법의 개선이 필요하다고 인정되면 개인사업의 법인 전환, 기업의 합병과 분할, 공동사업, 협업, 사업 전환, 사업장의 이전, 경영합리화 등 중소기업의 구조 고도화를 지원하기 위하여 필요한 시책을 강구할 수 있다.

②특별시장 · 광역시장 · 도지사 또는 특별자치도지사(이하 "시 · 도지사"라 한다)는 제1항에 따른 지원시책을 시행하기 위하여 매년 관할구역의 중소기업의 구조 고도화 지원을 위한 계획(이하 "구조고도화지원계획"이라 한다)을 세워 공고하여야 한다. 이 경우 시 · 도지사는 제68조 제1항에 따른 중소기업진흥공단 등 중소기업 지원기관의 장에게 구조고도화지원계획의 수립에 필요한 자료의 제출을 요청할 수 있으며, 그 요청을 받은 지원기관의 장은 이에 협조하여야 한다.

③구조고도화지원계획에는 지방자치단체의 실정에 맞도록 다음 각 호의 사항이 포함되어야 한다.

1. 사업별 예산 지원에 관한 사항
2. 경영과 기술에 관한 상담, 진단, 지도 및 정보 제공 등에 관한 사항
3. 그 밖에 구조 고도화 지원에 필요한 사항

④시 · 도지사는 구조고도화지원계획의 원활한 추진을 위하여 관계 중앙행정기관의 장에게 필요한 지원을 요청할 수 있다.

제4조 (중소기업의 자동화지원사업) ①중소기업청장은 중소기업의 자동화를 촉진하고 자동화설비의 생산업체와 엔지니어링사업자를 육성하기 위하여 자동화지원사업을 실시하여야 한다. 〈개정 2010.4.12〉

②중소기업청장은 제1항에 따른 자동화지원사업으로 다음 각 호의 사항에 관한 지원사업을 추진할 수 있다.

1. 중소기업의 자동화 촉진을 위한 설비 보급
2. 중소기업의 자동화를 위한 시범사업과 표준화
3. 중소기업의 자동화에 관한 전문인력의 양성
4. 중소기업의 자동화를 촉진하기 위한 자금 지원

5. 그 밖에 중소기업의 자동화를 촉진하기 위하여 필요한 사항

제5조 (이업종교류지원사업) ①중소기업청장은 서로 다른 업종을 영위하고 있는 중소기업자간 정보 및 기술 교류를 촉진하기 위하여 이업종교류지원사업(異業種交流支援事業)을 실시하여야 한다.

②중소기업청장은 제1항에 따른 이업종교류지원사업으로 다음 각 호의 사항에 관한 지원사업을 추진할 수 있다.

1. 정보 및 기술 교류의 활성화를 위한 전문가의 파견
2. 정보 및 기술 교류에 필요한 자금 지원
3. 그 밖에 정보 및 기술 교류를 촉진하기 위하여 필요한 사항

제4장 중소기업의 경영기반 확충

제1절 협동화 사업

제28조 (중소기업 협동화기준의 고시) ①중소기업청장은 중소기업자의 집단화와 시설공동화 등을 위한 중소기업 협동화기준(이하 "협동화기준"이라 한다)을 정하고 고시하여야 한다. 협동화기준을 변경한 경우에도 또한 같다.

②제1항에 따른 협동화기준을 정할 때 특히 필요하면 중소기업자 외의 자가 참여할 수 있는 협동화기준을 정할 수 있다.

③제1항과 제2항에 따른 협동화기준에 포함되어야 할 사항은 대통령령으로 정한다.

④중소기업청장은 제1항과 제2항에 따른 협동화기준을 정할 때에는 미리 관계 중앙행정기관의 장과 협의하여야 한다.

제29조 (협동화실천계획의 승인) ①협동화기준에 따라 협동화실천계획을 세워 시행하려는 자는 중소기업청장의 승인을 받아야 한다. 승인을 받은 계획 중 산업통상자원부령으로 정하는 사항을 변경하려는 경우에도 또한 같다. 〈개정 2008.2.29, 2013.3.23〉

②협동화기준에 따라 협동화실천계획을 세워 시행하려는 자는 그 협동화실천계획에 형질변경이나 기반시설공사를 수반하고 대통령령으로 정하는 면적 이상인 단지조성사업(이하 "단지조성사업"이라 한다)이 포함되는 경우에는 제1항에도 불구하고 시·도지사의 승인을 받아야 한다. 승인을 받

은 계획 중 산업통상자원부령으로 정하는 사항을 변경하려는 경우에도 또한 같다. 〈개정 2008.2.29, 2013.3.23〉

③시 · 도지사는 제2항에 따른 승인이나 변경 승인을 하려면 미리 중소기업청장과 협의하여야 한다.

④제1항과 제2항에 따른 협동화실천계획의 수립에 필요한 사항은 대통령령으로 정한다.

제30조 (협동화실천계획의 승인취소) ①중소기업청장이나 시 · 도지사는 협동화실천계획의 승인을 받은 자가 다음 각 호의 어느 하나에 해당하면 제29조에 따른 협동화실천계획의 승인을 취소하고 지원자금의 원리금을 회수할 수 있다.

1. 거짓이나 그밖의 부정한 방법으로 협동화실천계획의 승인을 받은 경우
2. 제29조에 따른 변경승인을 받지 아니하고 협동화실천계획을 변경하거나 중단한 경우
3. 사업목적을 달성할 수 없거나 지원자금을 다른 목적으로 사용한 경우

②중소기업청장이나 시 · 도지사는 제1항에 따라 협동화실천계획의 승인을 취소하려면 청문을 하여야 한다.

제31조 (단지조성사업의 실시계획 승인) ①제29조에 따라 협동화실천계획의 승인을 받은 자 또는 제68조 제1항에 따른 중소기업진흥공단(이하 “중소기업자 등”이라 한다)이 단지조성사업을 시행하려는 경우에는 단지조성사업의 실시계획(이하 “실시계획”이라 한다)을 작성하여 시 · 도지사의 승인을 받아야 한다. 승인을 받은 계획 중 산업통상자원부령으로 정하는 사항을 변경하려는 경우에도 또한 같다. 〈개정 2008.2.29, 2013.3.23〉

②중소기업자 등이 제1항에 따라 실시계획의 승인이나 변경승인을 받으려면 그 실시계획을 관할 시장 · 군수 또는 구청장(자치구의 구청장을 말한다. 이하 같다)을 거쳐 시 · 도지사에게 제출하여야 한다.

③시 · 도지사는 제1항에 따라 실시계획을 승인하려면 다음 각 호의 사항을 고려하여 결정하여야 한다.

1. 협동화사업을 위한 단지조성의 적합성 및 적정규모 여부
2. 국토 · 산업 · 환경 등 관련 국가계획과의 연계성
3. 그 밖에 기반시설의 확보 등 대통령령으로 정하는 사항

④시 · 도지사가 제1항에 따른 실시계획의 승인이나 변경승인을 하면 대통령령으로 정하는 바에 따라 국토교통부장관에게 보고하고 이를 고시하여야 한다. 〈개정 2008.2.29, 2013.3.23〉

⑤중소기업자 등이 국외에 조성된 공업용지를 취득하거나 장기 임차하여 협동화사업을 실시하려는 경우에는 실시계획을 작성하여 중소기업청장의 승인을 받아야 한다. 승인을 받은 계획 중 산업통상자원부령으로 정하는 사항을 변경하려는 경우에도 또한 같다. 〈개정 2008.2.29, 2013.3.23〉

제32조 (단지조성사업의 준공인가) ①중소기업자 등은 단지조성사업을 완료한 때에는 산업통상자원부령으로 정하는 바에 따라 시 · 도지사의 준공인가를 받아야 한다. 〈개정 2008.2.29, 2013.3.23〉

②시 · 도지사는 제1항에 따른 준공인가의 신청을 받으면 준공검사를 한 후 준공인가증을 그 중소기업자 등에게 내주고 산업통상자원부령으로 정하는 바에 따라 이를 공고하여야 한다. 〈개정 2008.2.29, 2013.3.23〉

③중소기업자 등은 제1항에 따른 준공인가 전에는 단지조성사업으로 조성 또는 설치된 공장용지나 시설을 사용할 수 없다. 다만, 시 · 도지사의 사용 승인을 받은 경우에는 그러하지 아니하다.

제33조 (토지 수용 등) ①중소기업진흥공단은 제31조에 따른 단지조성사업을 시행하기 위하여 필요한 토지 · 건물 또는 토지에 정착한 물건이나 토지 · 건물 또는 토지에 정착한 물건에 관한 소유권 외의 권리, 광업권 · 어업권, 물의 사용에 관한 권리(이하 "토지 등"이라 한다)를 수용(收用)하거나 사용할 수 있다.

②제1항의 경우 제31조 제1항에 따른 실시계획의 승인은 「공익사업을 위한 토지 등의 취득 및 보상에 관한 법률」 제20조 제1항에 따른 사업인정(事業認定)으로 본다.

③제1항에 따른 수용 또는 사용에 관하여 제34조 등 이 법에 특별한 규정이 있는 경우 외에는 「공익사업을 위한 토지 등의 취득 및 보상에 관한 법률」을 적용한다.

제34조 (토지 출입 등) ①중소기업자 등은 단지조성사업을 시행하기 위하여 필요한 경우에는 다음 각 호의 행위를 할 수 있다.

1. 타인의 토지에 출입

2. 타인의 토지의 일시 사용

3. 타인의 토지의 입목(立木) · 토석(土石), 그 밖의 장애물에 대한 변경 또는 제거

②제1항의 경우에 「국토의 계획 및 이용에 관한 법률」 제130조 및 제131조를 준용한다.

제35조 (국유지와 공유지의 매각 등) ①제31조 제1항에 따라 실시계획이 승인된 지역 안의 국유지 또는 공유지는 「국유재산법」, 「지방재정법」, 그밖의 다른 법령에도 불구하고 중소기업자 등에게 수의계약으로 매각할 수 있다.

②국가와 지방자치단체는 제31조 제1항에 따라 실시계획이 승인된 지역에 대하여는 용지의 정리, 진입도로의 개설 및 시설의 설치 등 필요한 지원을 하여야 한다.

제36조 (다른 법률의 준용) 제31조에 따라 중소기업자 등이 단지조성사업을 시행하는 경우에는 「산업입지 및 개발에 관한 법률」 제20조와 제32조를 준용한다.

제2절 협업사업

제37조 (협업사업계획의 승인) ①협업사업을 수행하기 위하여 제39조에 따른 지원을 받으려는 자는 다음 각 호의 사항을 포함한 협업사업계획을 수립하여 중소기업청장의 승인을 받아야 한다. 승인을 받은 자(이하 이 절에서 "승인사업자"라 한다)가 협업사업계획 중 대통령령으로 정하는 사항을 변경할 때에도 또한 같다.

1. 사업계획 목표
2. 참가업체와 추진주체의 명칭 · 주소 및 대표자의 성명
3. 사업내용과 실시기간
4. 참가업체가 제공한 설비 · 기술 등 경영자원
5. 자금조달 방법

②제1항에 따른 사업계획 승인의 절차 등에 관하여 필요한 사항은 대통령령으로 정한다.

제38조 (협업사업계획의 승인취소) ①중소기업청장은 승인사업자가 다음 각 호의

어느 하나에 해당하면 협업사업계획의 승인을 취소하거나 제39조에 따른 지원을 끝낼 수 있다. 다만, 제1호에 해당하면 승인을 취소하여야 한다.

1. 거짓이나 그 밖의 부정한 방법으로 협업사업계획의 승인을 받은 경우
2. 제37조 제1항에 따른 변경승인을 받지 아니하고 협업사업계획을 변경한 경우
3. 휴업·폐업 또는 파산 등으로 6개월 이상 대통령령으로 정하는 기간 동안 협업사업을 하지 아니한 경우

②중소기업청장은 제1항에 따라 협업사업계획의 승인을 취소하려면 청문을 하여야 한다.

제39조 (협업사업의 지원) 정부는 승인사업자가 원활하게 협업사업을 수행할 수 있도록 다음 각 호의 지원을 할 수 있다.

1. 협업자금 지원
2. 정보제공
3. 정보화 촉진
4. 인력양성 및 지도·연수
5. 기술개발자금 출연 등

제40조 (이행실적 조사) ①중소기업청장은 승인사업자의 협업사업계획 이행 여부와 실적 등에 대하여 조사할 수 있다.

②제1항에 따른 이행실적 조사에 필요한 사항은 대통령령으로 정한다.

제3절 입지 지원사업과 환경오염 저감(低減) 지원사업

제41조 (입지 지원사업) 중소기업청장은 중소기업에 대한 공장입지의 원활한 공급을 위하여 중소기업진흥공단이 관련 법률에서 정하는 바에 따라 다음 각 호의 입지 지원사업을 행하게 할 수 있다. 〈개정 2010.4.12〉

1. 「산업입지 및 개발에 관한 법률」에 따른 산업단지개발사업
2. 단지조성사업
3. 「산업집적활성화 및 공장설립에 관한 법률」에 따른 지식산업센터의 건설사업
4. 그 밖에 관련 법률에 따른 공장입지 관련 사업 중 대통령령으로 정하는 사업

제42조 (환경오염 저감 지원사업) 중소기업청장은 중소기업의 사업 활동으로 발생하는 환경오염을 줄이기 위하여 제품 생산공정을 저공해 공정으로 개선하고 환경오염 방지시설의 설치 등을 지원하는 환경오염 저감 지원사업을 실시할 수 있다.

제4절 지도와 연수사업

제43조 (지도계획의 수립) ①중소기업청장은 중소기업의 경영 및 기술지도에 관한 계획(이하 "지도계획"이라 한다)을 세우고 고시하여야 한다.

②지도계획에 포함되어야 할 사항은 대통령령으로 정한다.

제44조 (지도실시기관) ①중소기업청장은 제43조에 따라 중소기업에 대하여 경영 및 기술지도를 할 지도실시기관을 지정할 수 있으며 필요한 경우 지도에 드는 비용을 출연할 수 있다.

②제1항에 따른 지도실시기관의 지정과 출연에 필요한 사항은 대통령령으로 정한다.

제45조 (지도기준의 작성) 중소기업청장은 지도계획을 효율적으로 시행하기 위하여 경영 및 기술지도에 필요한 다음 각 호의 기준을 정하여 공고할 수 있다.

1. 경영 및 기술지도의 대상
2. 경영 및 기술지도를 할 자의 요건
3. 경영 및 기술지도의 절차
4. 경영 및 기술지도 결과의 측정과 평가
5. 불성실·불공정 지도행위에 대한 제재사항
6. 그 밖에 경영 및 기술지도의 건실한 수행을 촉진하기 위한 기준

제46조 (지도사의 자격 요건 등) ①중소기업의 경영 또는 기술지도와 관련하여 중소기업청장이 실시하는 지도사자격시험(경영지도사자격시험 또는 기술지도사자격시험을 말한다. 이하 같다)에 합격한 자는 지도사(경영지도사 또는 기술지도사를 말한다. 이하 같다)의 자격을 가진다.

②다음 각 호의 어느 하나에 해당하는 자는 지도사가 될 수 없다.

1. 금치산자 또는 한정치산자

2. 파산선고를 받고 복권되지 아니한 자
3. 금고 이상의 형을 선고받고 그 집행이 끝나거나 집행을 받지 아니하기로 확정된 후 2년이 지나지 아니한 자
4. 금고 이상의 형의 집행유예를 선고받고 그 유예기간 중에 있는 자
5. 제53조에 따라 지도사의 등록이 취소된 날부터 2년이 지나지 아니한 자

③제1항에 따른 지도사자격시험은 1차 시험과 2차 시험으로 구분하여 실시한다.

④중소기업청장은 제1항에 따른 지도사자격시험에 관한 업무를 수행하기 위하여 시험실시기관을 지정할 수 있다.

⑤제3항에 따른 지도사자격시험의 응시 자격, 시험 과목, 시험 방법 및 제4항에 따른 시험실시기관의 업무 범위 등에 관하여 필요한 사항은 대통령령으로 정한다.

제47조 (지도사의 업무) 제50조 제1항 또는 제2항에 따라 등록 또는 갱신등록을 한 지도사는 경영 또는 기술의 종합 진단·지도 등 대통령령으로 정하는 업무를 행한다.

제48조 (1차 시험의 면제) ①다음 각 호의 어느 하나에 해당하는 자에게는 1차 시험을 면제한다. 이 경우 제1호부터 제5호까지의 경력은 학위 취득 후 또는 자격 취득 후 해당 분야에서의 경력을 말한다.

1. 「국가기술자격법」에 따른 기술사 및 기능장
2. 경영·경제 분야 또는 자연과학 분야의 박사학위 소지자로서 「고등교육법」 제2조 각 호에 따른 학교에서 3년 이상 전공 분야에 관한 강의 경력이 있거나 제44조에 따른 지도실시기관에서 3년 이상 경영지도 또는 기술지도와 관련되는 근무경력이 있는 자
3. 중소기업과 관련되는 과정을 설치한 대학에서 해당 분야 석사학위를 취득하고 관련 분야에서 5년 이상의 실무경력이 있는 자
4. 「국가기술자격법」에 따른 기사로서 7년 이상, 산업기사로서 9년 이상의 실무경력이 있는 자
5. 「공인회계사법」에 따른 공인회계사로서 5년 이상의 실무경력이 있는 자

②제46조 제3항에 따라 1차 시험에 합격한 자에게는 다음 회의 시험에서 1차 시험을 면제하고 제49조에 따라 양성과정을 마친 자에게는 해당 연도와 다음 회의 시험에서 1차 시험을 면제한다.

제49조 (지도사의 양성과정) ①중소기업청장은 지도사의 수요 등을 고려하여 지도사 양성을 위하여 필요하다고 인정하면 주관기관을 정하여 지도사 양성과정을 운영하게 할 수 있다.

②제1항에 따른 양성과정의 주관기관 지정기준, 양성과정을 수강할 수 있는 자의 자격요건, 그 밖의 양성과정 운영에 필요한 사항은 대통령령으로 정한다.

제50조 (지도사의 등록) ①지도사의 자격을 가진 자가 제47조에 따른 지도사의 업무를 시작하려는 경우에는 대통령령으로 정하는 바에 따라 실무수습을 받은 후 중소기업청장에게 등록하여야 한다.

②제1항에 따라 등록을 한 지도사는 대통령령으로 정하는 바에 따라 5년마다 등록을 갱신하여야 한다.

③제2항에 따른 갱신등록을 할 수 있는 지도사는 산업통상자원부령으로 정하는 지도실적이 있어야 한다. 이 경우 지도실적이 산업통상자원부령으로 정하는 기준에 못 미치는 지도사는 산업통상자원부령으로 정하는 보수교육을 받아야 한다. 〈개정 2008.2.29, 2013.3.23〉

④제1항과 제2항에 따라 등록 또는 갱신등록을 하지 아니한 자는 제46조 제1항에 따른 지도사임을 표시하거나 이와 비슷한 명칭을 사용하여서는 아니 된다.

⑤제1항에 따라 등록을 한 지도사는 지도사 업무를 영위하기 위하여 필요한 사무소를 설치할 수 있다.

제51조 (지도사의 성실의무) ①지도사는 성실히 그 직무를 수행하며 그 품위를 유지하여야 한다.

②지도사는 직무를 수행할 때 고의로 진실을 감추거나 거짓된 보고를 하여서는 아니 된다.

제52조 (특정한 사항에 관한 업무제한) 지도사는 다음 각 호의 어느 하나에 해당하는 자에 대하여 경영 및 기술 진단에 수반되는 증명업무를 행하지 못한다. 〈개정 2008.2.29, 2013.3.23〉

1. 자기 또는 배우자가 임원이거나 이에 준하는 직위 또는 재무에 관한 사무의 책임 있는 직위에 있거나 과거 1년 이내에 이러한 직위에 있었던 자(회사를 포함한다. 이하 이 조에서 같다)
2. 현재 자기가 사용인이거나 과거 1년 이내에 자기가 사용인이었던 자
3. 제1호와 제2호 외에 자기와 매우 깊은 이해관계가 있어서 그 직무를 공정히 수행하는 데에 지장이 있다고 인정되어 산업통상자원부령으로 정하는 자

제53조 (등록취소와 업무정지) ①중소기업청장은 제50조에 따라 등록을 한 지도사가 다음 각 호의 어느 하나에 해당하면 그 등록을 취소할 수 있다.

1. 거짓이나 그 밖에 부정한 방법으로 등록 또는 갱신등록을 한 경우
2. 제46조 제2항에 따른 결격사유에 해당하게 된 경우
3. 지도와 관련하여 알게 된 비밀을 다른 사람에게 누설한 경우
4. 지도사등록증을 다른 사람에게 대여한 경우
5. 지도와 관련하여 부정한 행위를 하거나 고의 또는 중대한 과실로 다른 사람에게 중대한 손해를 입힌 경우

②제50조 제2항에 따른 갱신등록을 하지 아니한 지도사는 그 업무를 할 수 없다. 이 경우 제50조 제3항 후단에 따른 보수교육을 받고 갱신등록을 한 때에는 그때부터 지도사의 업무를 다시 할 수 있다.

제54조 (청문) 중소기업청장은 제53조 제1항에 따라 등록을 취소하려면 청문을 하여야 한다.

제55조 (지도신청 등) ①경영 및 기술지도를 받으려는 중소기업자는 제43조에 따른 지도계획에 따라 중소기업청장이 정하는 자 또는 제50조 제1항에 따라 등록한 지도사에게 이를 신청할 수 있다.

②제1항에 따른 경영 및 기술지도의 신청에 필요한 사항은 산업통상자원부령으로 정한다. 〈개정 2008.2.29, 2013.3.23〉

③중소기업청장은 제43조에 따른 지도계획에 따라 지도를 실시한 결과, 지원이 필요하다고 인정되면 이에 대한 지원이 먼저 이루어질 수 있도록 필요한 조치를 할 수 있다.

제56조 (연수계획의 수립) ①중소기업청장은 중소기업자의 경영능력과 기술수준의 향상을 위하여 중소기업자와 그 근로자, 중소기업청장이 중소기업의 경영

또는 기술에 관한 연수가 필요하다고 인정하는 자 등에게 실시할 연수계획(이하 "연수계획"이라 한다)을 세워야 한다.

②제1항에 따른 연수계획의 수립에 필요한 사항은 대통령령으로 정한다.

제57조 (연수실시기관) ①연수계획에 따른 연수의 실시기관은 중소기업진흥공단 또는 중소기업청장이 지정하는 기관이나 단체로 한다.

②제1항에 따른 기관이나 단체의 지정에 관하여 필요한 사항은 대통령령으로 정한다.

제5절 국제화 지원사업 등

제58조 (국제화 지원사업) ①중소기업청장은 중소기업의 국제화에 필요한 기반 조성과 외국과의 산업기술능력에 관한 지원사업을 실시하여야 한다.

②제1항에 따른 국제화 지원사업에 필요한 사항은 대통령령으로 정한다.

제59조 (생산시설의 해외이전 지원) 정부는 중소기업자가 생산시설을 해외로 이전하려는 경우에는 다음 각 호의 지원을 하거나 지원에 관한 시책을 강구할 수 있다. 〈개정 2008.12.19, 2010.4.5〉

1. 「한국수출입은행법」 제18조에 따른 수출자금과 해외투자자금의 융자
2. 「대외경제협력기금법」 제3조에 따른 대외경제협력기금에서의 출자 및 융자
3. 「무역보험법」에 따른 해외투자보험의 지원
4. 제63조에 따른 중소기업창업 및 진흥기금에서의 융자
5. 제1호부터 제4호까지의 지원을 위하여 필요한 신용보증의 우선적 실시
6. 생산시설의 해외이전에 따른 정보제공

제6절 중소기업의 경영안정 지원 등

제60조 (경영정상화의 지원) ①중소기업청장은 다음 각 호의 사유로 상당수의 중소기업자가 경영상의 어려움을 겪고 있거나 겪을 우려가 있으면 중소기업의 경영정상화를 지원하기 위하여 필요한 조치를 할 수 있다.

1. 판매 부진, 일시적인 자금난 및 인력난 등으로 경영에 심각한 어려움이 있는 경우

2. 원자재의 확보가 곤란한 경우

3. 관련 기업의 노사분규로 휴업·폐업 또는 조업중단 등의 사태가 발생한 경우

②중소기업청장은 제1항의 경우 필요하다고 인정할 때에는 관계 행정기관의 장에게 중소기업의 경영정상화를 위한 지원조치를 요청할 수 있다.

제61조 (긴급경영안정지원계획의 수립·시행) ①중소기업청장은 특정지역에서 천재지변의 발생, 경제여건의 급격한 변화 등의 사유로 휴업이나 폐업을 하거나 조업을 중단하는 중소기업이 증가하거나 증가할 우려가 있으면 중소기업의 경영안정을 위한 긴급경영안정지원계획을 수립하여 시행할 수 있다.

②제1항에 따른 긴급경영안정지원계획에는 다음 각 호의 사항이 포함되어야 한다.

1. 지원 지역
2. 지원 대상
3. 지원 기간
4. 자금·입지·인력지원 및 기술지도 등 관계 중앙행정기관별 지원 내용
5. 그 밖에 중소기업청장이 긴급경영안정지원을 위하여 필요하다고 인정하는 사항

③중소기업청장은 긴급경영안정지원계획을 수립하려는 경우에는 관계 중앙행정기관의 장과 협의하여야 하며 관계 중앙행정기관의 장에게 지원계획 추진실적 제출을 요청할 수 있다.

제61조의2 (중소기업매출채권보험계정의 설치) ① 정부는 제2조 제1호 가목에 따른 중소기업자가 상행위와 관련하여 보유하고 있는 약속어음 또는 환어음의 부도 및 매출채권에 대한 채무자의 채무불이행으로 인한 연쇄도산의 위험을 방지하기 위하여 「신용보증기금법」에 따른 신용보증기금 내에 중소기업매출채권보험계정을 설치할 수 있다.

② 중소기업매출채권보험계정에 대한 출연금·보험료 등의 수입·운용 및 관리와 보험계약자의 범위 등에 관하여 필요한 사항은 대통령령으로 정한다.

[본조신설 2007.12.27]

제62조 (민속공예산업에 대한 지원) 정부와 지방자치단체는 민속공예산업을 영위하는 중소기업자의 경영안정을 위하여 대통령령으로 정하는 바에 따라 필요한 지원을 할 수 있다.

제7절 중소기업의 가업승계 지원 〈신설 2007.12.27〉

제62조의2 (가업승계 지원) 정부는 중소기업의 원활한 가업승계를 위하여 조세 관련 법률로 정하는 바에 따른 세제지원 등 필요한 지원을 할 수 있다.

[본조신설 2007.12.27]

제62조의3 (중소기업가업승계지원센터의 지정) ① 중소기업청장은 중소기업의 원활한 가업승계를 효율적으로 지원하기 위하여 중소기업지원 관련 기관이나 단체를 중소기업가업승계지원센터로 지정할 수 있다.

② 제1항에 따라 지정된 중소기업가업승계지원센터(이하 이 조에서 "지원센터"라 한다)의 업무는 다음 각 호와 같다.

1. 가업승계 계획의 수립 지원에 관한 사항
2. 가업승계에 필요한 정보 제공, 교육 및 컨설팅 지원에 관한 사항
3. 우수 승계기업 인증 및 포상에 관한 사항
4. 외국 사례 등 가업승계 원활화를 위한 선진제도 발굴에 관한 사항
5. 그 밖에 가업승계에 대한 인식 제고 등 중소기업 가업승계 원활화를 위하여 중소기업청장이 위탁하는 사항

③ 정부는 지원센터의 운영에 사용되는 경비의 전부 또는 일부를 지원할 수 있다.

④ 지원센터의 지정기준, 지정절차 및 운영 등에 관하여 필요한 사항은 대통령령으로 정한다.

[본조신설 2007.12.27]

제8절 중소기업의 사회적 책임경영 〈신설 2012.12.11〉

제62조의4 (사회적 책임경영의 지원) ① 중소기업은 회사의 종업원, 거래처, 고객 및 지역사회 등에 대한 사회적 책임을 고려한 경영활동을 하도록 노력하여야 한다.

② 국가와 지방자치단체는 중소기업의 사회적 책임경영을 위하여 필요한 지원을 할 수 있다.

[본조신설 2012.12.11]

제62조의5 (사회적 책임경영 중소기업육성 기본계획의 수립) ① 중소기업청장은 사회적 책임경영 중소기업을 육성하고 체계적으로 지원하기 위하여 5년마다 사회적 책임경영 중소기업육성 기본계획(이하 "기본계획"이라 한다)을 수립·시행하여야 한다. 다만, 「산업발전법」 제19조에 따른 지속가능경영 종합시책을 수립할 때 기본계획을 포함하여 수립·시행할 수 있다.

② 기본계획에는 다음 각 호의 사항이 포함되어야 한다.

1. 중소기업 사회적 책임경영 조성정책의 기본방향 및 목표
2. 중소기업 사회적 책임경영 활성화에 관한 사항
3. 사회적 책임경영 중소기업 지원에 관한 사항
4. 사회적 책임경영 중소기업의 실태조사에 관한 사항
5. 그 밖에 사회적 책임경영 중소기업의 육성 및 지원을 위하여 대통령령으로 정하는 사항

③ 중소기업청장은 기본계획에 따라 연차별 시행계획을 수립·시행하여야 한다.

④ 그 밖에 기본계획 및 시행계획의 수립·시행에 필요한 사항은 대통령령으로 정한다.

[본조신설 2012.12.11]

제62조의6 (사회적 책임경영 중소기업지원센터의 지정) ① 중소기업청장은 중소기업의 사회적 책임경영을 효율적으로 지원하기 위하여 중소기업 지원 관련 기관이나 단체를 사회적 책임경영 중소기업지원센터(이하 이 조에서 "책임경영지원센터"라 한다)로 지정할 수 있다.

② 책임경영지원센터는 다음 각 호의 업무를 수행한다. 〈개정 2013.3.23〉

1. 중소기업 사회적 책임경영에 대한 지침의 제공
2. 중소기업 사회적 책임경영 관련 전문인력의 양성
3. 사회적 책임경영에 대한 인식제고를 위한 교육 및 연수
4. 사회적 책임경영에 필요한 정보 제공 및 컨설팅 지원
5. 그 밖에 사회적 책임경영의 활성화를 위하여 필요한 사업으로서 산업

통상자원부령으로 정하는 사항

③ 중소기업청장은 책임경영지원센터에 대하여 예산의 범위에서 제2항 각 호의 업무 수행에 필요한 비용을 출연 또는 보조할 수 있다.

④ 중소기업청장은 책임경영지원센터가 제5항에 따른 지정기준에 미달하게 되는 경우에는 지정을 취소할 수 있다.

⑤ 책임경영지원센터의 지정 및 지정취소의 기준·절차 및 운영에 필요한 사항은 대통령령으로 정한다.

[본조신설 2012.12.11.]

제5장 중소기업창업 및 진흥기금 〈개정 2008.12.19〉

제63조 (중소기업창업 및 진흥기금의 설치) 정부는 중소기업의 창업 촉진, 산업의 균형 있는 발전과 산업기반의 구축, 경영 기반 확충 및 구조고도화에 필요한 재원을 확보하기 위하여 중소기업창업 및 진흥기금(이하 "기금"이라 한다)을 설치한다. 〈개정 2008.12.19〉 [제목개정 2008.12.19]

제64조 (기금의 조성) ①기금은 다음 각 호의 재원으로 조성한다.

1. 정부나 지방자치단체의 출연금 및 융자금
2. 정부나 지방자치단체 외의 자의 출연금 및 융자금
3. 제65조에 따른 채권의 발행으로 조성되는 자금과 「복권 및 복권기금법」 제23조 제1항에 따라 배분된 복권 수익금
4. 「공공자금관리기금법」에 따른 공공자금관리기금에서의 예수금(豫受金)
5. 기금의 운용으로 생기는 수익금
6. 그 밖에 대통령령으로 정하는 수입금

②정부는 회계연도마다 예산의 범위에서 출연금과 융자금을 세출예산에 포함시켜야 한다.

제65조 (채권의 발행) ①중소기업진흥공단은 이사회의 의결을 거쳐 중소기업청장의 승인을 받아 기금의 부담으로 채권을 발행할 수 있다.

②중소기업청장은 제1항에 따른 채권 발행을 승인하려면 미리 기획재정부장관과 협의하여야 한다. 〈개정 2008.2.29〉

③채권의 발행액은 적립된 기금의 20배를 초과할 수 없다. 〈개정 2009.12.30〉

④정부는 중소기업진흥공단이 발행하는 채권 원리금의 상환을 보증할 수 있다.

⑤채권의 소멸시효는 상환일부터 기산하여 원금은 5년, 이자는 2년으로 완성된다.

⑥제1항부터 제5항까지의 규정 외에 채권의 발행에 필요한 사항은 대통령령으로 정한다.

제66조 (기금의 운용과 관리) ①기금은 중소기업진흥공단이 운용·관리한다.

② 삭제 〈2008.12.19〉

③ 삭제 〈2008.12.19〉

④ 삭제 〈2008.12.19〉

⑤ 기금 관리자는 제66조의2에 따른 기금운용계획에 따라 기금을 대출 등의 방법으로 운용할 수 있다. 〈개정 2007.12.27, 2008.12.19〉

제66조의2 (기금운용계획안의 수립과 기금의 결산) ① 중소기업진흥공단은 「국가재정법」 제66조에 따른 기금운용계획안을 수립하려는 경우 제71조에 따른 운영위원회의 심의를 거친 후 중소기업청장의 승인을 받아야 한다. 기금운용계획안이 국회에서 확정된 후 회계연도 중 이를 변경하려는 경우에도 또한 같다. 〈개정 2008.2.29, 2008.12.19〉

② 중소기업진흥공단은 「국가재정법」 제73조에 따른 기금결산보고서를 작성하여 제1항의 운영위원회의 심의를 거쳐 매 회계연도가 지난 후 2개월 이내에 중소기업청장에게 제출하여야 한다.

③ 중소기업진흥공단은 회계연도마다 기금의 결산 결과 이익금이 생긴 경우에는 이월손실금의 보전에 충당하고, 나머지는 기금으로 적립하여야 한다.

④ 기금의 결산에서 손실금이 생긴 때에는 제3항의 적립금으로 보전하고 그 적립금이 부족한 때에는 정부가 이를 보전한다. 〈신설 2009.12.30.〉

[본조신설 2007.12.27]

제67조 (기금의 사용 등) ① 기금은 다음 각 호의 사업을 위하여 사용할 수 있다. 〈개정 2008.12.19, 2012.1.17〉

1. 「중소기업창업 지원법」 제6조 제1항에 따른 창업보육센터사업자와 입주자에 대한 자금 지원

2. 「중소기업창업 지원법」 제10조에 따른 중소기업창업투자회사에 대한 투자 또는 융자
3. 「중소기업창업 지원법」 제20조에 따른 중소기업창업투자조합에 대한 출자
4. 「중소기업창업 지원법」 제31조에 따른 중소기업상담회사에 대한 자금 지원
5. 중소기업의 창업지원을 위하여 중소기업청장이 위탁하는 사업
6. 중소기업에 대한 자동화의 지원
7. 중소기업에 대한 정보화의 지원
8. 중소기업에 대한 기술개발 및 이업종 교류의 지원
9. 중소기업에 대한 사업전환의 지원
10. 중소기업제품의 국내외 판로 지원 및 연계 생산의 지원
11. 중소기업에 대한 물류현대화의 지원
12. 중소기업에 대한 협동화사업의 지원
13. 중소기업에 대한 협업사업의 지원
14. 중소기업에 대한 입지지원과 환경오염 줄이기를 위한 지원
15. 중소기업에 대한 지도 · 연수사업과 전문기술인력의 양성
16. 중소기업에 대한 국제화의 지원
17. 중소기업에 대한 경영 정상화의 지원
18. 중소기업의 주식 및 사채의 인수
19. 중소기업진흥공단의 시설의 설치 및 운영
20. 중소기업진흥을 위하여 중소기업청장이 위탁하는 사업
21. 중소기업에 대한 필요한 시설의 대여 및 관련 정보의 수집, 보급, 조사 및 연구
22. 「지역균형개발 및 지방중소기업 육성에 관한 법률」 제44조에 따른 지방중소기업육성관련기금의 조성지원 등 지방중소기업의 육성

22의2. 「산업발전법」 제28조 각 호에 따른 사업

22의3. 「소기업 및 소상공인 지원을 위한 특별조치법」 제10조의9제1항 각 호에 따른 사업

23. 제6호부터 제21호까지의 사업에 대한 출자 또는 출연
24. 제1호부터 제21호까지의 사업에 딸린 사업

② 삭제 〈2008.12.19〉

③ 제1항 각 호의 사업을 수행하기 위하여 필요하면 관련 중소기업자나 단체 등에 대하여 기금에서 보조금을 지급할 수 있다. 〈개정 2008.12.19〉

④ 기금의 운영·관리와 기금에서 지급할 보조금에 필요한 사항은 대통령령으로 정한다.

[전문개정 2007.12.27]

제67조 (기금의 사용 등) ① 기금은 다음 각 호의 사업을 위하여 사용할 수 있다. 〈개정 2008.12.19, 2012.1.17〉

1. 「중소기업창업 지원법」 제6조 제1항에 따른 창업보육센터사업자와 입주자에 대한 자금 지원
2. 「중소기업창업 지원법」 제10조에 따른 중소기업창업투자회사에 대한 투자 또는 융자
3. 「중소기업창업 지원법」 제20조에 따른 중소기업창업투자조합에 대한 출자
4. 「중소기업창업 지원법」 제31조에 따른 중소기업상담회사에 대한 자금 지원
5. 중소기업의 창업지원을 위하여 중소기업청장이 위탁하는 사업
6. 중소기업에 대한 자동화의 지원
7. 중소기업에 대한 정보화의 지원
8. 중소기업에 대한 기술개발 및 이업종 교류의 지원
9. 중소기업에 대한 사업전환의 지원
10. 중소기업제품의 국내외 판로 지원 및 연계 생산의 지원
11. 중소기업에 대한 물류현대화의 지원
12. 중소기업에 대한 협동화사업의 지원
13. 중소기업에 대한 협업사업의 지원
14. 중소기업에 대한 입지지원과 환경오염 줄이기를 위한 지원
15. 중소기업에 대한 지도·연수사업과 전문기술인력의 양성
16. 중소기업에 대한 국제화의 지원
17. 중소기업에 대한 경영 정상화의 지원
18. 중소기업의 주식 및 사채의 인수
19. 중소기업진흥공단의 시설의 설치 및 운영

제13조 (전자무역문서의 표준화) ① 산업통상자원부장관은 전자무역을 촉진하기 위하여 관계 중앙행정기관의 장과 협의하여 대통령령으로 정하는 바에 따라 전자무역문서의 표준을 정하여 고시하여야 한다. 이 경우 고시한 사항을 변경할 때에도 또한 같다. 〈개정 2013.3.23〉

② 제1항에 따른 전자무역문서 표준화의 내용·대상 및 절차 등에 관한 사항은 대통령령으로 정한다.

[전문개정 2011.4.14]

제14조 (신청 등 또는 승인 등의 효력) 무역업자 또는 무역관계기관이 신청 등 또는 승인 등을 전자무역기반시설을 통하여 전자무역문서로 처리한 경우에는 무역관련법령 등에서 정한 절차에 따라 처리된 것으로 본다.

[전문개정 2011.4.14]

제15조 (전자무역문서의 효력) 무역업자 또는 무역관계기관이 전자무역기반시설을 통하여 신청 등 또는 승인 등을 한 전자무역문서는 무역관련법령 등에서 정한 절차에 따라 처리된 문서로 본다.

[전문개정 2011.4.14]

제5장 전자무역문서의 보관 및 증명

제16조 (전자무역기반사업자가 보관하는 전자무역문서의 효력) ① 전자무역기반사업자가 전자무역문서를 보관하는 경우에는 「전자문서 및 전자거래 기본법」 제5조 제1항에 따른 전자문서의 보관이 행하여진 것으로 본다. 〈개정 2012.6.1〉

② 전자무역기반사업자는 전자무역문서의 보관을 위하여 전자서명을 사용하는 경우 「전자서명법」 제2조 제3호에 따른 공인전자서명을 이용하여야 한다.

[전문개정 2011.4.14]

제17조 (전자무역문서의 증명) ① 전자무역기반사업자가 전자무역문서의 송수신 일시 및 그 당사자 등에 관한 증명서를 발급하는 경우 그 증명서에 적힌 사항은 진정한 것으로 추정한다.

② 전자무역기반사업자가 제1항의 증명서를 발급할 때 준수하여야 할 표준서식, 발급 방법 및 절차 등에 대하여는 대통령령으로 정한다.

20. 중소기업진흥을 위하여 중소기업청장이 위탁하는 사업

21. 중소기업에 대한 필요한 시설의 대여 및 관련 정보의 수집, 보급, 조사 및 연구

22. 「지역균형개발 및 지방중소기업 육성에 관한 법률」 제44조에 따른 지방중소기업육성관련기금의 조성지원 등 지방중소기업의 육성

22의2. 「산업발전법」 제28조 각 호에 따른 사업

22의3. 삭제 〈2013.5.28〉

23. 제6호부터 제21호까지의 사업에 대한 출자 또는 출연

24. 제1호부터 제21호까지의 사업에 딸린 사업

② 삭제 〈2008.12.19〉

③ 제1항 각 호의 사업을 수행하기 위하여 필요하면 관련 중소기업자나 단체 등에 대하여 기금에서 보조금을 지급할 수 있다. 〈개정 2008.12.19〉

④ 기금의 운영·관리와 기금에서 지급할 보조금에 필요한 사항은 대통령령으로 정한다.

[전문개정 2007.12.27.] [시행일 : 2015.1.1]

제6장 중소기업진흥공단

제68조 (중소기업진흥공단의 설립 등) ①중소기업의 진흥을 위한 사업을 효율적으로 추진하기 위하여 중소기업진흥공단을 설립한다.

②중소기업진흥공단은 법인으로 하며, 그 주된 사무소의 소재지에서 설립등기를 함으로써 성립한다.

③제2항에 따른 주된 사무소의 소재지는 정관으로 정하며, 중소기업진흥공단은 정관에서 정하는 바에 따라 필요한 곳에 연수원, 지부 또는 지소, 그 밖의 사무소를 둘 수 있다.

④중소기업진흥공단은 중소기업의 자동화와 정보화를 촉진하기 위하여 대통령령으로 정하는 바에 따라 자동화지원센터와 정보화지원센터를 설치·운영할 수 있다.

⑤중소기업진흥공단 외의 자는 중소기업진흥공단 또는 이와 비슷한 명칭을 사용하지 못한다.

⑥정부 등은 중소기업진흥공단의 설립에 필요한 자금에 충당하기 위하여

출연을 할 수 있다.

⑦지방자치단체는 중소기업진흥공단의 설립과 운영 등을 위하여 필요한 경우에는 대통령령으로 정하는 바에 따라 공유재산을 양여할 수 있다.

⑧중소기업진흥공단에 관하여 이 법에 규정된 것 외에는 「민법」 중 재단법인에 관한 규정을 준용한다.

제69조 (중소기업제품 판매회사의 설립) ①중소기업진흥공단은 제74조 제1항 제5호 및 제19호의 사업을 효율적으로 시행하기 위하여 필요하다고 인정하면 대통령령으로 정하는 바에 따라 중소기업청장의 승인을 받아 중소기업제품에 대한 판로의 확보를 지원하기 위한 회사를 설립할 수 있다.

②중소기업청장이 제1항에 따른 승인을 하려면 미리 관할 시·도지사와 협의하여야 한다.

③제1항에 따라 설립된 회사는 「유통산업발전법」 제8조에 따른 대규모점포로 등록한 것으로 본다.

제70조 (정관) ①중소기업진흥공단의 정관에는 다음 각 호의 사항을 포함하여야 한다.

1. 목적
2. 명칭
3. 주된 사무소, 연수원, 지부 또는 지소와 그 밖의 사무소에 관한 사항
4. 임원과 직원에 관한 사항
5. 운영위원회와 이사회에 관한 사항
6. 업무와 그 집행에 관한 사항
7. 재산과 그 회계에 관한 사항
8. 정관 변경에 관한 사항
9. 공고의 방법
10. 규약과 규정의 제정 및 개폐에 관한 사항

②중소기업진흥공단이 정관을 변경하려면 중소기업청장의 인가를 받아야 한다.

제71조 (운영위원회) ①중소기업진흥공단에 운영위원회를 둔다.

②운영위원회는 위원장 1명과 20명 이하의 위원으로 구성한다.

③위원장은 중소기업진흥공단의 이사장이 되고, 위원은 관계 행정기관의

공무원 및 중소기업에 관하여 지식과 경험이 풍부한 자 중에서 중소기업청장이 위촉한다.

④위원은 비상근(非常勤)으로 한다.

⑤운영위원회의 운영에 필요한 사항은 대통령령으로 정한다.

제72조 (임원 등) ①중소기업진흥공단에 다음 각 호의 임원을 둔다.

1. 이사장 1명
2. 부이사장 1명
3. 이사 5명 이하
4. 감사 1명

②이사장은 중소기업청장의 추천에 따라 산업통상자원부장관의 제청으로 대통령이 임명하거나 해임하고, 부이사장과 이사는 이사장의 제청으로 중소기업청장이 임명하거나 해임한다. 〈개정 2008.2.29, 2013.3.23〉

③감사는 중소기업청장이 임명하거나 해임한다.

④이사장과 부이사장 및 이사의 임기는 3년으로 하고, 감사의 임기는 2년으로 한다.

제73조 (이사회) ①중소기업진흥공단의 중요 사항을 의결하게 하기 위하여 중소기업진흥공단에 이사회를 둔다.

②이사회는 이사장, 부이사장 및 이사로 구성한다.

③이사회의 운영에 필요한 사항은 정관으로 정한다.

제73조의2 (이사장의 대표권제한) 중소기업진흥공단의 이익과 이사장의 이익이 상반되는 사항에 대하여는 이사장이 중소기업진흥공단을 대표하지 못하며, 감사가 중소기업진흥공단을 대표한다.

[본조신설 2007.12.27]

제73조의3 (대리인의 선임) 이사장은 임직원 중에서 중소기업진흥공단의 업무에 관하여 재판상 또는 재판 외의 모든 행위를 할 권한이 있는 대리인을 선임할 수 있다.

[본조신설 2012.12.11] [종전 제73조의3은 제73조의4로 이동 〈2012.12.11〉]

제73조의4 (비밀누설의 금지) 중소기업진흥공단의 임직원으로 근무하거나 근무하였던 사람은 그 직무상 알게 된 비밀을 누설하거나 도용하여서는 아니 된다.

[본조신설 2007.12.27] [제73조의3에서 이동 〈2012.12.11〉]

제74조 (사업) ①중소기업진흥공단은 중소기업에 관한 다음 각 호의 사업을 실시하거나 그에 관한 사업을 지원할 수 있다.

1. 자동화의 지원
2. 정보화의 지원
3. 기술개발의 지원 및 이업종교류의 지원
4. 사업전환의 지원
5. 중소기업제품의 국내외 판로 지원과 연계생산의 지원
6. 물류현대화의 지원
7. 협동화사업의 추진과 협동화사업을 위한 토지·건물 및 시설 등의 취득, 단지의 조성 또는 공동시설의 설치와 그 대여 및 양도
8. 협업사업의 지원
9. 입지 지원
10. 중소기업의 창업 지원
11. 농공 단지에 입주한 기업의 지원
12. 환경오염을 줄이기 위한 지원
13. 경영과 기술의 진단, 지도와 그 요원의 양성, 민간이 운영하는 경영·기술전문지도기관·단체 및 업체의 육성, 기술도입과 기술보급
14. 중소기업자 및 그 근로자, 중소기업의 경영 또는 기술에 관한 지도 요원 등에 대한 연수 및 전문기술인력 양성
15. 국외투자와 그 밖에 국외 진출 및 외국과의 산업기술 협력 등 국제화의 지원
16. 경영 정상화의 지원
17. 중소기업의 주식 또는 사채의 인수
18. 기금의 운용과 관리
19. 중소기업제품의 판매 지원을 위한 국내외 전시장 및 관련 시설의 설치·운영
20. 중소기업 진흥을 위하여 중소기업청장이 위탁하는 사업
21. 중소기업에 관한 정보의 수집·보급과 조사 및 연구
22. 제1호부터 제12호까지, 제15호 및 제20호의 사업에 필요한 시설의 대여

23. 제1호부터 제21호까지에 규정된 사업에 딸린 사업

②중소기업진흥공단은 제1항의 사업을 수행할 때 지방자치단체와 중소기업에 대한 지원 업무에 관하여 서로 협력할 수 있다.

③제2항에 따른 지방자치단체와의 협력에 필요한 사항은 대통령령으로 정한다.

제74조의2 (연대보증채무의 감경 · 면제) 「채무자 회생 및 파산에 관한 법률」 제250조 제2항, 제567조, 제625조 제3항에도 불구하고 채권자가 중소기업진흥공단인 경우(이 법 제66조 제5항에 따라 대출 방식으로 이루어지는 사업에 한정한다)에는 중소기업이 회생계획인가결정을 받는 시점 및 파산선고 이후 면책결정을 받는 시점에 주채무가 감경 또는 면제될 경우 연대보증채무도 동일한 비율로 감경 또는 면제한다.

[본조신설 2012.12.11]

제75조 (자금의 조달) ①중소기업진흥공단은 제74조에 따른 사업을 위하여 필요하면 중소기업청장의 승인을 받아 국내외로부터 자금을 차입할 수 있다.

②정부는 중소기업진흥공단이 제74조에 따른 사업을 수행하기 위하여 필요하다고 인정하면 중소기업진흥공단에 출연할 수 있다.

제76조 (비용 부담) 중소기업진흥공단은 제74조 제1항 각 호의 사업에 따른 수익자에게 그 사업에 필요한 비용을 부담하게 할 수 있다.

제76조의2 (자료제공의 요청) ① 중소기업진흥공단은 국가, 지방자치단체, 「국민연금법」에 따른 국민연금공단, 「국민건강보험법」에 따른 국민건강보험공단 및 「산업재해보상보험법」에 따른 근로복지공단, 그 밖에 대통령령으로 정하는 공공단체에 제74조 제1항 각 호에 따른 업무 수행에 필요한 자료의 제공을 요청할 수 있다.

② 제1항에 따라 자료의 제공을 요청받은 자는 특별한 사유가 없으면 이에 따라야 한다.

[본조신설 2012.12.11]

제77조 (예산과 결산) ①중소기업진흥공단은 사업연도마다 총수입과 총지출을 예산으로 편성하여 운영위원회의 심의를 거쳐 중소기업청장의 승인을 받아야 한다. 이를 변경하려는 경우에도 또한 같다.

②중소기업진흥공단이 제1항에 따른 승인을 받으려면 그 편성된 예산안을

해당 연도 시작 20일 전까지 중소기업청장에게 제출하여야 한다.

③중소기업진흥공단은 매년 회계연도가 지난 후 2개월 이내에 결산서를 작성하여 운영위원회의 심의를 거쳐 중소기업청장에게 제출하여야 한다.

④중소기업진흥공단은 회계연도마다의 결산 결과 이익금이 생긴 경우에는 이월손실금의 보전에 충당하고, 나머지는 중소기업청장이 정하는 바에 따라 적립하여야 한다.

제78조 (업무의 지도 · 감독) ①중소기업청장은 중소기업진흥공단의 업무를 지도 · 감독하며, 필요하다고 인정하면 중소기업진흥공단에 대하여 그 사업에 관한 지시나 명령을 할 수 있다.

②중소기업진흥공단에 대한 중소기업청장의 지도 · 감독에 필요한 사항은 대통령령으로 정한다.

제7장 보칙

제79조 (보고와 검사) ①중소기업청장은 이 법의 시행을 위하여 필요하다고 인정하면 제2장 및 제4장의 사업 추진과 관련 있는 자에게 그 사업에 관한 보고를 명령하거나 소속 공무원에게 해당 사무소와 사업장 등에 출입하여 장부 · 서류나 그 밖의 물건을 검사하게 할 수 있다. 〈개정 2009.5.21〉

②제1항에 따라 검사를 하는 공무원은 그 권한을 표시하는 증표를 지니고, 이를 관계인에게 내보여야 한다.

제79조의2 (중소기업 정책정보시스템 운영) ① 중소기업청장은 중소기업자가 중소기업 지원 정책정보를 편리하게 이용하도록 하기 위하여 정책정보를 분야별로 분류 · 제공하는 중소기업 정책정보시스템을 운영할 수 있다. 〈개정 2008.2.29〉

② 관계 중앙행정기관, 지방자치단체, 중소기업 관련 법인 · 단체는 제1항과 관련된 정보를 생산하거나 변경한 때에는 그 정책정보가 중소기업 정책정보시스템에 신속히 등록 · 갱신될 수 있도록 필요한 조치를 하여야 한다.

③ 중소기업청장은 예산의 범위에서 중소기업 정책정보시스템 운영에 사용되는 비용의 전부 또는 일부를 지원할 수 있다.

[본조신설 2007.12.27]

제79조의3 (중소기업 현황정보시스템 운영) ① 중소기업청장은 개별 중소기업의 업종, 지역, 종업원 수 등 일반현황 정보와 지원기관, 지원내용 등 지원 관련 정보를 수집·이용하는 중소기업 현황정보시스템을 운영할 수 있으며, 관계 중앙행정기관, 지방자치단체, 중소기업 관련 법인·단체는 이와 관련된 정보를 제공하여야 한다.

② 제1항에 따른 정보 제공 기관, 제공 대상 정보, 정보 제공 방법, 제공 정보의 관리 및 활용 등에 필요한 사항은 중소기업청장이 정한다.

[본조신설 2007.12.27]

제80조 (세제 지원) 정부는 중소기업의 창업 촉진, 경영기반 확충 및 구조 고도화 등을 위하여 조세에 관한 법률에서 정하는 바에 따라 세제상의 지원을 할 수 있다.

제81조 (다른 법률과의 관계) ①중소기업자 등이 제31조 제1항에 따라 단지조성사업의 실시계획의 승인을 받은 경우 다음 각 호의 허가, 결정, 인가, 면허, 협의, 동의, 승인, 해제 또는 처분 등(이하 "인·허가 등"이라 한다)을 받은 것으로 보며, 같은 조 제4항에 따라 실시계획의 승인이 고시된 경우에는 다음 각 호의 관련 법률에 따른 인·허가 등의 고시 또는 공고가 있는 것으로 본다. 〈개정 2007.12.27, 2008.3.21, 2009.6.9, 2010.4.15, 2010.5.31〉

1. 「국토의 계획 및 이용에 관한 법률」 제56조에 따른 토지의 분할과 형질변경허가, 같은 법 제86조에 따른 도시계획시설사업 시행자의 지정 및 같은 법 제88조에 따른 실시계획의 인가
2. 「수도법」 제17조 및 제49조에 따른 수도사업의 인가, 같은 법 제52조 및 제54조에 따른 전용수도 설치의 인가
3. 「하수도법」 제16조에 따른 공공하수도공사 시행의 허가
4. 「공유수면 관리 및 매립에 관한 법률」 제8조에 따른 공유수면의 점용·사용허가 및 같은 법 제17조에 따른 점용·사용 실시계획의 승인·신고
5. 「항만법」 제9조 제2항에 따른 항만공사시행의 허가 및 같은 법 제10조 제2항에 따른 실시계획의 승인
6. 「하천법」 제30조에 따른 하천공사시행의 허가 및 같은 법 제33조에 따른 하천의 점용허가

7. 「도로법」 제34조에 따른 도로공사시행의 허가 및 같은 법 제38조에 따른 도로점용의 허가
8. 「농지법」 제34조에 따른 농지전용의 허가 · 협의
9. 「산지관리법」 제14조와 제15조에 따른 산지전용허가 및 산지전용신고, 같은 법 제15조의2에 따른 산지일시사용허가 · 신고, 「산림자원의 조성 및 관리에 관한 법률」 제36조 제1항 · 제4항 및 제45조 제1항 · 제2항에 따른 입목벌채 등의 허가 · 신고
10. 「사방사업법」 제14조에 따른 벌채 등의 허가 및 같은 법 제20조에 따른 사방지 지정의 해제
11. 「초지법」 제23조에 따른 초지전용허가
12. 「사도법」 제4조에 따른 사도(私道)의 개설허가
13. 「측량 · 수로조사 및 지적에 관한 법률」 제15조 제3항에 따른 지도 등의 간행 심사
14. 「광업법」 제24조에 따른 불허가 처분 및 같은 법 제34조에 따른 광구 감소처분 또는 광업권 취소처분
15. 「장사 등에 관한 법률」 제23조에 따른 연고자가 없는 분묘의 개장(改葬) 허가
16. 「농어촌정비법」 제23조에 따른 농업생산기반시설의 목적 외 사용승인

②시 · 도지사는 제1항 각 호의 사항이 포함되어 있는 실시계획을 승인하려면 미리 관계 행정기관의 장과 협의하여야 한다.

③실시계획이 승인된 지역은 「산업집적활성화 및 공장설립에 관한 법률」 제23조에 따른 유치지역으로 지정된 것으로 본다.

④중소기업자 등이 제32조에 따라 단지조성사업의 준공인가를 받으면 제1항에 따라 실시계획의 승인으로 간주되는 허가, 인가, 면허, 협의, 동의, 승인 또는 해제에 따른 그 사업의 준공검사 또는 준공인가를 받은 것으로 본다.

⑤제57조 제1항에 따른 연수실시기관에서 공업표준화와 품질관리에 관한 연수를 이수한 중소기업자는 「산업표준화법」 제36조의2에 따른 교육을 이수한 것으로 본다.

제82조 삭제 〈2009.5.21〉

제83조 (권한의 위임 · 위탁) ①이 법에 따른 중소기업청장의 권한은 대통령령으로 정하는 바에 따라 그 일부를 소속 기관의 장 또는 시 · 도지사에게 위임하거나 다른 행정기관의 장에게 위탁할 수 있다.

②제29조, 제37조, 제38조, 제40조에 따른 중소기업청장의 업무는 대통령령으로 정하는 바에 따라 중소기업중앙회 또는 중소기업진흥공단에 위탁할 수 있다. 〈개정 2009.5.21〉

③중소기업청장이 제2항에 따라 위탁한 업무에 종사하는 중소기업중앙회 또는 중소기업진흥공단의 임원과 직원은 「형법」 제129조부터 제132조까지의 규정에 따른 벌칙 적용에서는 공무원으로 본다.

제8장 벌칙

제84조 (벌칙) ①다음 각 호의 어느 하나에 해당하는 자는 3년 이하의 징역 또는 1천만원 이하의 벌금에 처한다. 〈개정 2007.12.27, 2012.12.11〉

1. 삭제 〈2009.5.21〉
2. 제51조 제2항을 위반하여 고의로 진실을 감추거나 거짓된 보고를 한 지도사
3. 제73조의4를 위반하여 직무상 알게 된 비밀을 누설하거나 도용한 자

② 삭제 〈2009.5.21〉

제85조 (양벌규정) ① 법인의 대표자나 법인 또는 개인의 대리인, 사용인, 그 밖의 종업원이 그 법인 또는 개인의 업무에 관하여 제84조의 위반행위를 하면 그 행위자를 벌하는 외에 그 법인 또는 개인에게도 해당 조문의 벌금형을 과(科)한다. 다만, 법인 또는 개인이 그 위반행위를 방지하기 위하여 해당 업무에 관하여 상당한 주의와 감독을 게을리하지 아니한 경우에는 그러하지 아니하다. 〈개정 2008.12.19〉

② 삭제 〈2008.12.19〉

제86조 (과태료) ①다음 각 호의 어느 하나에 해당하는 자에게는 300만원 이하의 과태료를 부과한다. 〈개정 2008.12.19〉

1. 제50조 제4항을 위반하여 제46조 제1항에 따른 지도사임을 표시하거나

이와 비슷한 명칭을 사용한 자

2. 제52조를 위반하여 증명업무를 수행한 자
3. 제68조 제5항을 위반하여 중소기업진흥공단 또는 이와 비슷한 명칭을 사용한 자
4. 제79조에 따른 보고를 하지 아니하거나 거짓된 보고를 한 자 또는 검사를 거부, 방해 또는 기피한 자

②제1항에 따른 과태료는 대통령령으로 정하는 바에 따라 중소기업청장이 부과 · 징수한다.

③ 삭제 〈2008.12.19〉

④ 삭제 〈2008.12.19〉

⑤ 삭제 〈2008.12.19〉

부칙 〈제11690호, 2013.3.23〉 (정부조직법)

제1조 (시행일) ① 이 법은 공포한 날부터 시행한다.

② 생략

제2조부터 제5조까지 생략

제6조 (다른 법률의 개정) ①부터 〈450〉까지 생략

〈451〉 중소기업진흥에 관한 법률 일부를 다음과 같이 개정한다.

제29조 제1항 후단, 같은 조 제2항 후단, 제31조 제1항 후단, 같은 조 제5항 후단, 제32조 제1항 · 제2항, 제50조 제3항 전단 및 후단, 제52조 제3호, 제55조 제2항 및 제62조의6 제2항 제5호 중 "지식경제부령"을 각각 "산업통상자원부령"으로 한다.

제31조 제4항 중 "국토해양부장관"을 "국토교통부장관"으로 한다.

제72조 제2항 중 "지식경제부장관"을 "산업통상자원부장관"으로 한다.

〈452〉부터 〈710〉까지 생략

제7조 생략

전자무역 촉진에 관한 법률

[시행 2013.3.23] [법률 제11690호, 2013.3.23, 타법개정]
산업통상자원부(무역정책과) 02-2110-4831

제1장 총칙 〈개정 2011.4.14〉

제1조 (목적) 이 법은 전자무역의 기반을 조성하고 그 활용을 촉진하여 무역절차의 간소화와 무역정보의 신속한 유통을 실현하고 무역업무의 처리 시간 및 비용을 줄임으로써 산업의 국제경쟁력을 높이고 국민경제의 발전에 이바지함을 목적으로 한다.

[전문개정 2011.4.14]

제2조 (정의) 이 법에서 사용하는 용어의 뜻은 다음과 같다. 〈개정 2012.6.1〉

1. "전자무역"이란 「대외무역법」 제2조 제1호에 따른 무역의 일부 또는 전부가 전자무역문서로 처리되는 거래를 말한다.
2. "무역업자"란 「대외무역법」 제2조 제3호에 따른 무역거래자로서 무역관계기관에 대외무역 법령, 외국환 거래 법령, 그 밖에 대통령령으로 정하는 법령과 운송·보험 등 당사자 간의 계약(이하 "무역관련법령 등"이라 한다)에 따라 신청·신고·보고 등(이하 "신청 등"이라 한다)을 하는 자를 말한다.
3. "무역관계기관"이란 무역업자에게 무역관련법령 등에서 정하는 무역 관련 역무를 제공하거나 승인, 면허, 인증, 신고의 수리 등(이하 "승인 등"이라 한다)을 하는 기관을 말한다.
4. "전자무역문서"란 전자무역에 사용되는 「전자문서 및 전자거래 기본법」 제2조 제1호에 따른 전자문서를 말한다.
5. "전자무역기반시설"이란 정보통신망을 통하여 무역업자와 무역관계기관을 체계적으로 연계하여 전자무역문서의 중계·보관 및 증명 등의 업무를 수행하는 정보시스템을 말한다.

[전문개정 2011.4.14]

제3조 (적용 범위) 이 법은 다른 법률에 특별한 규정이 있는 경우를 제외하고 모

든 전자무역에 적용한다.

[전문개정 2011.4.14.]

제2장 전자무역 촉진 추진체계 〈개정 2011.4.14〉

제4조 (전자무역 촉진을 위한 시책의 수립 · 시행) ① 산업통상자원부장관은 전자무역을 촉진하기 위하여 다음 각 호의 사항이 포함된 전자무역 촉진시책(이하 "촉진시책"이라 한다)을 수립 · 시행하여야 한다. 〈개정 2013.3.23〉

1. 촉진시책의 기본 방향에 관한 사항
2. 전자무역기반시설의 구축과 운영에 관한 사항
3. 전자무역의 환경조성에 관한 사항
4. 전자무역과 관련된 국제협력에 관한 사항
5. 전자무역과 관련된 통계자료의 수집 · 분석 및 활용방안에 관한 사항
6. 전자무역에 관한 거래자 간의 분쟁해결을 위한 중재 등에 관한 사항
7. 전자무역 촉진을 위한 재원 확보 및 배분에 관한 사항
8. 그 밖에 전자무역을 촉진하기 위하여 필요한 사항

② 삭제 〈2013.3.23〉

③ 산업통상자원부장관은 촉진시책을 시행하기 위하여 대통령령으로 정하는 바에 따라 전자무역에 관한 업무를 수행하는 기관 또는 단체에 필요한 지원을 할 수 있다. 〈개정 2013.3.23.〉

[전문개정 2011.4.14]

제5조 (국가전자무역위원회의 설치) ① 전자무역 촉진에 관한 다음 각 호의 사항을 협의 · 조정하기 위하여 산업통상자원부장관 소속으로 국가전자무역위원회(이하 "위원회"라 한다)를 둔다. 〈개정 2013.3.23〉

1. 촉진시책에 관한 사항
2. 전자무역 추진과 관련된 각 중앙행정기관 간 업무의 협조에 관한 사항
3. 전자무역 관련 법령 · 제도의 정비 · 개선에 관한 사항
4. 그 밖에 전자무역 추진에 관한 주요 사항

② 위원회는 위원장을 포함하여 20명 이내의 위원으로 구성하되, 위원은 당연직 위원과 위촉 위원으로 구성한다.

③ 위원장은 산업통상자원부장관이 되고, 당연직 위원은 대통령령으로 정하

는 관계 중앙행정기관의 차관급 이상의 공무원과 관계 기관의 장이 되며, 위촉 위원은 전자무역에 관한 학식과 경험이 풍부한 사람 중에서 위원장이 위촉한 사람이 된다. 〈개정 2013.3.23〉

④ 위원회의 효율적인 운영을 위하여 실무위원회를 둔다.

⑤ 위원회 및 실무위원회의 구성 · 운영 등에 필요한 사항은 대통령령으로 정한다.

[전문개정 2011.4.14]

제3장 전자무역기반사업자

제6조 (전자무역기반사업자의 지정 등) ① 산업통상자원부장관은 대통령령으로 정하는 바에 따라 「전기통신사업법」 제2조 제8호에 따른 전기통신사업자로서 자본금 · 인력 · 기술력 등 대통령령으로 정하는 기준에 적합한 자를 전자무역기반업무를 수행할 자로 지정할 수 있다. 〈개정 2013.3.23〉

② 제1항에 따른 지정을 받은 자(이하 "전자무역기반사업자"라 한다)는 다음 각 호의 업무 또는 사업을 수행할 수 있다.

1. 전자무역기반시설의 운영업무
2. 전자무역기반시설과 외국의 전자무역망 간의 연계업무
3. 제12조 제1항 각 호에 따른 무역 관련 업무의 전자무역기반시설을 통한 중계 · 보관 및 증명 등의 업무
4. 전자무역문서의 중계사업
5. 제2호에 따른 연계를 활용한 사업
6. 전자무역기반시설을 활용한 전자무역서비스 관련 사업
7. 전자무역문서의 표준화에 관한 연구사업
8. 전자무역문서 및 무역화물유통정보 등 무역 관련 정보(이하 "무역정보"라 한다)를 체계적으로 처리 · 보관하여 검색 등에 활용할 수 있는 집합체(이하 "데이터베이스"라 한다)의 제작 · 보급과 이를 활용한 사업
9. 무역업자 및 무역관계기관에 대한 전자무역문서 중계 등에 관련된 기술의 보급 및 보급한 기술에 대한 사후관리사업
10. 그밖에 전자무역 촉진을 위한 교육 · 홍보 등 대통령령으로 정하는 사업

③ 전자무역기반사업자 외의 자는 제2항 제1호부터 제3호까지의 업무를 수행할 수 없다.

[전문개정 2011.4.14]

제7조 (전자무역기반사업자의 결격사유) ① 다음 각 호의 어느 하나에 해당하는 자는 전자무역기반사업자로 지정을 받을 수 없다. 전자무역기반사업자가 법인인 경우 그 임원 중 다음 각 호의 어느 하나에 해당하는 사람이 있을 때에도 또한 같다.

1. 금치산자 또는 한정치산자
2. 파산선고를 받고 복권되지 아니한 자
3. 이 법을 위반하여 징역 이상의 실형을 선고받고 그 집행이 끝나거나(집행이 끝난 것으로 보는 경우를 포함한다) 집행이 면제된 날부터 1년이 지나지 아니한 사람
4. 이 법을 위반하여 징역 이상의 형의 집행유예를 선고받고 그 유예기간 중에 있는 사람
5. 제11조 제1항에 따라 지정이 취소된 날부터 2년이 지나지 아니한 자

② 전자무역기반사업자가 제1항 각 호의 어느 하나에 해당하게 된 때에는 그 지정은 그 때부터 효력을 잃는다. 다만, 법인의 임원 중 그 사유에 해당하는 사람이 있는 경우 3개월 이내에 그 임원을 교체 임명한 때에는 그러하지 아니하다.

[전문개정 2011.4.14]

제8조 (이용요금의 신고) 전자무역기반사업자는 전자무역기반시설의 운영에 필요한 비용을 조달하기 위하여 제6조 제2항 제3호에 따른 업무의 이용요금을 정하거나 변경하려는 경우에는 산업통상자원부장관이 정하여 고시하는 바에 따라 그 금액과 세부 명세를 적은 서류 등의 관련 자료를 첨부하여 산업통상자원부장관에게 신고하여야 한다. 〈개정 2013.3.23.〉

[전문개정 2011.4.14]

제9조 삭제 〈2009.1.30〉

제10조 (시정명령) 산업통상자원부장관은 전자무역기반사업자가 다음 각 호의 어느 하나에 해당하는 경우에는 6개월 이내의 기간을 정하여 시정을 명할 수 있다. 〈개정 2013.3.23〉

1. 제6조 제1항에 따른 전자무역기반사업자의 지정기준에 적합하지 아니하게 된 경우
2. 전자무역문서의 중계·보관 및 증명 등 업무의 안전성과 정확성이 확보되고 있지 아니하다고 판단되는 경우
3. 제8조에 따른 신고를 하지 아니하는 경우

[전문개정 2011.4.14]

제11조 (지정의 취소 등) ① 산업통상자원부장관은 전자무역기반사업자가 다음 각 호의 어느 하나에 해당하는 경우에는 산업통상자원부령으로 정하는 바에 따라 그 지정을 취소하거나 1년 이내의 기간을 정하여 제6조 제2항에 따른 사업의 전부 또는 일부의 정지를 명할 수 있다. 다만, 제1호 또는 제2호에 해당하는 경우에는 그 지정을 취소하여야 한다. 〈개정 2013.3.23〉

1. 거짓이나 그 밖의 부정한 방법으로 제6조 제1항에 따른 지정을 받은 경우
2. 사업정지 기간에 사업을 계속하여 수행한 경우
3. 제10조에 따른 시정명령을 정하여진 기간 이내에 이행하지 아니한 경우
4. 제21조 제1항 본문을 위반하여 전자무역문서 및 무역정보를 공개한 경우
5. 제26조 제1항에 따른 관계 공무원의 출입·검사를 거부·방해 또는 기피한 경우

② 산업통상자원부장관은 전자무역기반사업자가 제1항제3호부터 제5호까지의 규정 중 어느 하나에 해당하여 사업정지처분을 하여야 하는 경우로서 그 사업정지가 전자무역기반사업자가 제공하는 역무를 이용하는 자에게 심한 불편을 주거나 공익을 해칠 우려가 있다고 인정하는 경우에는 사업정지를 갈음하여 5억원 이하의 과징금을 부과할 수 있다. 〈개정 2013.3.23〉

③ 제2항에 따라 과징금이 부과되는 위반행위의 종류·내용 및 정도에 따른 과징금의 금액과 그 밖에 필요한 사항은 대통령령으로 정한다.

④ 산업통상자원부장관은 제2항에 따른 과징금을 내야 할 자가 납부기한까지 내지 아니하면 국세 체납처분의 예에 따라 징수한다. 〈개정 2013.3.23.〉

[전문개정 2011.4.14.]

제4장 전자무역기반시설의 이용 등

제12조 (전자무역기반시설의 이용 등) ① 무역업자와 무역관계기관은 전자무역문서를 사용하여 무역업무를 하려는 경우에는 전자무역기반시설을 이용할 수 있다. 다만, 전자문서의 방식으로 다음 각 호의 어느 하나에 해당하는 업무를 하는 경우에는 전자무역기반시설을 통하여야 한다.

1. 외국환업무 취급기관의 신용장 통지업무
2. 외국환업무 취급기관의 수입화물선취보증서 발급업무
3. 외국환업무 취급기관의 내국신용장 개설업무
4. 「대외무역법」 제12조 제2항에 따른 통합 공고상의 수출입요건확인기관의 요건확인서 발급업무. 다만, 「관세법」 제226조에 따라 세관장이 확인하는 경우는 제외한다.
5. 「대외무역법」 제18조에 따른 구매확인서 발급업무
6. 「대외무역법」 제37조에 따른 원산지증명서 발급업무. 다만, 「대외무역법」 제37조 및 제52조 제1항에 따라 세관장이 발급한 원산지증명서는 제외한다.
7. 「상법」 제695조 제2호에 따른 해상적하보험증권 발급업무
8. 「해운법」 제24조 제2항에 따른 외항화물운송사업자와 같은 법 제26조에 따른 국내지사 설치신고를 한 자의 수하인(受荷人)에 대한 화물인도지시서 발급업무

② 무역업자와 무역관계기관은 전자무역기반시설을 이용하여 무역업무를 하려는 경우에는 제13조에 따른 표준화된 전자무역문서를 사용하여야 한다.

③ 관세청은 「관세법」 제248조 제1항에 따른 신고필증, 「대외무역법」 제37조 및 제52조 제1항에 따라 세관장이 발급하는 원산지증명서와 제1항 제4호 단서에 따라 확인하는 문서를 전자문서의 방식으로 전자무역기반시설에 전송하여 전자무역기반사업자의 업무와 연계될 수 있도록 하여야 한다.

④ 전자무역기반사업자는 무역업자의 위탁을 받아 전자무역문서를 송수신하려는 자에게 전자무역기반시설의 접속을 제공할 수 있다.

[전문개정 2011.4.14]

③ 전자무역기반사업자가 전자무역문서의 증명을 위하여 전자서명을 사용하는 경우에는 「전자서명법」 제2조 제3호에 따른 공인전자서명을 이용하여야 하고, 전자무역문서의 송수신 시점을 확인하는 경우에는 같은 법 제20조에 따라 공인전자서명을 하여야 한다.

[전문개정 2011.4.14]

제6장 전자무역문서의 이용 촉진

제18조 (전자무역문서의 이용 촉진) 정부는 전자무역문서의 이용을 촉진하기 위하여 각종 법령의 정비 등 필요한 시책을 수립 · 시행하여야 한다.

제19조 (신청 등에 필요한 첨부서류에 관한 특례) ① 산업통상자원부장관은 무역관련법령 등에서 정한 신청 등에 필요한 첨부서류가 전자무역기반시설에 보관되어 있는 경우 첨부서류의 제출을 면제할 수 있으며, 전자무역기반시설에 보관되어 있지 아니한 경우에는 다음 각 호의 방법으로 첨부서류를 제출하게 할 수 있다. 〈개정 2013.3.23〉

1. 첨부서류가 제13조에 따라 표준화된 전자무역문서로 작성된 경우에는 「전자서명법」 제2조 제3호에 따른 신청인의 공인전자서명을 하여 제출하는 방법
2. 첨부서류가 종이문서로 작성된 경우에는 해당 서류의 전자사본(대통령령으로 정하는 바에 따라 전자무역문서로 제작한 사본을 말한다)에 「전자서명법」 제2조 제3호에 따른 신청인의 공인전자서명을 하여 제출하는 방법

② 산업통상자원부장관이 제1항에 따라 첨부서류의 제출을 면제할 때에는 먼저 관계 중앙행정기관의 장과 협의한 후 그 범위를 고시(인터넷에 게재하는 것을 포함한다)하여야 한다. 〈개정 2013.3.23.〉

[전문개정 2011.4.14]

제7장 전자무역문서의 보안 및 관리

제20조 (전자무역문서 및 무역정보에 관한 보안) ① 누구든지 전자무역기반사업자, 제22조에 따른 전자무역전문서비스업자, 무역업자 및 무역관계기관의 컴퓨터파일에 기록된 전자무역문서 또는 데이터베이스에 입력된 무역정보를

위조 또는 변조하거나 위조 또는 변조된 전자무역문서 또는 무역정보를 행사하여서는 아니 된다.

② 누구든지 전자무역기반사업자의 컴퓨터 등 정보처리장치에 거짓 정보 또는 부정한 명령을 입력하여 정보처리가 되게 하는 등의 방법으로 제17조 제1항의 증명서가 발급되게 하여서는 아니 된다.

③ 누구든지 전자무역기반사업자, 제22조에 따른 전자무역전문서비스업자, 무역업자 및 무역관계기관의 컴퓨터파일에 기록된 전자무역문서 또는 데이터베이스에 입력된 무역정보를 훼손하거나 그 비밀을 침해하여서는 아니 된다.

④ 전자무역기반사업자의 임원 또는 직원이거나 임원 또는 직원이었던 사람은 업무상 알게 된 전자무역문서 또는 무역정보에 관한 비밀을 누설하거나 도용(盜用)하여서는 아니 된다.

⑤ 전자무역기반사업자는 전자무역문서 및 데이터베이스를 3년 동안 보관하여야 한다.

[전문개정 2011.4.14]

제21조 (전자무역문서 및 무역정보의 공개) ① 전자무역기반사업자는 컴퓨터파일에 기록된 전자무역문서 및 데이터베이스에 입력된 무역정보를 공개하여서는 아니 된다. 다만, 국가의 안전보장에 위해(危害)가 없고 기업의 영업비밀을 침해하지 아니하는 경우로서 대통령령으로 정하는 경우에는 공개할 수 있다.

② 전자무역기반사업자가 제1항 단서에 따라 전자무역문서 및 무역정보를 공개하려는 경우에는 이해관계인의 의견을 들어야 한다.

[전문개정 2011.4.14]

제8장 전자무역전문서비스업자

제22조 (전자무역전문서비스업자에 대한 지원 등) ① 산업통상자원부장관은 무역업자의 전자무역을 효율적으로 지원하고 이를 확산시키기 위하여 다음 각 호의 사업을 하는 자로서 자본금 · 인력 등 대통령령으로 정하는 등록요건을 갖추어 산업통상자원부장관에게 전자무역전문서비스업자로 등록한 자(이하 "전자무역전문서비스업자"라 한다)에게 필요한 지원을 할 수 있다.

〈개정 2013.3.23〉

1. 정보통신망을 통한 무역거래의 알선 및 대행 사업
2. 정보통신망을 통한 무역업자의 해외마케팅 지원사업
3. 전자무역문서의 중계사업
4. 제6조 제2항 제2호에 따른 연계를 활용한 사업
5. 전자무역기반시설을 활용한 전자무역서비스 관련 사업
6. 전자무역문서 및 무역정보의 데이터베이스 제작·보급 및 이를 활용한 사업
7. 그 밖에 전자무역 촉진을 위한 사업으로서 대통령령으로 정하는 사업

② 제1항에 따른 전자무역전문서비스업자의 등록절차와 그 밖에 필요한 사항은 대통령령으로 정한다.

[전문개정 2011.4.14]

제23조 (전자무역전문서비스업자 등록의 취소) 산업통상자원부장관은 전자무역전문서비스업자가 제1호에 해당하는 경우에는 그 등록을 취소하여야 하고, 제2호에 해당하는 경우에는 그 등록을 취소할 수 있다. 〈개정 2013.3.23〉

1. 거짓이나 그 밖의 부정한 방법으로 제22조에 따라 등록한 경우
2. 제22조 제1항에 따른 등록의 요건에 적합하지 아니하게 된 경우

[전문개정 2011.4.14]

제9장 전자무역 기술개발의 추진 등

제24조 (전자무역 기술개발의 추진) 정부는 전자무역 촉진에 필요한 기술의 개발과 기술수준의 향상을 위하여 다음 각 호의 사항을 추진하여야 한다.

1. 전자무역에 관한 기술의 조사·연구개발 및 개발된 기술의 활용에 관한 사항
2. 전자무역에 관한 기술협력, 기술지도 및 기술이전에 관한 사항
3. 전자무역에 관한 기술정보의 원활한 유통과 산업계·학계·연구기관 등과의 협력에 관한 사항
4. 그 밖에 전자무역에 관한 기술개발과 관련하여 필요한 사항

[전문개정 2011.4.14]

제25조 (전자무역 전문인력의 양성) ① 정부는 전자무역 촉진을 위하여 필요한 전

자무역 분야의 전문인력을 양성하는 데에 노력하여야 한다.

② 정부는 제1항에 따른 전문인력의 양성을 위하여 「정부출연연구기관 등의 설립·운영 및 육성에 관한 법률」에 따른 정부출연연구기관, 「과학기술분야 정부출연연구기관 등의 설립·운영 및 육성에 관한 법률」에 따른 과학기술분야 정부출연연구기관, 「고등교육법」에 따른 학교, 「평생교육법」에 따른 원격대학형태의 평생교육시설, 민간 교육기관, 그 밖의 관련 기관에 대하여 그 사업 수행에 필요한 경비의 전부 또는 일부를 지원할 수 있다.

③ 제2항에 따른 경비의 지원에 필요한 사항은 대통령령으로 정한다.

[전문개정 2011.4.14]

제10장 보칙 〈개정 2011.4.14〉

제26조 (출입·검사 등) ① 산업통상자원부장관은 전자무역기반시설의 안정성 및 효율적 운영 확보 등을 위하여 필요한 경우에는 관계 공무원으로 하여금 전자무역기반사업자의 사무실·사업장, 그 밖의 필요한 장소에 출입하여 전자무역문서 중계·보관 및 증명 등의 업무에 관한 시설·장비·서류, 그 밖의 물건을 검사하게 하거나 관계인에게 질문하게 할 수 있다. 〈개정 2013.3.23〉

② 제1항에 따른 출입·검사를 하는 경우에는 검사일부터 14일 전까지 검사 일시, 검사 이유 및 검사 내용 등을 포함한 검사계획을 전자무역기반사업자에게 알려야 한다. 다만, 사전에 알리면 증거인멸 등으로 검사의 목적을 달성할 수 없거나 긴급히 검사하여야 할 사정이 있는 경우에는 그러하지 아니하다.

③ 제1항에 따라 출입·검사를 하는 공무원은 그 권한을 표시하는 증표를 지니고 이를 관계인에게 보여 주어야 하며, 출입·검사 시 해당 공무원의 성명, 출입·검사의 시간 및 목적 등이 적힌 문서를 관계인에게 내주어야 한다.

[전문개정 2011.4.14]

제27조 (청문) 산업통상자원부장관은 제11조 제1항에 따라 전자무역기반사업자의 지정을 취소하려면 청문을 하여야 한다. 〈개정 2013.3.23〉

[전문개정 2011.4.14]

제28조 (권한의 위임) 이 법에 따른 산업통상자원부장관의 권한은 대통령령으로 정하는 바에 따라 그 일부를 소속 기관의 장, 특별시장 · 광역시장 · 도지사 또는 특별자치도지사에게 위임할 수 있다. 〈개정 2013.3.23〉

[전문개정 2011.4.14]

제29조 (벌칙 적용 시의 공무원 의제) 제6조 제2항제1호부터 제3호까지의 업무에 종사하는 전자무역기반사업자의 임원 또는 직원은 「형법」 제129조부터 제132조까지의 규정을 적용할 때에는 공무원으로 본다.

[전문개정 2011.4.14]

제11장 벌칙 〈개정 2011.4.14〉

제30조 (벌칙) ① 다음 각 호의 어느 하나에 해당하는 자는 1년 이상 10년 이하의 징역 또는 1억원 이하의 벌금에 처한다.

1. 제20조 제1항을 위반하여 전자무역기반사업자 · 전자무역전문서비스업자 · 무역업자 · 무역관계기관의 컴퓨터파일에 기록된 전자무역문서 또는 데이터베이스에 입력된 무역정보를 위조 또는 변조하거나 위조 또는 변조된 전자무역문서 또는 무역정보를 행사한 자
2. 제20조 제2항을 위반하여 전자무역기반사업자의 컴퓨터 등 정보처리장치에 거짓 정보 또는 부정한 명령을 입력하여 정보처리가 되게 하는 등의 방법으로 제17조 제1항의 증명서가 발급되게 한 자

② 제1항 각 호에 규정된 죄의 미수범은 처벌한다.

[전문개정 2011.4.14]

제31조 (벌칙) 다음 각 호의 어느 하나에 해당하는 자는 5년 이하의 징역 또는 5천만원 이하의 벌금에 처한다.

1. 제6조 제3항을 위반하여 전자무역기반사업자로 지정받지 아니하고 같은 조 제2항 제1호부터 제3호까지의 업무를 수행한 자
2. 제20조 제3항을 위반하여 전자무역기반사업자 · 전자무역전문서비스업자 · 무역업자 · 무역관계기관의 컴퓨터파일에 기록된 전자무역문서 또는 데이터베이스에 입력된 무역정보를 훼손하거나 그 비밀을 침해한 자

3. 제20조 제4항을 위반하여 업무상 알게 된 전자무역문서 또는 무역정보에 관한 비밀을 누설하거나 도용한 자

4. 제20조 제5항을 위반하여 전자무역문서 또는 데이터베이스를 3년 동안 보관하지 아니한 전자무역기반사업자

[전문개정 2011.4.14]

제32조 (벌칙) 제12조 제1항 단서를 위반하여 전자무역기반시설을 통하지 아니하고 전자문서의 방식으로 같은 항 각 호의 어느 하나에 해당하는 업무를 한 자는 2천만원 이하의 벌금에 처한다.

[전문개정 2011.4.14]

제33조 (양벌규정) 법인의 대표자나 법인 또는 개인의 대리인, 사용인, 그 밖의 종업원이 그 법인 또는 개인의 업무에 관하여 제30조부터 제32조까지의 어느 하나에 해당하는 위반행위를 하면 그 행위자를 벌하는 외에 그 법인 또는 개인에게도 해당 조문의 벌금형을 과(科)한다. 다만, 법인 또는 개인이 그 위반행위를 방지하기 위하여 해당 업무에 관하여 상당한 주의와 감독을 게을리하지 아니한 경우에는 그러하지 아니하다.

[전문개정 2008.12.26]

부칙 〈제11690호, 2013.3.23〉 (정부조직법)

제1조 (시행일) ① 이 법은 공포한 날부터 시행한다.

② 생략

제2조부터 제5조까지 생략

제6조 (다른 법률의 개정) ①부터 〈422〉까지 생략

〈423〉 전자무역 촉진에 관한 법률 일부를 다음과 같이 개정한다.

제4조 제1항 각 호 외의 부분, 같은 조 제2항 전단, 같은 조 제3항, 제5조 제1항 각 호 외의 부분, 같은 조 제3항, 제6조 제1항, 제8조, 제10조 각 호 외의 부분, 제11조 제1항 각 호 외의 부분 본문, 같은 조 제2항 · 제4항, 제13조 제1항 전단, 제19조 제1항 각 호 외의 부분, 같은 조 제2항, 제22조 제1항 각 호 외의 부분, 제23조 각 호 외의 부분, 제26조 제1항, 제27조 및 제28조 중 "지식경제부장관"을 각각 "산업통상자원부장관"으로 한다.

제11조 제1항 각 호 외의 부분 본문 중 "지식경제부령"을 "산업통상자원부령"으로 한다.

〈424〉부터 〈710〉까지 생략

제7조 생략

참고문헌

참고문헌

무역창업 실무 · 경영, 이주섭, 에이드북, 2010

무역창업 길라잡이, 정승일, 두남, 1999

전자무역론, 이상진, 도서출판 두남, 2011.6

창업학 원론, 강기찬, 두남, 2012

전자무역 실무, 이제현, 박영사, 2010.2

창업과 경영정책, 김문정 · 조윤기, 두남, 2009

무역실무의 모든 것, 김연동 · 이준호 저, 원앤원북스, 2009.

「무역 e-마켓플레이스」 현황과 발전방향, 이씨플라자㈜, 2010.11

PAA 동아시아 전자무역 구축 소개, 한국무역정보통신, 2004.11

중소기업 수출경쟁력 강화를 위한 전자무역 마케팅 혁신 마스터플랜 수립, 전자무역추진위원회, 2007.3

유비쿼터스 시대를 대비한 전자무역실무, 조원길 저, 보명 Books, 2007.8

전자무역실무, 이학승 · 김경희, 도서출판 두남, 2004

창업경영, 김형길 · 정구도, 두남, 2012

전자무역과 웹비즈니스, 류건우 · 최하늘 · 양근우 외 1명, 계명대학교 출판부, 2011.9

21C 전자무역시대의 글로벌 무역실무, 염홍기 · 문희철 저, 무역경영사, 2011.2

전순환, 사이버무역, 신성, 2001

전자무역실무 학습교재, 조원길 · 김연동, 보명 Books, 2008.8

전자무역의 이론과 실무, 김학민, 경문사, 2007.7

전자무역시대의 무역실무론, 양의동, 도서출판 두남, 2004.6

무역실무 전자무역의 이해, 이제홍 · 김지용, 보명 Books, 2006.2

인터넷과 무역자동화, 황중서, 형설, 2000.2

실전 인터넷 무역 쉽게 배우기, 염홍기, 중앙경제평론사, 2004.3

E-TRADE 시대의 무역실무, 임재욱, 현학사, 2002.9

사이버 무역 시대의 ON-OFF 무역 실무, 신군재, 무역경영사, 2001.9

국내 기업환경을 고려한 SCM 전략적 도입방안 연구, 김철완, 1999.
제조기업의 SCM 도입효과에 관한 연구, 최규철, 2005.
SCM 성공적 도입을 위해 고려해야 할 전략적 방안에 관한 연구, 최규철, 2005.
국내 유비쿼터스 현황 조사, 한국전산원, 2005.4
생산라인에도 전자태그시대 활짝, 한국경제, 2004.11
무역통계년감, 한국무역협회, 2000
전자무역활용과 성과에 관한 실증적연구, 한국무역학회지, 김창봉, 2011.
전자무역활용과 성과분석을 위한 통합정보기술 수용 모형 및 실증연구, 손태규, 2011.
전 세계 최초 무역전문 오픈 마켓플레이스
http://www.ecplaza.net/trademall

Shoshanah Coher and Joseph Roussel, strategic Supply Chain Management, Mc Graw-Hill, 2005.
Colleen Crum and George palmatier, Demand Managemnet Best practices, J, Ross Publishing, 2003.
Serge Peter M The Fifth Discipline, New York Currency and Double day, 1990.
OECD, The Knowledge-based Economy, 1996
Timmers, P., "e-commerce strategies and model for B2B trading", John Wiley & Sons, Ltd., UK.
UK-online Annual Report, 2001.
U.S. Department of Commerce, "The Emerging Digital Economy", 1998.
Cohen, Stephen S · J. Bradford Delong · John Zysman, "Tools for Thought: What is New and Important about the E-conomy", BRIE Working Paper, No. 138, 2000.
Evans, P. B and Thomas S Wurster, "Blown to Bits", Harvard Business School Press, 2000.
Kalakota, R., Robinson, M., "e-Business 2.0: roadmap for success", Addison-Wiley, 2001.

웹사이트

www. ktnet.co.kr

www.korcham.net

www.ubiu.net

www.seri.org

www.nso.go.kr

www.homeplus.co.kr

www.lotte.com

www.hankung.com

www.ec21.com

www.kita.net

www.utradehub.or.kr

전자무역 창업과 실무

발행일 초판 1쇄 발행 2013년 8월 23일
초판 2쇄 발행 2013년 10월 18일

지은이 최경주

펴낸이 신일희
펴낸곳 계명대학교 출판부
주소 704-701 대구광역시 달서구 달구벌대로 1095
전화 053-580-6233 | **팩스** 053-580-6235
출판등록 제347-1998-1호 (1970. 9. 1.)
홈페이지 www.kmupress.com

ISBN 978-89-7585-640-2 93320

잘못된 책은 교환하여 드립니다.
정가 25,000원

이 도서의 국립중앙도서관 출판시도서목록(CIP)은 서지정보유통지원시스템 홈페이지(http://seoji.nl.go.kr)와 국가자료공동목록시스템(http://www.nl.go.kr/kolisnet)에서 이용하실 수 있습니다. (CIP제어번호: CIP2013014842)